FRANÇOIS MITTERRAND

Un roman français

Pierre-Marie Terral

FRANÇOIS MITTERRAND

Un roman français

Mareuil
Éditions

ISBN : 978-2-372-541930

Pour vous tenir informé des prochaines publications de Mareuil Éditions, contactez : louis.demareuil@yahoo.fr

« Dans cette vie qui nous apparaît parfois comme un grand terrain vague sans poteau indicateur, au milieu de toutes les lignes de fuite et les horizons perdus, on aimerait trouver des points de repère, dresser une sorte de cadastre pour ne plus avoir l'impression de naviguer au hasard. »

Patrick Modiano, *Dans le café de la jeunesse perdue*,
Gallimard, 2007.

À Inès et Antonin

SOMMAIRE

Deuxième partie
LES LIEUX D'ÉLECTION ENTRE AMBITION NATIONALE ET ANCRAGE LOCAL

Troisième partie
EN HAUTS LIEUX

Quatrième partie
LES TERRITOIRES DE L'INTIME

Cinquième partie
LIEUX-DITS

Sixième partie
EN DERNIERS LIEUX

PRÉFACE

par François Hollande

François Mitterrand savourait sa chance. Enfant des Charentes « né sur les plateaux qui tombent vers la mer océane » avant que la vie politique ne le mène « dans le Morvan granitique », il habitait Paris mais sa résidence était la France entière. Il s'était établi pour le repos, dans les Landes, au milieu d'une forêt, pas loin de la mer, des décennies durant. Il avait parcouru le pays de long en large.

François Mitterrand en était tombé éperdument amoureux. Il chérissait les œuvres, les pierres et les symboles. Il connaissait les tempéraments, les humeurs, les traditions de ses habitants. Il admirait les paysages, les vallées, les montagnes. Son regard ne se lassait jamais, chaque déplacement était une découverte de cette diversité qui fait notre unité. Tant de campagnes électorales et de visites présidentielles lui avaient permis d'embrasser le pays tout entier. S'il était un homme de la campagne, de ses bourgs dont il connaissait tous les rythmes, il n'en aimait pas moins les formes urbaines novatrices et les ouvrages architecturaux, ce dont témoigne le legs de ses Grands travaux, au premier rang desquels le Louvre et sa pyramide, prête à ensevelir les polémiques et à défier le temps. Car, homme de racines, il regardait aussi les cimes par-delà l'horizon…

De la France, il était curieux. Il voulait en partager l'histoire. Il cherchait à la séduire et à la conquérir. Souvent, quand, responsable politique à mon tour, je passais dans les mêmes lieux où il était venu soutenir un candidat ou participer à une réunion, il avait toujours laissé quelques mots dans le livre d'or d'une auberge ou d'un restaurant, comme pour nous faire comprendre que nous étions sur le bon chemin. J'étais toujours surpris de lire ces petits mots comme autant de cailloux sur notre parcours : il était allé partout ! Cette science de la France lui avait été précieuse comme Président, comme elle me l'a d'ailleurs été à mon tour, pour comprendre ce que pouvaient être les différentes sensibilités qui traversaient les territoires et les Français eux-mêmes.

J'ai eu l'honneur d'être le deuxième président socialiste de la Ve République, il restera à jamais le premier, celui qui a montré la voie à notre famille politique, permis l'alternance, tout en ayant été le Président de tous les Français.

Sa personnalité impressionnait ceux qui le rencontraient, ses silences créaient une forme de distance, son regard pouvait percer ou charmer. C'était selon ! Sa voix était chaude, caressante, apaisante. Elle pouvait aussi blesser et crucifier. Son intelligence était pour ses visiteurs une leçon d'humilité. Pourtant, François Mitterrand était attentif à chacun. Il considérait que dans chaque être humain il y avait quelque chose d'inédit à prendre, ou une information à capter, une idée à retenir, une formule à voler. Sa force, c'était de saisir les talents, de les attacher à lui, de convaincre tous ceux qui l'approchaient de l'issue politique qu'il offrait. Aller vers les autres pour ne négliger aucun concours, ne laisser passer aucune chance, n'oublier aucune bonne volonté.

C'est cette conception de l'action collective qui l'a conduit, lui, le solitaire et l'homme des petites équipes, à diriger une grande formation politique.

Au début des années 1970, il avait compris que si la France devait enfin connaître un changement, il fallait qu'une force naisse – ce fut le Parti socialiste – pour qu'un leader puisse l'incarner. C'était son ambition et son destin. C'étaient aussi les nôtres. Au milieu des dizaines de milliers de participants, j'allais dans les meetings pour l'écouter, jusqu'à connaître par cœur ses discours qui ont tant inspiré les miens. Car François Mitterrand était un maître de l'art oratoire, alternant l'argumentation sérieuse et la formule rieuse, la fresque historique et le raccourci ironique, la démonstration charpentée et la conclusion chirurgicale. C'était le temps des discours, pas encore celui des tweets.

Le 10 mai 1981, nombreux sont ceux qui essuyèrent une larme en découvrant le visage de François Mitterrand à la télévision, quand le même soir d'aucuns remettaient déjà en cause, encore et toujours, la légitimité de la gauche à exercer le pouvoir. Dois-je rappeler que sans sa victoire, la France n'aurait pas aboli la peine de mort, pas instauré la retraite à 60 ans et la cinquième semaine de congés payés ? À la dépénalisation de l'homosexualité en 1982, la gauche ajouterait, trois décennies plus tard, le mariage pour tous, en ayant toujours le courage d'inventer de nouveaux droits pour qu'ils deviennent la norme.

Jeune conseiller à l'Élysée, je me présentais en juin 1981 aux législatives en Corrèze, dans la circonscription dont Jacques Chirac était le sortant. Sept ans plus tard, j'en devenais le député. « Il y a toujours à apprendre d'une apostrophe sur le marché de Tulle », avais-je coutume de penser en parcourant la ville dont j'eus le bonheur d'être le maire. Président du conseil général sillonnant les routes du département, mon chemin croisait fréquemment celui qu'avait emprunté François Mitterrand avant moi. Jacques Chirac était lui aussi un amoureux de la France. En Corrèze, François Mitterrand n'était pas en terre inconnue et encore moins hostile, elle lui avait été présentée, si j'ose dire, par Henri Queuille, qui, après la guerre, lui avait conseillé de se présenter dans la Nièvre. Un département dont il deviendrait conseiller général, député, avant d'être élu maire de Château-Chinon.

De François Mitterrand, je retiens un ultime souvenir, celui de son dernier discours public en forme de testament politique. Ce 17 mai 1995, alors que, souffrant, il quittait l'Élysée pour regagner la rue de Solférino, il savait qu'il vivait ses derniers mois. Nous l'écoutions s'exprimer, sans notes, sur ce qu'avait été le sens de son parcours, celui d'un patriote qui n'en était pas moins un Européen convaincu. Il nous laissait deux leçons en guise d'héritage. La première, celle de sa confiance dans l'alternance dont la gauche devait être toujours l'instrument. La seconde, en nous révélant que s'il avait « réussi sa vie », et pris des décisions importantes pour la France, son rôle était aujourd'hui de faire partager, jusqu'à son dernier souffle, son expérience. C'est le sens de ma démarche aujourd'hui, de transmettre à mon tour. Aussi, revenant sur mes souvenirs de François Mitterrand, ravivés au fil de la lecture des pages de Pierre-Marie Terral, je crois indispensable d'engager le dialogue entre les générations, pour que la mémoire puisse servir à l'écriture de l'Histoire. Celle de demain.

AVANT-PROPOS

Depuis le quai de l'Orangerie bordant la Charente à Jarnac, la sobriété de la claire façade ne laisse en rien présager de ce que recèlent les murs de cet ancien chai dédié au cognac. Dès l'escalier gravi, le visiteur découvre les pièces singulières, voire insolites, composant le musée-donation François Mitterrand. Au cœur de celui-ci, un globe de couleur beige pâle, cerclé de laiton et reposant sur une assise de bois doré, attire immédiatement tous les regards. La cartographie de la France de cet imposant et précieux objet mentionne plusieurs lieux retenant l'attention des visiteurs attentifs : Jarnac, sa ville natale, baignée par la Charente, Cluny, cité bourguignonne où il rencontra son épouse Danielle, la roche de Solutré et le rituel de Pentecôte, Château-Chinon, sa terre d'élection nivernaise, mais encore Latche, la villégiature landaise... Égrener les noms de ces lieux chers, inscrits sur ce globe de Coronelli, commandé à l'architecte Fernand Pouillon par le président de la République pour être offert à ses homologues, c'est faire la liste des chefs-lieux qu'un homme d'État a souhaité mettre en scène, à la manière d'un monarque républicain.

« Je n'ai pas besoin d'une idée de la France, la France, je la vis. J'ai une conscience instinctive, profonde, de la France, de la France physique et la passion de sa géographie, de son corps vivant. Là ont poussé mes racines. L'âme de la France, inutile de la chercher : elle m'habite[1]. » C'est ainsi d'un lien charismatique au pays dont il fait état en 1978 dans *L'Abeille et l'Architecte*. « La Nièvre est une greffe, la Charente est le pied », disait de sa vie cet homme dont les racines se plongeaient en terre de Saintonge. De l'arbre de vie qui fut le sien durant huit décennies, se développa une dense ramure étendue

1. François Mitterrand, *L'Abeille et l'Architecte*, Paris, Flammarion, 1978, p. 345.

à l'ensemble du pays : certaines branches, telles celles d'un chêne majestueux se déployant en pleine lumière, d'autres constituant de noueuses ramifications, jusqu'aux plus infimes des nervures, quand les dernières enfin demeurent dissimulées dans l'ombre protectrice du secret.

Ainsi, la géographie mitterrandienne officielle, dotée de lieux-dits sur lesquels se porte la lumière, se double en effet de non-lieux… Car, à côté de ces capitales officielles, François Mitterrand jouit aussi de *terrae incognitae* ; rares sont ceux qui en soupçonnent l'existence. À la connaissance précise de ses résidences familiales ouvertes au grand jour, comme l'appartement de la rue de Bièvre ou la bergerie de Latche, s'opposent des villégiatures soustraites aux regards, celles d'un domaine de l'intime bien plus étendu que quelques adresses privées ne le laisseraient croire… Inscrit dans la mémoire collective, le roman national de François Mitterrand est un grand récit nourri d'une succession de clichés émanant le plus souvent de l'homme politique lui-même, maître du temps et des apparences, si désireux d'en incruster le souvenir dans la mémoire collective pour la postérité.

« On ne peut exactement démêler l'histoire de l'homme et celle de la terre qui l'a porté[2] », déclarait-il en 1988, dans le Tarn, à propos de Jaurès. Une phrase en forme de portrait en creux pour cet homme convaincu d'un certain déterminisme. Célébrant sa Charente natale comme les « collines inspirées » bourguignonnes de Vézelay ou de Bibracte, cultivant l'amour de la France, de « sa » France, il en exalte l'unité tout autant que la diversité. Au fil des décennies, s'est noué un lien à la fois sensible et politique, nourri par d'incessants déplacements professionnels et privés sur le territoire national. Celui d'un pays qui change, marqué par l'exode rural et l'industrialisation, et qu'il voudrait par ses écrits, parfois, figer à jamais.

Sa France, c'est celle d'un temps révolu, celle du XXe siècle et d'un XIXe qu'il ne connut point mais où il puisait sa culture. La France de François Mitterrand n'existe plus, celles des candidats

2. « François Mitterrand, discours prononcés dans le Tarn », Archives départementales du Tarn, 2016, p. 18.

s'accoudant sur le zinc des estaminets, et labourant les campagnes en quête d'électeurs jusqu'à la moindre cour de ferme boueuse. Elle a les tons sépia des photographies de la IVe République et ceux, pastel, d'une affiche de campagne électorale de 1981 à l'effigie de la force tranquille où se dégage un clocher à la silhouette intemporelle sur fond de ciel bleu blanc rouge. Accélération de la vie politique, effacement progressif de permanences électorales et géographiques à l'échelle nationale, désaffiliation collective, érosion des institutions ou encore remise en cause du cumul des mandats en attestent. Concernant ce dernier point, François Mitterrand cumula au total plus de cent années de responsabilités électives en cinquante ans de carrière, lui qui exerca toutes les fonctions ou presque : élu cantonal, président du conseil général, député, sénateur maire, ministre et enfin président de la République. Mais si cette France n'existe plus, il en demeure des traces ténues à la recherche desquelles nous partirons.

Ce qui nous importe est ce qu'il vit, ce qu'il dit, des sites et terroirs de France, et ce que ceux-ci disent de lui. Ce que propose cet ouvrage, c'est de partir à la rencontre de François Mitterrand, l'homme et le Président, en suivant les traces de son passé et de sa pensée, côté cour et côté jardin, en déroulant la trame de la chronologie historique. François Mitterrand dont le parcours personnel est tout entier traversé par l'Histoire et la Géographie, intime et publique, de ce pays.

Avec toujours en arrière-plan l'idée de conquête ou d'exercice du pouvoir, François Mitterrand a, sa vie durant, additionné de nouveaux endroits qu'il s'est appropriés. De sites symboliques, l'élu ne manque pas, que l'affection qu'il leur porte soit politique ou personnelle, les deux composantes étant parfois intimement imbriquées. Homme aux fidélités multiples et empilées, son itinéraire fut ainsi jonché de lieux singuliers liés à des relations politiques, amicales et sentimentales. Clés de voûte de l'édification de son personnage, ces hauts lieux en sont également des clés de lecture.

Cette France, à son tour, peint par petites touches successives un portrait pointilliste de François Mitterrand, déployant les nuances du personnage, dissipant les zones d'ombre de ce maître du clair-obscur, comblant certains interstices inconnus de son paysage intérieur. À la légende de l'histoire en noir et blanc, c'est toute une palette de gris que donne à voir les lieux fréquentés, l'univers d'un homme dans son siècle, alors même que certaines éclaboussures, comme celle de Vichy, viennent rejaillir sur la toile qu'il s'évertue à peindre d'une main de maître. Car, retracer la vie de François Mitterrand, c'est d'abord pénétrer à l'intérieur d'une maison bourgeoise, au 22 rue Abel Guy, à Jarnac. C'est relater l'histoire d'un jeune homme qui n'a quitté sa province que dévoré par l'envie de réussir à Paris. C'est suivre cet étudiant dont la vie est saisie à l'égal de celle de sa génération par les affres de la guerre, période troublée à l'issue de laquelle il devient un homme de pouvoir. C'est ensuite le retrouver en Bourgogne, dans sa belle-famille, à Cluny, et dans la terre d'élection qu'il se constitue dans la Nièvre. Du vent de l'Atlantique aux collines du Morvan, des pinèdes de Provence aux monts d'Auvergne, il n'aura eu de cesse de sillonner et de labourer le pays à des fins de carrière politique, tout en y cultivant des jardins secrets. Comment ne pas relater sa passion capitale pour Paris, qu'elle soit intime, dissimulant ses repaires secrets, ou publique, et hérissée de grands travaux ? Tel est le cas du Grand Louvre dont il a rehaussé la cour d'un polyèdre, miracle de formes et de transparences, où il a souhaité renouer la chaîne du temps.

Du haut de cette pyramide, c'est une vie de livres et de pierres qu'il put contempler. Une littérature d'écrivains des régions qui contribua à façonner sa vision de la France et de la vie. La sienne, si marquée par ses origines charentaises, le fut aussi par l'obsession de sa fin, de la terre natale à sa mise en terre, comme en atteste l'acquisition, en 1995, d'une concession sur le mont Beuvray dans le but de reposer pour l'éternité en ce lieu marqué par l'empreinte de l'histoire autant que par le mythe de Vercingétorix…

Écrivain et acteur de son propre roman national, il en livre un récit qui fait appel à ce que le territoire français recèle de plus immémorial en lui : reliefs, paysages, forêts… Un rapport personnel au pays, concrétisé par ses rituels, repères spatiaux et temporels dont la mise en scène est renouvelée année après année, l'autoreprésentation en étant une composante majeure : ascension de la roche de Solutré, pèlerinage obligé des fidèles, comme celui, plus personnel et mystique, de Taizé.

Mais la Mitterrandie a aussi ses méandres, ses lieux peu rebutants, qu'il est impossible de contourner. Parmi les errances et les erreurs d'une existence, celle menant à Vichy ne fut pas des moindres. Cette période de sa vie offrant un concentré trouble de ce que peut être une jeunesse française au temps de la guerre. Entre 1942, année de l'évasion de François Mitterrand suivie en 1943 de son installation à Vichy, et août 1944, où il célèbre la Libération de Paris aux côtés du général de Gaulle, quel fut, en effet, son itinéraire géographique et politique ? Quant au vrai-faux attentat de L'Observatoire, survenu quinze ans plus tard, c'est une sortie de route qu'il tentera par la suite de dissimuler. L'homme a toujours aimé les voies sinueuses et les chemins de traverse.

Les territoires ont valeur de jalons et leur analyse permet d'éclairer une vie romanesque au cours de laquelle les petites histoires se sont souvent mêlées à la grande. Mais par-delà l'anecdote, scruter ce parcours dont la longévité politique ajoute à la complexité, est aussi une façon d'appréhender l'histoire nationale.

L'étude de la construction de l'ancrage territorial de cet acteur politique, au sens plein du terme, est riche, qu'il s'agisse de l'affirmation d'un attachement à ses origines ou de ses lieux d'élection et de prédilection.

Des années de conquête à celles d'exercice du pouvoir, c'est tel un « individu-palimpseste », résumant l'histoire politique du XXe siècle, que le décrivait Jean d'Ormesson : « Il aura été représentatif de tous les Français successivement, les Français de droite, les catholiques, les Vichyssois, les Résistants, les socialistes, le centre, les communistes[3]. » De la fidélité familiale à la droite catholique des années 1930, aux choix le menant à la fonction de premier président de la République socialiste, la trajectoire politique de François Mitterrand est singulière. Marquée par l'incertitude, elle est tout sauf linéaire, tout sauf une odyssée vers le pouvoir faite de combats, de coups bas et d'intrigues, de défaites et de triomphes, alors même que ce n'est qu'à la troisième tentative, que les portes du palais de l'Élysée se sont ouvertes : 1965, 1974 et 1981, enfin…

3. Christophe Barbier, *Les derniers jours de Mitterrand*, Paris, Grasset, 2015, p. 11.

Loin de l'idée de composer un livre de souvenirs ou de témoignages, se limitant à tourner les pages de l'album d'une vie, il s'agit d'analyser d'un point de vue historique ce parcours personnel et politique, en apportant des éclairages inédits sur certains pans méconnus, sans tomber dans la « vénération Mitterrand » quand l'historien doit s'abstraire des mythes entourant le dirigeant politique, afin de donner des clés d'interprétation, des éléments de compréhension du personnage et de son époque. Bien qu'il s'agisse de rassembler, pièce après pièce, le puzzle d'une vie, ce récit ne saurait être exhaustif ; des milliers de pages n'y suffiraient pas ! Cet ouvrage est ainsi une invitation à partir sur les routes de France, comme un retour aux sources de l'histoire, à la rencontre de François Mitterrand, homme à la fois multiple et singulier…

PREMIÈRE PARTIE

LES LIEUX FONDATEURS

1

LA CHARENTE, TERRE MATERNELLE

En ce 26 octobre 1916, à Jarnac, comme ailleurs en France, les esprits sont préoccupés par la guerre. Dans la soirée, Jules Lorrain, notable local, préside, dans la salle des fêtes de l'hôtel de ville, le Comité pour les versements d'or et d'emprunt, initiative destinée à soutenir l'effort de guerre. Plus tôt dans la journée, c'est dans cette même mairie que l'homme aux élégantes moustaches blanches avait déclaré la naissance de son petit-fils, François, Marie, Adrien, Maurice Mitterrand.

François est le cinquième enfant et le deuxième garçon d'Yvonne, fille de Jules Lorrain, et de Joseph Mitterrand. Chef de gare à Montluçon, celui-ci est accaparé par l'organisation du transport des troupes vers le front. C'est dans la chambre maternelle, au premier étage d'une maison cossue, que François Mitterrand a vu le jour, ou plutôt la nuit, à 4 heures du matin. Yvonne, sa mère, est née en 1880 dans cette même demeure où elle est revenue afin d'y passer ses derniers mois de grossesse auprès de sa propre mère.

Au 22 rue Abel Guy, du nom d'un bienfaiteur protestant, la maison appartient à son grand-père, Jules Lorrain, qui la tient lui-même de ses parents : Léon Beaupré Lorrain et Joséphine, née Berthelot. La propriété fut achetée au pasteur du temple voisin, vers 1850, par cet arrière-grand-père maternel de François Mitterrand, menuisier à Rouillac, devenu marchand de bois à Jarnac, où il s'éteignit en 1882.

À la naissance de François Mitterrand, la bâtisse charentaise d'une dizaine de pièces est dotée d'une salle de bains, signe du confort matériel qui est celui de la génération protectrice des grands-parents maternels. Le pays vit à l'heure des tranchées. Cette famille, à l'abri du besoin, est épargnée par les morts de la guerre, mais elle est déjà endeuillée par la disparition de l'oncle de François, Robert Lorrain, mort à vingt ans, en 1908, terrassé par la maladie.

« Les grands mariages se faisaient entre les eaux-de-vie de Cognac, la porcelaine de Limoges et les vins de Bordeaux », avait coutume de dire François Mitterrand, se référant à un dicton local fait sien par l'écrivain charentais Jacques Chardonne. S'il n'est pas issu du milieu lié à la céramique, c'est bien à Limoges qu'est né Joseph Mitterrand, le 27 septembre 1873. À l'âge de 33 ans, celui-ci unissait le 17 avril 1906 son destin à celui d'Yvonne, de six ans sa cadette.

Quelques mois après sa naissance, les beaux jours revenus avec le mois de mai 1917, François Mitterrand est baptisé en l'église Saint-Pierre, celle-là même où ses parents s'étaient mariés, 11 ans plus tôt, et où sa famille assistait aux offices tout au long de l'année. Une photographie le montre dans les bras de sa tante paternelle et marraine, Adrienne Thirion, qui vivra également au 22 rue Abel Guy, à partir de 1929.

Repères fondateurs

« Vinaigre Mitterrand Jarnac Charente », mentionne l'estampille des caisses à bouteilles en bois de la fabrique familiale. Après un échec dans le cognac, à l'époque où le phylloxera détruisit la vigne, Jules Lorrain, né en 1853, investit dans la vinaigrerie, parvenant à force d'obstination à bâtir une entreprise florissante employant une dizaine de personnes. Avant lui, son père, Léon, avait réussi à faire prospérer son commerce de bois et charpentes. Une situation qui lui avait permis de doter son fils Jules d'une solide formation, celui-ci ayant pu apprendre l'anglais outre-Manche. Habile négociant, homme cultivé, Jules Lorrain est devenu un notable, président du syndicat des producteurs de vinaigre et membre du conseil municipal de Jarnac. Son épouse, Eugénie, également née à Rouillac, quatre ans après lui, est une forte femme, capable en son absence de faire tourner le commerce d'une main de fer. Articulant son existence autour de principes religieux affirmés, la dame, d'allure austère, arbore depuis le deuil de son fils Robert en 1908, des tenues sombres, rehaussant encore son regard bleu perçant et doux à la fois. Un espoir brisé qui s'est reporté sur une nouvelle génération, celle des petits-enfants, alors que François est, plus encore que ses sept frères et sœurs, proche de cette grand-mère adorée.

C'est à l'ombre de la prospérité de Cognac que commerce Jarnac, s'étirant comme elle le long de la Charente. Face à cette aristocratie bourgeoise de Cognac, c'est d'une petite et moyenne bourgeoisie laborieuse qu'est issu François Mitterrand. Quand les grands patrons protestants, tenant le négoce du cognac, sont traditionnellement radicaux et plus libéraux, les vinaigriers sont catholiques et conservateurs. Jules Lorrain semble faire exception sur ce dernier point par ses convictions républicaines modérées, voire des sympathies radicales.

Mais si Jules Lorrain a la bosse des affaires, il n'en est pas forcément de même de son gendre, venu d'un tout autre univers professionnel. En 1916, année de naissance de son fils François, Joseph Mitterrand a été nommé chef de gare à Angoulême, point crucial du réseau de transports alors que les usines d'armement sont localisées dans le Sud-Ouest. Pour autant, quand un poste ayant valeur de promotion l'attend à Paris, celui-ci décline la proposition, préférant démissionner de la Compagnie des chemins de fer de Paris à Orléans, où il était entré en 1893, pour rester près des siens. À 46 ans, une nouvelle voie s'ouvre devant lui quand il prend la succession de son beau-père à la tête de la vinaigrerie. Un peu plus tard, las d'attendre que les rênes lui soient enfin confiées, Joseph Mitterrand créera « L'as du carreau », petite entreprise peu prospère vendant des balais. Tant par son physique, distingué mais dominé par son teint pâle, que par son attitude distante et réservée, c'est un homme d'apparence assez terne qui a bien du mal à soutenir la comparaison avec son beau-père, décrit rétrospectivement comme une personnalité « chatoyante » par son petit-fils François. Joseph Mitterrand n'est pas un homme inexistant pour autant. Tout en restant attaché à la tradition de droite, il se montre soucieux du sort de ses employés et ouvert au catholicisme social, fréquentant des associations religieuses et présidant même la Conférence

Saint-Vincent-de-Paul à Jarnac. Cultivé, il est, par ailleurs, passionné de théâtre. Mais à bien des égards, son père étant une pièce rapportée dans cet univers, qui est celui de sa belle-famille, le jeune François est plus un Lorrain qu'un Mitterrand, même s'il sait rappeler la fierté de cette ascendance paternelle, notamment lorsqu'elle est garante de quelque prestige...

François Ier... de Jarnac

« Coup de Jarnac », tel est le nom sous lequel est restée fameuse une botte secrète utilisée lors d'un duel, en 1547, au château de Saint-Germain-en-Laye, à la cour de François Ier.

Les traces du prince chevalier, protecteur des arts, né à Cognac en 1494, et non pas à Jarnac, s'inscrivent sur les rives de la Charente. Le Valois devenu héritier de la Couronne quittera sa ville natale à l'âge de quatre ans, ce qui ne l'empêchera pas de la combler de ses faveurs et d'y revenir souvent avec plaisir.

Cognac, d'où, bien plus tard, au gré des écluses de la Charente, les gabarres achemineraient les eaux-de-vie vers l'Océan. Un cognac auquel l'humidité de la rivière donne des touches rondes et moelleuses, au fond des chais dont le bois de chêne des tonneaux en révèle la palette infinie des arômes et des senteurs. À l'image du maître-assembleur, dont le talent permet à la noble eau-de-vie charentaise de tirer le meilleur parti du temps, François Mitterrand est l'artisan de la narration de ses origines, distillant les confidences choisies sur sa généalogie.

Certes, Cognac a vu naître un roi, François Ier – les esprits persifleurs ajouteront que la Charente a donné le jour, en 1577 à Angoulême, à un autre François, le fameux Ravaillac, régicide d'Henri IV – mais Jarnac a été la ville natale d'un Président. C'est ce que semblera suggérer François Mitterrand, lui-même. Soucieux peut-être de faire bonne figure face à la bourgeoisie cognaçaise, celui-ci tiendra à se prévaloir d'origines plus prestigieuses, fussent-elles aussi lointaines qu'incertaines, de nature à lui conférer ses lettres de noblesse.

C'est d'ailleurs une lettre signée par François Ier, acquise « chez Lambert, rue Bonaparte à Paris » le 8 mai 1967, qu'il ajoute à sa collection d'autographes. Dans cette missive, datant d'octobre 1529, le roi demande au baron de Jarnac de réunir une part de la rançon que réclame l'Espagne afin de libérer ses deux fils emprisonnés à Madrid. Par-delà les variations charentaises de la grande Histoire, c'est le fait que la lettre soit contresignée par le secrétaire d'État Florimond Robertet qui intéresse François Mitterrand, qui se réclame de sa descendance, du côté paternel : « François Ier, né à Cognac (Charente), Guy Chabot, baron de Jarnac (Charente), Florimond Robertet (époux d'une demoiselle Mitterrand, de Bourges) », note-t-il de sa main sur la fiche du libraire. Un lien généalogique dont il se prévaut encore dans une lettre à Anne Pingeot, à Noël 1964 : « Une grand-mère épousa Florimond Robertet, ministre des Finances de trois rois – il y a tout lieu de croire que ces Mitterrand, bourgeois de Bourges, furent apparentés à Jacques Cœur, bourgeois de cette même ville[1]. » À défaut de descendre d'un roi, il peut ainsi revendiquer d'avoir parmi ses aïeux un homme d'État, l'un des principaux conseillers royaux, de Charles VIII à François Ier. Plus encore, comme il l'explique à son amie Marguerite Duras, les Mitterrand « descendaient d'une vieille famille de la bourgeoisie berrichonne, qu'on retrouve pendant des siècles à Bourges. Au moins depuis le XVe siècle puisqu'il y avait déjà des Mitterrand dans l'entourage du Dauphin, au temps de Jeanne d'Arc[2]. » Mais si le Berry paternel lui fut conté, c'est bien la Charente maternelle qui fut son réel terreau.

Une maison de famille au pays de sa mère

Une famille aimante, conservatrice mais éclairée, une fratrie nombreuse et solidaire, telles sont les caractéristiques de son milieu d'origine. Derrière les hauts murs protecteurs de la propriété de la

1. Lettre à Anne Pingeot datée de décembre 1964, et catalogue Piasa de la vente de la bibliothèque de François Mitterrand, octobre 2018.

2. Entretien avec Marguerite Duras, *L'Autre Journal*, 12 mars 1986.

rue Abel Guy, la véritable maîtresse de maison est la grand-mère Eugénie, s'appuyant sur du personnel pour l'entretien, tant de l'intérieur que du jardin, et veillant à ce que soit servie une cuisine raffinée.

« Fabrique de vinaigre », lit-on en lettres gravées sur la façade de la maison, peu à peu agrandie en annexant la demeure voisine, où activité commerciale et vie de famille font bon ménage. À l'écart de la rue, voici la pièce centrale, le petit salon, véritable cœur de cette confortable maison de ville. Servant de lieu de passage vers la cuisine et la salle à manger, ce salon en dissimule un plus grand, faisant office de salle de réception. François Mitterrand y a ses habitudes, s'installant dans un fauteuil Louis XIII pour lire dans ce cocon aux murs recouverts de tissu rose. Ceux de la salle à manger sont ornés de peintures aux motifs de treilles rappelant le commerce familial. À table, les règles sont des plus strictes, il est interdit d'y évoquer « les gens, l'argent et la politique ». Prenant le repas en compagnie de leurs parents et grands-parents, les enfants n'ont pas droit à la parole avant le dessert, sous peine de finir dans le placard pour un petit quart d'heure. Un endroit dont la noirceur tirait des larmes à la fratrie, sauf dit-on, à un seul de ses membres, le jeune François. Aussi, inquiète, sa grand-mère en ouvrait-elle les portes afin de s'assurer qu'il y respirait encore. Fort heureusement, les plus petits peuvent s'égayer dans la cour autour du chien Athos. Mais quand grandissent les derniers enfants, leurs aînés ont déjà quitté la maison pour étudier à Angoulême ou à Paris.

Car c'est une famille nombreuse que celle des Mitterrand, avec ses huit enfants, quatre filles et quatre garçons. L'aînée de la famille fut Marie-Antoinette, née en 1909. Puis vinrent ses trois sœurs : Marie-Josèphe, en 1912, Colette en 1914, et enfin Geneviève, l'avant-dernière, née en 1919. Quant aux garçons, Robert, naquit en 1915, suivi d'un an par François. Après Jacques, en 1918, Philippe venait clore la fratrie, en 1921. Ajoutons que ceux-ci grandissent avec leurs cousins Yvonne dite « Lolotte » et Pierre Sarrazin, enfants d'Antoinette, sœur aînée de leur mère, veuve depuis 1917.

Afin d'échapper aux contraintes et aux carcans, c'est dans un monde imaginaire que se réfugie François, enfant plutôt solitaire, dont la lecture contribue à construire le rapport au monde. Les livres à sa disposition puisent à la tradition d'humanités gréco-latines transmise par son père et son grand-père. Alors que s'affirment ses goûts poétiques et celui pour le romantisme de Lamartine, d'autres lectures lui sont proscrites, comme les livres de Colette.

Dans *La Paille et le Grain*, l'intéressé évoque les souvenirs liés aux livres de son enfance : « J'y respire l'odeur de poussière et de papier piqué qui me donnait un coup de bonheur au cœur quand, enfant, j'entrais dans le petit grenier où mes parents avaient rangé, vingt ans plus tôt, les œuvres complètes d'auteurs (définitivement oubliés) qui parlaient des croisades, de l'Église, des Girondins, des guerres du Premier Empire et m'enfiévraient l'imagination. Ma madeleine à moi est dans cette qualité de poussière qui ne ressemble à aucune autre, avec une vague persistance de senteur de maïs (on engrangeait jadis dans ce grenier des épis pour l'hiver) et de peuplier (le plancher où je m'étalais pour lire était fait de ce bois) – et nourrie de littérature[3]. »

Un lit, une armoire, un meuble de travail et une étagère où sont rangés quelques ouvrages ; l'ameublement de sa chambre est des plus sommaires. Une fois lycéen et étudiant, alors que ses venues à Jarnac s'espacent, c'est la « chambre aux oiseaux » qui est la sienne. Une pièce ainsi désignée par le jeune homme, tant pour le motif du papier peint au fond bleu sur lequel s'égaient des oiseaux, que pour les pépiements provenant de la cour.

À l'étage, en face des escaliers, c'est dans une autre des cinq chambres qu'il a vu le jour. Celle-ci avait été occupée par ses arrière-grands-parents, ses grands-parents, et serait plus tard dévolue, en 1929, à ses propres parents, Yvonne et Joseph. À l'exception de Jacques, né à Angoulême en 1918, sept des huit enfants de la fratrie sont nés dans cette même pièce, symbole de continuité familiale.

3. François Mitterrand, *La Paille et le Grain*, Paris, Flammarion, 1975, pp. 150-151.

Une culture saintongeaise

« Je suis Saintongeais, j'ai vécu dans le pays de ma mère. Il est vrai que tout ce qui est en moi se rattache à Jarnac, aux différents paysages de Charente, cela fait partie de moi[4] » déclare-t-il durant le dernier déplacement présidentiel qu'il consacra à sa ville natale, en mai 1995. Avec ses noms de commune se terminant par « ac », suffixe signifiant « chez », c'est un petit monde que constitue cette région. « Il y avait tout un environnement saintongeais, autour de moi, qui débordait Jarnac[5] », relatera François Mitterrand, attentif aux dires des anciens de la famille. « L'une de mes tantes était de Saujon... Une autre, morte à 93 ans, il y a dix-huit ans, était née en 1877. Elle avait donc vingt-trois ans en 1900 et gardait d'importants souvenirs du début du siècle. Elle en conservait aussi qu'on lui avait repassé de la génération précédente. En fait, sa mémoire remontait jusqu'en 1850. Je regrette de ne pas avoir noté ce qu'elle me racontait, je n'en ai que des lambeaux[6]. » On comprend, ici, à quelles sources puise sa longue mémoire. La culture locale lui est transmise par son grand-père. Le soir, à l'heure de la veillée, « Papa Jules » narre des histoires en patois charentais, celles de cette petite ville provinciale et du village dont il est natif.

« La vie, telle que je l'ai vécue, ressemblait plus au XVIIIe siècle, qu'à celle que l'on connaît déjà, dans cette deuxième moitié du XXe siècle, qui approche déjà de son dernier tiers », déclarait-il en 1975. Dans la cour de la propriété, trône un lavoir en pierre où une lavandière vient laver le linge de la famille. Dans cette France d'avant-guerre, l'odeur du feu de bois, du crottin de cheval dans les rues, la senteur émanant des vignes avant la vendange marquent à jamais le jeune enfant. « La première ville, il fallait y aller au pas du cheval, nous n'avions pas d'automobile. Après, il est arrivé quand même une fusée moderne, la bicyclette, qui m'a

4. Déplacement du président François Mitterrand à Jarnac, 6 mars 1995.

5. Déplacement du président de la République à Saintes, Charente, 9 octobre 1988.

6. *Ibid.*

permis d'aller de l'autre côté de l'horizon[7]. » Un univers familial qui, autour du grand-père Lorrain, s'étire jusqu'à l'extrémité sud de la Charente…

Le domaine de Touvent, vert paradis de l'enfant Mitterrand

C'est aux confins de la Charente et de la Dordogne, à Nabinaud, près d'Aubeterre-sur-Dronne, qu'est située la propriété de Touvent. Une journée de transport aux allures d'expédition est nécessaire pour s'y rendre, en utilisant le train, l'autobus et la voiture à cheval. Une belle allée de tilleuls plantée par le propriétaire conduit à la maison de maître, assez spacieuse pour pouvoir accueillir toute la famille à l'occasion des vacances. Acquise par Jules Lorrain, la propriété est vaste d'une centaine d'hectares et traversée par la Dronne, dans laquelle les enfants aiment à s'égayer, malgré les craintes de « maman Ninie ». C'est auprès de ses grands-parents maternels que le jeune François passe de très longs mois d'été, autant pour soulager sa mère que pour respirer un air sain profitable à sa santé, diagnostiquée comme fragile. Précautions sanitaires et morales se mêlent au sein de cette famille où l'on est convaincu qu'un enfant de la campagne vieillit mieux qu'un citadin, la méfiance étant grande à l'égard de la ville.

Durant ses séjours prolongés à Touvent, le jeune François mène une existence rustique, au rythme du soleil et des travaux agricoles. C'est aussi l'un des endroits fondateurs où s'aiguise son attention aux lieux et son appétence pour ceux-ci. Il évoquera dans *L'Abeille et l'Architecte* : « un chemin creux que notre géographie familiale nommait le raidillon, conférant à ce diminutif une majesté singulière. […] Ils me font souvenir du cheval de mes grands-parents qui nous ramenait, à l'époque des vacances, de Petit-Bersac à notre maison de Touvent[8]… » La voiture à cheval avec laquelle

7. Émission *Apostrophes*, 7 février 1975.

8. François Mitterrand, *L'Abeille et l'Architecte*, Paris, Flammarion, 1978, pp. 13-14.

son grand-père le conduit dans la commune voisine d'Aubeterre, baignée par la Dronne. Un village médiéval dans lequel il découvre un trésor qui ne cessera de le fasciner : l'église « monolithe » creusée au XIIe siècle dans la roche crayeuse, où sa grand-mère Eugénie, « Maman (Mamie ?) Ninie », aime à se recueillir.

« On est de son enfance comme on est d'un pays », écrivait Saint-Exupéry. C'est là, durant ces étés, passés à jouer, lire et imaginer, que se construit la matrice de ce que sera cet enfant distrait et rêveur. En 1929, alors que pointent en France les effets de la crise économique, la vente de la maison de Touvent est un déchirement, marquant la fin de l'innocence. « Voilà mon premier deuil. Un vrai deuil, comme la perte d'un être cher. Déjà, on commençait à vider la maison de ses meubles. Dans le coin d'une pièce vide, ma grand-mère était assise dans un fauteuil. Elle avait les yeux rougis par les pleurs, et moi j'étais là, à ses côtés et je me sentais désespéré. Peu après la vente de la propriété, ma grand-mère est morte. Mon enfance basculait[9]. » C'est, en effet, le décès le 3 août 1931 de « Maman Ninie », à l'âge de 74 ans, qui scelle la fin d'une première période de l'existence du jeune Mitterrand. Appelé par sa grand-mère Eugénie à son chevet, le petit-fils adoré recueille ses dernières paroles, très marqué qu'il est par ce deuil familial.

Paysages d'enfance, paysages d'en France

« Qui n'est pas marqué par son enfance, surtout si elle a été heureuse ? Au contact de parents, de frères et de sœurs, de cousins, avec qui on a passé un pacte de vie qui dure encore, que ce soit par le souvenir, pour ceux qui ont disparu, soit pour les vivants qui sont les plus nombreux[10] », reconnaîtrait-il, un demi-siècle après sa naissance. L'expression « pacte de vie » vaut également pour la relation extrêmement forte le liant à sa terre natale sur laquelle

9. François Mitterrand, Élie Wiesel (entretiens avec), *Mémoire à deux voix*, Paris, Odile Jacob, 1995, p. 43.

10. Émission *Apostrophes*, 7 février 1975.

il insistait, alors devenu Président, dans un discours empreint de déterminisme : « J'aime cette région. Pourquoi ? Parce que j'y suis né, parce que mon enfance a été formée par son climat, ses ciels, la nature de ses arbres, ses rivières, ses coteaux, ses productions, sa vigne. Que sais-je ? Ses chemins de terre qui couraient à l'époque à travers les champs et qui représentaient ma liberté d'enfant[11]. »

Un temps de l'enfance encore marqué par les vacances familiales, empruntant la route de la Bretagne : « Mon père et ma mère avaient beaucoup vécu dans les années précédentes au cours des différentes étapes de cette carrière, à Quimper, à Vannes et dans bien d'autres endroits bretons. Et ils avaient naturellement gardé beaucoup d'amis dans ce pays. Alors que j'étais enfant, mais dès que j'ai été en âge de comprendre, je suis venu avec eux voir leurs amis. C'est alors que j'ai connu les paysages surtout du Sud de la Bretagne, c'est-à-dire de Nantes jusqu'à Quimper. [...] J'ai toujours vécu avec ce récit de ma mère en particulier qui avait gardé de ces jeunes années de ménage, et de ses premiers enfants, l'amour de la Bretagne[12]. » Joseph Mitterrand fut, en effet, sous-chef de gare à Quimper, entre 1911 et 1915, puis à Saint-Nazaire, résidant dans le quartier nantais de Chantenay, bastion ouvrier regroupé autour des chantiers navals et des grandes usines. Par la profession de son père, François Mitterrand aurait pu naître dans un faubourg de Nantes plus en adéquation avec l'électorat socialiste brigué durant sa carrière politique. C'est le sens du discours prononcé en février 1989, dans la banlieue de Nantes, à Saint-Herblain, devant son maire Jean-Marc Ayrault, discours dans lequel il tissait, comme à son habitude, un lien personnel au territoire visité : « Il s'en est fallu de peu après tout si la tradition française n'était pas pour les mères de famille, devant avoir des enfants que de retourner dans leur famille qu'au lieu d'être né à Jarnac, Charente, je fusse né à Chantenay. Cela ne vous aurait pas avancé beaucoup, cela n'aurait pas changé grand-chose à votre sort mais comme c'étaient les

11. Déplacement en Charente le 9 octobre 1988 ; inauguration de la restauration de l'abbaye-aux-Dames à Saintes.

12. Interview de François Mitterrand, à France Régions 3 Bretagne, Rennes, lundi 7 octobre 1985.

années de jeunesse de mes parents, j'ai toujours entendu raconter cette ville et ses environs avec le charme de l'espoir, le goût de vivre et l'espérance[13]... » Une carrière de cheminot dont Joseph Mitterrand démissionnait en 1919, alors chef de gare à Angoulême. C'est dans cette même préfecture de la Charente que le chemin de François Mitterrand, adolescent, allait continuer à s'écrire, lui qui devait prendre le train pour Angoulême pour y rejoindre l'internat.

13. Discours de François Mitterrand à Saint-Herblain, 8 février 1989.

2

D'ANGOULÊME À PARIS

En octobre 1925, l'heure est venue pour le jeune François Mitterrand, âgé de dix ans, d'entrer comme pensionnaire en classe de sixième, au collège Saint-Paul d'Angoulême. Une première rupture dans une enfance enchantée. Jusqu'en 1934, année d'obtention de son baccalauréat, il sera élève de ce pensionnat catholique, comme avant lui son frère aîné Robert, et, après lui, ses cadets Jacques et Philippe. Quant à ses sœurs, elles sont également scolarisées à Angoulême, chez les Ursulines de Sainte-Marie de Chavagnes, rue de Paris. Son aîné veille sur lui, adressant le 30 janvier 1927 une lettre à ses parents qu'il alerte du peu d'appétence pour le travail de son jeune frère, de ce fait écarté du tableau d'honneur : « Il m'a dit qu'il se trouvait bien à la place où il était[1] ! »

Au gré des ans, le jeune homme devient un excellent élève, comme en atteste le bulletin de distribution des prix de la fin d'année scolaire 1930 qui lui octroie le premier rang en français, histoire-géographie et instruction religieuse. Sur cette photographie de classe de seconde, datée de 1931, l'élève François Mitterrand se tient au centre du rang le plus en hauteur. Veste, cravate, culotte courte et chaussettes remontant en dessous du genou composent l'uniforme de l'institution.

Ces huit années d'expérience angoumoisine marquèrent l'homme politique. « Si j'ai eu des idées dans la vie, je n'en ai jamais eu d'aussi fortes qu'à quinze ans. Je m'y suis rêvé en orateur, en ministre, en libérateur. J'y ai forgé un idéal. Je puise dans l'enfance

1. Robert Schneider, *Les Mitterrand*, Paris, Perrin, 2009, p. 14.

la plus large part des réserves dont je dispose[2] », confiait-il. Celui-ci saurait se souvenir de l'abbé Jobit et du chanoine Clovis Coudreau, continuant à rencontrer ce dernier, bien des années plus tard, pour le plaisir du dialogue entre hommes de culture. Une admiration pour ces « maîtres bienveillants » également nourrie par l'ancrage et le savoir empirique des hommes de la terre : « Beaucoup de professeurs, mais pas tous, étaient des prêtres, des prêtres paysans ; ce n'était pas une école de pensée ni même une méthode d'enseignement ; c'étaient des gens simples qui nous parlaient de la vie simple des gens d'alors[3]. »

De ces années, demeurait un souvenir ému, ainsi que la marque d'une certaine rudesse : « On avait onze ans, douze ans. À Angoulême, on montait de la gare jusqu'au plateau ; je me souviens, en plein hiver, de nos doigts gelés, de nos genoux violets avec nos culottes courtes. On s'arrêtait tous les trois cents mètres tellement nos valises étaient lourdes.[4] » Ainsi se remémorait-il ses déplacements vers l'internat, en compagnie de son frère aîné et de camarades de Jarnac. Mais en juillet 1934, l'obtention du baccalauréat ouvre une nouvelle époque. C'est l'heure du premier véritable départ, à Paris. « À seize dix-sept ans, quand je suis allé vers Paris, je me sentais provincial, content de l'être et un peu déchiré de perdre mes racines[5]. »

Signe des temps, c'est à l'occasion de l'Exposition coloniale de 1931, au bois de Vincennes, que François Mitterrand a vu Paris pour la première fois. Il est alors âgé de quatorze ans.

Au 104 de la rue de Vaugirard

Le jeune Mitterrand arrive dans la capitale en octobre 1934 pour y commencer son droit. Il est logé au 104 de la rue de Vaugirard, un établissement religieux tenu par les frères maristes, destiné aux

2. Jacques Attali, *C'était François Mitterrand*, Le livre de poche, 2007, p 66.
3. Jacques Attali, *C'était François Mitterrand*, *op.cit.*, p 65.
4. Entretien avec Marguerite Duras, *L'Autre Journal*, 12 mars 1986.
5. Émission *Apostrophes*, 7 février 1975.

jeunes gens de la bourgeoisie provinciale catholique que leur famille veut tenir à l'écart des turpitudes de la vie parisienne. Une adresse à laquelle tient particulièrement la famille Mitterrand. Avant lui, son oncle Robert Lorrain y fut déjà pensionnaire, jusqu'à son décès brutal, à l'âge de vingt ans. Depuis 1908, année de sa mort, Robert a été érigé en modèle familial. Tout à leur peine, ses parents, Jules et Eugénie Lorrain, ont reporté leur affection et leurs espoirs sur leur petit-fils François. L'un des condisciples les plus proches de Robert, Jean Mauriac, devenu plus tard abbé, fut profondément touché par cette disparition, lui rendant un hommage appuyé dans la revue *Montalembert* qu'animent les étudiants de l'institution. C'est ainsi en sa qualité d'ami de la famille autant que d'ancien pensionnaire au « 104 » que son frère, François Mauriac, a discrètement favorisé l'admission du jeune François Mitterrand dans l'institution parisienne.

Mauriac et Mitterrand

François Mauriac est un écrivain que François Mitterrand courtise sous la IVe République, entretenant avec lui des rapports des plus courtois. Des relations qui se distendent une fois l'écrivain s'étant rangé derrière de Gaulle, fondateur de la Ve République. Lui adressant son ouvrage, *De Gaulle*, paru en 1964, Mauriac lui écrit cette malicieuse dédicace : « À François Mitterrand qui ne sera pas d'accord, bien sûr ! » Le politique n'a que peu goûté le ralliement de l'homme de plume au Général, au point de le réduire dans l'ouvrage *Ma part de vérité*, paru en 1969, à l'état de « romancier régionaliste ». Mais à l'en croire, c'est Mauriac qui avait décoché la première flèche dans un portrait qu'il jugea peu flatteur, datant de 1954 : « Ce Mitterrand, je l'aime bien. C'est un garçon romanesque : je veux dire un personnage de roman. Il sort à quelques lieues de chez moi, du terroir charentais, comme Rastignac[6]… »

6. François Mauriac, « Bloc-notes », *L'Express*, 8 octobre 1954.

« À nous deux Paris »

« À nous deux Paris », expression fétiche d'Eugène de Rastignac, jeune arriviste, séducteur et intrigant né sous la plume de Balzac, dans les pages duquel se côtoient histoire, politique et intimité. Une comparaison que l'intéressé ne manque pas de réfuter : « Quand je suis monté à Paris en 1934 comme étudiant, monté comme Rastignac, tout simplement parce que Rastignac, comme moi, venait d'Angoulême, c'est le seul point de rencontre.[7] » Clin d'œil de la métonymie, la commune de Balzac, nichée à l'intérieur d'un large méandre de la Charente, est située tout près d'Angoulême.

La comédie humaine, François Mitterrand finira par la jouer à merveille, s'emparant de Paris, ville saturée d'histoire et de souvenirs, dont il se lance dans l'exploration, bien que marqué par la nostalgie d'Angoulême tel Lucien de Rubempré, autre héros balzacien que ce jeune provincial cultivé, venu dans la capitale afin de devenir écrivain avant de devoir faire face à ses « illusions perdues ». Archétype de la mythologie française omniprésente dans l'imaginaire national, la « montée à Paris » figure littéraire s'il en est, est perçue comme romantique et romanesque à la fois. Lecteur de Barrès et fin connaisseur de son culte de l'enracinement, entre fidélité et ambition, le jeune homme réussit l'épreuve avec brio, échappant pas à pas aux pesanteurs de son milieu d'origine à la façon des héros de romans du XIXe siècle.

Si Mauriac, Renard ou Zola dépeignaient des univers familiaux saturés de rancœurs et de secrets, le jeune homme conformiste n'est nullement en révolte contre les siens. Ce nécessaire départ de la province pour la capitale n'en reste pas moins synonyme d'éloignement de la famille aimante. À Paris, l'étudiant expérimente la liberté et l'émancipation, tout en éprouvant un sentiment de responsabilité à l'égard de ceux qui ne sont pas là ou plus là. Car durant cette période, sa mère dépérit. Elle décède le 12 janvier 1936, à l'âge de cinquante-cinq ans. La mort de l'être qui lui est le

7. « À armes égales », Archives ORTF, 10 janvier 1973.

plus cher est aussi le deuil de l'enfance. Pensif et mélancolique, il le sera dès lors plus que jamais. De son père, touché par le veuvage, et qu'il a quelque peu sous-estimé alors qu'il était enfant, il se rapproche, notamment lorsque celui-ci vient en 1938 présenter son chien Orloff à l'exposition canine de la porte de Versailles. Ce père qui continue à soutenir financièrement celui qui n'est pas réellement cet « étudiant pauvre[8] » que dépeint Jacques Attali à la façon d'un Petit Chose…

Paris à loisir : un étudiant dilettante

Au 104, Mitterrand se lie avec d'autres jeunes fils de bonne famille fraîchement débarqués de province. Parmi eux, André Bettencourt et François Dalle, avec lesquels des liens indissolubles se tissent alors. François Dalle qui se souvient de journées loin d'être surchargées. Elles débutent généralement par un départ vers la faculté de droit et sa bibliothèque, aux alentours de 9 h 30-10 heures du matin, les jeunes gens devisant leur trajet durant de leurs découvertes et enthousiasmes. C'est bien un étudiant dilettante que décrit François Dalle : « Mitterrand n'était pas très travailleur, il ne travaillait pas les problèmes juridiques, il lisait les journaux, puis l'après-midi il allait en Sorbonne[9]. » Avant de prendre le chemin du retour vers le 104 à 17 heures, les deux hommes se retrouvaient à la mi-journée pour déjeuner dans une pâtisserie située à l'angle de la rue Saint-Jacques et de la rue Soufflot.

Le jeune Mitterrand apprend vite à se délecter des délices de la vie parisienne. « Je vous salue Paris pleine de grâces », telle pourrait être son incantation à cette ville devenue pour lui capitale. L'étudiant a compris très tôt les vertus des joies improductives : flâner, humer l'air de la ville, s'attarder sur une pierre ou sur une jeune passante, goûter à la liberté des sorties mondaines, de théâtres en expositions, de cafés en dancing.

8. Jacques Attali, *C'était François Mitterrand*, *op.cit.*, p. 66.

9. Jean Lacouture, Patrick Rotman, *Mitterrand, le roman du pouvoir*, Paris, Seuil, 2000, p. 16.

C'est lors du bal de Normale Sup, le 28 janvier 1938, que François Mitterrand, 23 ans, rencontre Marie-Louise Terrasse, dont il tombe immédiatement sous le charme. Et ce malgré la différence d'âge, car, l'adolescente, née en 1923 à Valence, est sept ans plus jeune que lui. Elle sera la femme de sa vie, puisqu'il l'a décidé. Éperdument amoureux, il la renomme « Béatrice » – en référence à Dante, chez qui elle est la dame adorée, l'amante totale – et plus intimement « Mon Zou » ou « Ma petite pêche ». Lui écrivant plusieurs lettres par jour, il les lui fait le plus souvent porter au lycée Buffon par son ami François Dosse, le seul à être dans la confidence. Insistant, le jeune Charentais parvient à se faire présenter à ses parents, qui le reçoivent chez eux, avenue d'Orléans. Impressionnés par sa culture et sa personnalité, ceux-ci le convieront fréquemment à leur table, ainsi que dans leur résidence secondaire, à Valmondois, à une trentaine de kilomètres au nord-ouest de Paris. Séduit par la fille, François Mitterrand ne courtise pas moins celui qu'il espère voir devenir son futur beau-père, André Terrasse, secrétaire général de l'Alliance démocratique, une formation centriste, quand lui-même se cherche en politique.

Au Quartier latin : une initiation politique

Lieu d'initiation, Paris l'est assurément, ce qui vaut encore pour le domaine littéraire. Il y a retrouvé Claude Roy, son camarade de pension à Angoulême, lui aussi « monté » de Jarnac. D'un an son aîné, le futur poète, romancier et essayiste, débattait avec lui des belles lettres depuis l'adolescence, et plus particulièrement des grands noms de la NRF, dont chaque mois les jeunes gens s'abreuvent des écrits des penseurs influents publiés dans le dernier fascicule. Poétiques, les tribulations se font aussi politiques, le jeune Roy fréquentant des figures de la Cagoule. Proche de militants d'extrême droite, Mitterrand se défendra toujours d'avoir été cagoulard ou membre de l'Action française.

La passion de la politique a rapidement happé le jeune Charentais, celui-ci s'inscrivant, un mois seulement après son arrivée à Paris, aux Volontaires nationaux, organisation de jeunesse des Croix-de-Feu.

Car s'il est un homme qui le fascine, c'est bien la figure tutélaire de ce mouvement d'anciens combattants, le colonel de La Rocque, dont il adhère au culte du chef et au rituel martial. Rencontrant les militants du secteur de la rive gauche de la capitale, l'étudiant est étiqueté politiquement sans difficulté : il est « La Rocque ». Et afin que cet engagement dans les rangs des Volontaires nationaux ne puisse être ignoré, il en porte volontiers l'insigne, un losange orange et bleu.

Selon ses camarades du 104, la dimension d'opportunisme n'est pas à négliger lorsqu'il s'agit d'expliquer son adhésion à un mouvement porteur, connaissant une phase d'ascension. Le jeune étudiant en droit et en sciences politiques sait ce qu'il vaut et ce qu'il veut, envisageant de s'inscrire au Barreau tout en laissant ouverte la possibilité de la politique.

De droite par tradition, le patriotisme et le catholicisme fervent, mâtiné d'une dimension sociale du colonel de La Rocque, exercent un attrait certain sur le jeune homme qui ne semble pas être gêné par l'antiparlementarisme. « J'étais le produit de ce milieu. C'est-à-dire un milieu de petite bourgeoisie modérée, catholique, patriote, peut-être un peu conforme[10] », nuancera-t-il, quand viendra le temps où Pierre Péan scrutera cette « jeunesse française ». Signe que socialisation religieuse et politique s'entremêlent, l'étudiant en droit est également inscrit à la Société Saint-Vincent-de-Paul, participant en son sein à des visites de familles.

Le 6 février 1934, la République avait vacillé sur ses fondements. Emmenées par les ligues nationalistes, les manifestations fortes de plus de 30 000 personnes, en majorité des anciens combattants, dégénéraient en émeutes à quelques pas de l'Assemblée nationale. À l'appel du lieutenant-colonel de La Rocque, les Croix-de-Feu, se tenant à l'écart, se dispersaient suite aux premières échauffourées et se refusaient à occuper le Palais-Bourbon, donc de renverser le régime par la force. Causant la mort de 15 personnes, cette action des ligues générait en réaction une riposte qui allait être l'acte fondateur du Front Populaire, coalition vers laquelle rien ne portait

10. Entretien de François Mitterrand avec Jean-Pierre Elkabbach, France 2, 12 septembre 1994.

l'étudiant Mitterrand, fréquentant alors les milieux politiques les plus étroits.

Loin de l'agitation parisienne, ce 6 février 1934, François Mitterrand était lycéen à Angoulême. Un an plus tard, le 1er février 1935, c'est contre « l'invasion métèque » que défile ce monôme d'extrême droite, aux cris de « La France aux Français ». Organisée par l'Action française, favorable au fascisme italien, la manifestation cible Gaston Jèze, professeur de droit financier devenu conseil juridique du négus Haïlé Sélassié, alors que l'Éthiopie est en proie à l'agression mussolinienne. Deux photographies parues dans *Les Camelots du roi*, journal de l'Action française, permettent de distinguer très distinctement l'étudiant charentais faisant face à un cordon de police. Le jeune Mitterrand se retrouve dans les orientations du Parti social français, fondé à la suite de la dissolution des Croix-de-Feu parmi les ligues qualifiées de paramilitaires, en vertu de la loi du 10 janvier 1936. Une formation qui de droite nationaliste, ne peut pour autant être qualifiée de mouvement fasciste.

« Y a-t-il encore un Quartier latin ? », tel est le titre d'un article de *L'Écho de Paris*, organe de presse de droite patriotique proche du PSF, daté du 10 avril 1937. Son auteur, un certain François Mitterrand, déplore que ce haut lieu parisien ait perdu son « âme » par son caractère cosmopolite. « Désormais, le Quartier latin est ce complexe de couleurs et de sons si désaccordés qu'on a l'impression de retrouver cette tour de Babel à laquelle nous ne voulions pas croire – parce que nous n'imaginions pas. »

Ce Quartier latin dépeint comme envahi de « métèques », François Mitterrand en garde pourtant un tout autre souvenir. Celui de ce jour de 1938 où, à la terrasse du Biarritz, bistrot du boulevard Saint-Michel, il défend un groupe de jeunes juifs pris à partie par des gros bras d'extrême droite. Parmi ces victimes, Georges Dayan, l'un de ses condisciples de la faculté.

L'étudiant Mitterrand finira par obtenir avec facilité ses diplômes de droit et de l'École libre des sciences politiques. Comme celui de tant d'autres, le destin de ce jeune étudiant provincial, lettré et catholique, allait être irrémédiablement chamboulé par la guerre.

3
LE PARCOURS DU COMBATTANT

« Ce septembre si secoué de rumeurs guerrières. J'avoue que j'ai cru à la guerre. La France en ces jours avait une bien curieuse physionomie[1] », écrit, fin 1938, François Mitterrand à un ami. À la veille de ses 22 ans, alors que l'horizon s'obscurcit, le voilà appelé sous les drapeaux pour faire ses classes. Le jeune homme vient d'obtenir son diplôme de doctorat en droit public, pour lequel il doit se contenter de la mention bien.

« À 30 minutes du Quartier latin[2] », comme il le précise, c'est une tout autre vie qui commence pour ce soldat de deuxième classe, incorporé le 4 novembre 1938, au 23e régiment d'infanterie coloniale, au Fort d'Ivry. Le monde militaire, et plus particulièrement les gradés, lui font horreur. « On attend, on poirote toute la journée, c'est plutôt triste – bêtise, saleté. Et c'est un bon régiment. On a, paraît-il, de la chance, d'ailleurs je ne m'ennuierais pas si je ne regrettais pas Béatrice, toi et tout ce qui fait le passé[3] », écrit-il dès le lendemain de son arrivée à son ami du 104, François Dalle. Officiellement, c'est pour finir sa thèse, et non pour ne pas s'éloigner de Marie-Louise, qu'il a préféré une inscription en école pour sous-officiers de réserve (ESOR) plutôt qu'une dédiée aux officiers de réserve (EOR). Le hasard amenait le sous-officier charentais à retrouver Georges Dayan, quant à lui déjà officier. Entre le jeune pied-noir, juif et athée, venu d'une famille bourgeoise

1. Lettre adressée d'Ivry à un ami par François Mitterrand, 30 décembre 1938, (site autographe des siècles).

2. *Ibid.*

3. Lettre adressée d'Ivry à François Dalle, 5 novembre 1938, in Éric Roussel, *François Mitterrand, de l'intime au politique*, Paris, Robert Laffont, 2015.

socialiste, d'un tempérament sympathique et volubile, et l'énigmatique Charentais, allait se nouer une amitié qui traverserait le siècle, ouvrant à ce dernier de nouveaux horizons politiques. Les deux hommes louent un studio rue Gay-Lussac où ils vont passer la nuit dès qu'ils en ont l'occasion. De son côté, Mitterrand est affecté à la caserne de Lourcine, boulevard de Port-Royal, dans le 13e arrondissement.

Alors que le péril de la guerre menace, c'est un entre-deux durant lequel il mène, dès qu'il le peut, la vie des jeunes gens de son âge. « Je sors très souvent et suis à Paris plusieurs fois par semaine. Je vois plusieurs de nos anciens camarades[4]. » Cette période lui vaudra ce qui pourra rétrospectivement être analysé tel un clin d'œil du destin, comme il le rappelait lors d'un discours prononcé en 1995, à l'occasion de l'inauguration du musée des Grandes Heures du Parlement : « En 1939, j'ai assisté à l'élection du président de la République, Monsieur Albert Lebrun. J'étais militaire, j'appartenais au 23e régiment d'infanterie coloniale, j'étais chargé de garder la porte centrale, sans imaginer que j'y reviendrais[5] ! » Qui aurait pu alors prédire que le mandat du président Lebrun, réélu en avril 1939, prendrait fin dès l'année suivante, au lendemain de ce 10 juillet 1940 qui verrait l'Assemblée nationale voter les pleins pouvoirs au maréchal Pétain, mettant fin à la IIIe République.

En ce printemps 1939, François Mitterrand se morfond. Marie-Louise, alias Béatrice ne répond plus à ses billets, transmis par François Dalle et désormais par Georges Dayan. Multiples sont les signes de cet amour éperdu pour cette jeune fille pas encore âgée de seize ans. Pour tromper l'ennui, le Charentais fréquente des amis et dévore les livres.

C'est sur une plage de Normandie, où il profite du paysage et des plaisirs de la lecture, qu'il apprend l'invasion de la Pologne, le 1er septembre 1939. Deux jours plus tard, le dimanche 3 septembre, pour répondre à cette agression, la France et l'Angleterre déclarent la guerre à l'Allemagne. Le lendemain, François Mitterrand part

4. Lettre adressée d'Ivry à un ami par François Mitterrand, 30 décembre 1938 (Site autographe des siècles).

5. Discours de François Mitterrand à Versailles, 19 avril 1995.

avec son régiment pour l'Alsace. Drôle de guerre : l'expression paraît relever de l'oxymore tant les deux termes rapprochés sont contradictoires, mais les premiers mois se déroulent sans qu'aucun combat ne vienne sceller l'ouverture des hostilités…

Durant cet hiver, le sergent-chef François Mitterrand, officier de troupe d'intervalles au 23e régiment d'infanterie coloniale, défend Olizy-sur-Chiers, dans la Meuse, à une cinquantaine de kilomètres au nord de Verdun, tout près de l'ouvrage fortifié de La Ferté, partie prenante de la ligne Maginot. À la guerre comme à la guerre, il faut s'adapter aux conditions d'inconfort.

Rue des Enfers, telle est l'adresse où il est hébergé, dans cette maison d'Olizy, reconstruite après la « Der des Ders »… Une toponymie fort à propos, car l'enfer recommence bien vite pour ce village, perdu entre drames passés et futur incertain. Une fois la « drôle de guerre » brutalement interrompue par les assauts ennemis, la localité aura à nouveau à souffrir des violents affrontements qui auront lieu dans ses environs. Entre le 14 mai et le 10 juin 1940, plus de 1 200 militaires français y mourront au combat. Pour l'heure, au cœur de cet hiver 1939-1940, c'est le calme avant la tempête. Fille de la famille qui logeait François Mitterrand, Marie-Louise François, alors âgée de seize ans, se souviendra un demi-siècle plus tard de ce soldat de 22 ans : « Il travaillait dans un bureau du village. Il est venu chaque soir dormir à la maison. Il parlait peu ; il se tenait à l'écart ; il était discret. C'était un grand amateur de lecture. On le voyait toujours un livre à la main[6]. »

D'un dimanche de fiançailles à Paris au baptême du feu à Verdun

Chaque permission est pour le sergent-chef Mitterrand l'occasion de venir courtiser celle qui le fuit, Marie-Louise Terrasse poursuivant désormais sa formation à l'Institut catholique de l'Isle-Adam. Alors que cet amour semble bien peu empreint de réciprocité,

6. « Quand François Mitterrand défendait Olizy », *L'Est Républicain*, édition de Verdun, 29 mars 2017.

celui-ci guette devant son domicile la moindre de ses apparitions et profite de la messe de minuit pour se rendre dans la même église qu'elle. Il use également de son rang de sergent-chef de la Coloniale pour plaider sa cause auprès de ses parents. C'est de ces derniers qu'il obtient que cette union soit scellée par des fiançailles. Bien des années plus tard, Marie-Louise Terrasse deviendrait à la télévision « la fiancée des Français », sous son nom de speakerine : Catherine Langeais…

Le 3 mars 1940, la cérémonie est célébrée avenue d'Orléans, au domicile de la famille de Marie-Louise. Accompagné de toute la fratrie Mitterrand, ainsi que de son père et de son ami Georges Dayan, François triomphe d'autant plus, qu'afin de la mettre à l'abri de toute tentation, Marthe Terrasse convainc sa fille, dotée d'une belle réputation de séductrice, d'aller vivre à Jarnac, chez son futur beau-père. C'est la mort dans l'âme qu'elle accepte, contrainte de quitter ses amies, ses flirts et d'interrompre ses études. Mais voilà de quoi rassurer le fiancé qui doit rejoindre sa garnison.

Mort-Homme

Le 10 mai 1940, tout bascule quand l'Allemagne passe à l'offensive pour enfoncer le front. Stationné le long de la Meuse, le 23e régiment d'infanterie coloniale se trouve subitement en première ligne. La percée est si rapide que bientôt déferle un orage d'acier, alors que le ciel s'embrunit de l'ombre hurlante des « Stukas », fondant vers le sol comme sur une proie. Les attaques sont particulièrement meurtrières et les corps s'amoncellent dans les tranchées alentour. Le sergent-chef Mitterrand n'a pas peur de mourir. Il le répète à l'envi. Il n'empêche, tout fait défaut, jusqu'aux sacs de jute remplis de sable, remparts dérisoires face à l'offensive éclair des blindés de Gudérian. Il demande même à son père, à Jarnac, de lui en faire parvenir, comme il le fit plus tôt pour du cognac ou un appareil photographique !

Aux jours d'horreur succèdent des instants de lecture arrachés aux soirées et aux nuits. Un ouvrage ne le quitte pas, celui offert par sa sœur Geneviève pour son vingt-troisième anniversaire alors qu'il est déjà mobilisé : *Terre des hommes,* d'Antoine de Saint-Exupéry. Venant de paraitre, c'est un livre épique au ton humaniste où prédominent des valeurs d'amitié et d'héroïsme, alors que plane l'ombre aussi informe qu'angoissante de la mort.

Un ouvrage encore en sa possession lorsque, le 10 juin 1940, son unité est contrainte de battre en retraite. Quatre jours plus tard, le 14 juin vers 4 heures du matin, il est atteint par un éclat d'obus, côte 404, devant Verdun. Meurtri dans sa chair, le sergent-chef Mitterrand est tout de même vivant, en ce lieu-dit de Mort-Homme... Ce même 14 juin, les nazis entrent dans la capitale que le gouvernement quitte pour Bordeaux ; à la débâcle des troupes, s'ajoute celle des chefs...

En pleine déroute, le blessé, sanglé à un brancard, se voit ballotté d'un centre de soins à un autre, d'abord celui de Toul (Meurthe-et-Moselle) pour être enfin conduit à l'hôpital de Bruyères (Vosges). Il lui importera de rappeler qu'il y a été transporté le... 18 juin 1940. Un établissement depuis lequel il ne put évidemment pas avoir écho de l'appel du général de Gaulle, du reste fort peu entendu initialement par les Français, mais dont il ne lui déplaira pas de minimiser incidemment la portée : « En ce temps, on ne connaissait pas le transistor et je ne me souviens pas d'avoir perçu le grésillement d'un seul poste à galène. Au reste, chacun se taisait, sauf pour le nécessaire. J'ai donc ignoré la BBC et personne autour de moi n'en a su davantage[7]. » Quant à sa propre famille, elle ignore tout de son sort, ses lettres n'étant semble-t-il pas parvenues jusqu'à Jarnac, alors qu'il s'inquiète, de son côté, pour ses frères Robert et Jacques également mobilisés.

Cette convalescence sera de bien courte durée, car, le 21 juillet, c'est au sein même de l'hôpital qu'il est fait prisonnier. Quelques jours plus tard, le 27 juillet, une lettre adressée à son père et à sa chère Marie-Louise parvient enfin à Jarnac. Il y annonce qu'il est transféré en Allemagne, vers un camp dont il ne connaît pas encore le nom. Après son départ de celui de Lunéville, il connaîtra, au gré du temps et des tentatives d'évasion, trois lieux d'internement successifs : le stalag IX A, en Prusse, le stalag IX C, en Thuringe,

7. François Mitterrand, *La Paille et le Grain*, Paris, Flammarion, 1975, p. 21.

dès octobre 1940, et enfin le camp du Ban Saint-Jean près de Boulay, en Moselle, à partir de décembre 1941.

Le casernement et plus encore les dix-sept mois passés en camps de prisonniers constituent un apprentissage aussi sinistre qu'intense : celui de la faim – à peine estompée par d'infâmes soupes au rutabaga – et d'une proximité avec la mort qui nourrit l'instinct de survie et mue en élan vital l'espoir d'évasion. L'occasion aussi de côtoyer les hommes les plus divers, là où les classes sociales n'ont plus de sens dans la dureté du quotidien. Un temps qui construit celui qui, pensionnaire dès l'enfance, se retrouve plus brutalement encore confronté à la vie de groupe : « Mêlé trop tôt à des collectivités indifférentes ou brutales, j'ai dû composer ma force autour d'un raidissement intérieur que rien ne pouvait fléchir[8] », écrira-t-il, alors que s'est renforcée sa capacité de survie.

Pour l'heure, autant que lui répugne la privation de liberté et de maîtrise de son destin, la possibilité de s'échapper l'exalte, d'autant plus que sa fiancée le délaisse, blessant profondément le jeune homme éperdu d'amour qui lui adresse lettre sur lettre. Alors qu'il s'estime à l'écart de la vie, c'est le doux souvenir de Marie-Louise plus que toute autre raison qui le pousse dans ses volontés d'évasion.

Ses évasions

Mes évasions, tel est le titre d'un bref ouvrage publié par Robert Gaillard, récompensé d'un prix de l'Académie française. Celui-ci bénéficie d'une chronique dans le courrier des prisonniers du *Figaro*, en date du 8 avril 1942, sous la plume d'un certain François Mitterrand : « Pour moi qui fus, pendant près d'une année, l'ami et le compagnon de captivité de Robert Gaillard, le petit volume qu'il vient de publier [...] provoque des résonances nombreuses. Je me rappelle les soirées passées dans la salle de pansements de l'infirmerie du stalag IX A, où, volets clos et portes verrouillées, il me lisait ses pages de journal. Dans ce camp de quatre mille

8. François Mitterrand, *Lettres à Anne*, Paris, Gallimard, 2016, p. 146.

hommes, c'était le seul coin de solitude et de tranquillité[9]. » Un camp dont lui-même est parvenu à s'extraire.

Sa première tentative date du mois de mars 1941. Vingt-deux jours d'une cavale devenue un calvaire dans le terrible hiver allemand. Il voit maintes fois sa délivrance autant que sa fin arriver, suivant la piste des sangliers dans la neige, et dormant dans la forêt de Thuringe avant d'être arrêté avec son compagnon d'évasion dans un village du Wurtemberg, à quelques kilomètres de la frontière suisse.

À nouveau détenu, il parvient à s'évader le 28 novembre 1941, franchissant de nuit l'enceinte barbelée avec deux camarades. Cette fois, aguerri par sa première fuite, il est muni de faux papiers, de monnaie allemande et de billets de train. Il parvient, *via* Francfort et Sarrebruck, jusqu'à Metz. Mais, annexée par le Reich, la ville mosellane n'est en rien synonyme de liberté, bien au contraire, puisqu'il est repris après avoir été dénoncé par la propriétaire de l'hôtel où il s'est reposé quelques heures. Seul l'un des trois fugitifs, Pierre Levrard, parviendra à Paris. Mais pour François Mitterrand l'heure est grave, un récidiviste en matière d'évasion peut écoper d'une déportation en Pologne, d'où toute idée de fuite paraît impossible.

En passant par la Lorraine…

Dans l'attente de son transfert, Mitterrand est détenu au camp de Boulay. Construit dans les années 1930 pour héberger les troupes françaises de la ligne Maginot, le camp du Ban-Saint-Jean a été évacué par les militaires français et transformé par les Allemands en « Stalag XII F » pour les prisonniers de guerre français, au lendemain du cessez-le-feu du 25 juin 1940.

« Prévenu de la présence de ce prisonnier aux velléités de départ, le chef de camp, René Antoine, un lieutenant appartenant à un réseau d'évasion, se souviendra de ces heures : « Il était fiché et devait être transféré en Allemagne dans un camp où les chances

9. *Le Figaro*, 8 avril 1942.

d'évasion seraient pratiquement nulles. Il fallait donc faire vite. [...] Mitterrand a dû y rester dix-douze jours, pas davantage[10]. »

Alors que son groupe est affecté à des travaux de jardinage à l'extérieur du camp, le détenu Mitterrand est soustrait à la surveillance de ses gardiens. Poussé dans un magasin de journaux, on lui présente une jeune femme âgée de vingt-trois ans, membre du même réseau. Maya Baron, c'est son nom, le cache deux nuits durant, notamment à Ricrange, chez Jean Boulanger. Deux jours plus tard, le 15 décembre, elle le conduit jusqu'à Metz par le train, avant de rejoindre Pagny-sur-Moselle, pour traverser la nouvelle frontière franco-allemande. Une nuit de marche plus tard, le voici à Nancy, quarante kilomètres plus au sud, en territoire français classé « zone interdite ». Reste alors à franchir la ligne de démarcation... Il y parviendra grâce à l'aide d'un frère des Écoles chrétiennes nancéien avec lequel le réseau l'a mis en contact. Selon les conseils prodigués, l'évadé emprunte la route de Besançon et Mouchard, longeant la frontière suisse. « Le dernier barrage avant ma liberté, c'était la ligne de démarcation, et je l'ai franchie en traversant la Loue entre Mouchard et Arbois[11] », confiera-t-il bien plus tard. C'est, en effet, près de Chamblay qu'il y parvient. L'inconfort de la grange jurassienne où il passe la nuit du 16 décembre importe peu, celle-ci étant synonyme de liberté...

En terre promise, du Jura à... Saint-Tropez

À bout de forces, l'évadé a pris place dans un autocar se dirigeant vers Lons-le-Saunier. Aussi attentif au paysage qu'à son habitude, il remarque soudain un panneau mentionnant « Mantry », le village où résident les Sarrazin, ses cousins par alliance et décide de s'y arrêter. C'est un homme très amaigri, au visage émacié qui, espérant trouver du réconfort, frappe à la porte de la belle demeure

10. Gabriel Becker, *Le camp du Ban-Saint-Jean (1941-1944) – Lumière sur une honte enf(o)uie*, Fensch Vallée, 2001, 212 p.

11. Discours à l'occasion du déplacement du président Mitterrand à Lons-le-Saunier 30 mars 1987.

bourgeoise. Sa cousine Marie-Claire, dont il est proche, vit, le temps de la guerre, dans cette maison de famille aux côtés de ses sœurs. « J'étais en train de leur faire un cours de latin, quand on a vu arriver un pauvre soldat, qui est rentré dans la propriété, et qui demandait à nous voir. Et ce soldat, c'était Mitterrand qui venait de sauter du car qui l'emmenait depuis la ligne de démarcation, c'était le jour même de sa dernière évasion[12]. » Affamé, le jeune homme peut, malgré des vivres bien minces, profiter des œufs, de la viande de lapin et du fromage de chèvre produits sur place. Chamboulé par deux années de guerre et de captivité, l'étudiant dilettante a cédé la place à un homme « mûri et durci » selon cette cousine. L'épaisseur prise est également romanesque, et le voilà qui goûte à nouveau au plaisir de la compagnie féminine avec ces jeunes filles pendues à ses lèvres pour écouter ses récits, qu'il n'a guère besoin d'enjoliver. Au terme de trois jours à combler ses dettes de nourriture et de sommeil, le voici reparti vers ce qu'il pense être son destin.

Le 18 décembre, une fois les formalités de démobilisation effectuées à Lons-le-Saunier, deux mois de permission et une prime du gouvernement de Vichy lui sont octroyés. Son frère Robert, qui l'a rejoint à Mantry, lui a proposé de l'accompagner à Saint-Tropez, en zone libre. Durant sa captivité, François Mitterrand songeait déjà à en faire un point de chute, comme en atteste une lettre datée du 29 octobre précédent adressée à son ami Georges Dayan.

Dans le Var, l'évadé peut se reposer chez les Lévy-Despas, amis de ses grands-parents maternels qui y ont trouvé refuge. Dans la grande demeure, située près de la citadelle du village de pêcheurs, le jeune homme prend du repos, se disant bien plus tard quelque peu enivré par la redécouverte de la liberté. Mais le 1er janvier 1942, il est, pour lui, l'heure de reprendre la route.

C'est à Jarnac qu'il se rend alors, afin d'aller voir son père dont la santé décline. C'est tout sauf une promenade de santé. Il faut franchir à pied la ligne de démarcation à l'aide d'un passeur après avoir pris place dans le train Limoges-Angoulême. Le 2 janvier, le

12. Jean Lacouture, Patrick Rotman, *Mitterrand, le roman du pouvoir*, Paris, Seuil, 2000, p. 28.

voilà dans la maison de famille, dans sa chère ville natale. Et c'est là, à Jarnac, qu'il téléphone à Marie-Louise, en présence de son père. Pas question de subir la rupture. Il veut être à la manœuvre, garder la main sur les évènements. Il en est jusqu'aux parents de la jeune femme de faire pression pour l'arracher aux bras de son nouveau prétendant, prénommé Antoine. Un amour enflammé de François Mitterrand dont témoignent plus de deux mille lettres jalousement conservées par la future Catherine Langeais.

Mais il n'a pas encore dit son dernier mot. Le 4 janvier, deux jours après son appel téléphonique, il joue son va-tout : le voilà à Paris, ayant obtenu de la belle un rendez-vous place Denfert-Rochereau. Alors qu'ils déambulent jusqu'à la Seine, Marie-Louise lui rend sa bague de fiançailles, se déliant ainsi de toute obligation à son égard. Un bijou, dit-on, qu'il aurait jeté dans la Seine, depuis le Pont-Neuf… Une page vient de se tourner. Désormais, son regard porte vers Vichy, qu'il s'est mis en quête de rejoindre.

Veni, vidi, Vichy, ou l'itinéraire du fonctionnaire Mitterrand

Alors que François lui-même mentionnait son arrivée dans la capitale de l'État français à l'automne 1942, c'est bien dès le début du mois de janvier 1942 qu'il pose le pied à Vichy, capitale de l'État français, où la devise « Travail famille patrie » a remplacé celle de « Liberté égalité fraternité ». Un mois plus tôt, le 5 décembre 1941, au Mont-Valérien, les Allemands fusillaient 75 otages parmi lesquels Gabriel Péri, le communiste. Que peut attendre de l'État français un homme se présentant comme patriote ?

Le 10 juillet 1940, c'est dans la salle du Grand Casino que la fin de la IIIe République a été proclamée : 569 des 666 parlementaires ont voté les pleins pouvoirs au maréchal Pétain. Dans une France coupée en deux, Vichy présente certains atouts. La ville est située à cinquante kilomètres seulement de la ligne de démarcation et dispose d'infrastructures, dont 250 hôtels qui vont être réquisitionnés pour loger plus de 30 000 personnes.

C'est à une plongée dans l'histoire qu'invite cette ville thermale, la « reine des eaux », comme on la surnomme. Dotée de sources aux vertus thérapeutiques, la cité doit beaucoup aux séjours de Napoléon III qui l'a transformée en profondeur pour en faire la station thermale idéale. Entre 1861 et 1866, le train permettant l'arrivée des Parisiens et de voyageurs internationaux fortunés, Vichy connaît une transformation profonde avec la construction d'hôtels, palaces, opéra, théâtre et casino. Au début du XXe siècle, la Belle Époque en fait l'un des lieux de villégiature les plus prisés d'Europe. Avant la Première Guerre mondiale, près de 100 000 curistes se pressent, chaque année, sur les rives de l'Allier. Les visiteurs étrangers, parmi lesquels des têtes couronnées, achèvent de donner à la ville un air cosmopolite, jusque dans son architecture comme le relève l'historienne Audrey Mallet. Alors que depuis la fin du XIXe siècle, l'eau thermale est préconisée pour soigner les maladies coloniales comme le paludisme, Vichy était devenue « la capitale d'été de l'Afrique du Nord », accueillant encore avant-guerre quelque 150 000 curistes et touristes par an.

En 1940, c'est en « capitale » d'une tout autre sorte que se mue Vichy. Au 23 rue du Parc, se situe l'un des plus beaux établissements de la ville, l'hôtel du Parc. C'est au deuxième étage que prennent place les bureaux du Conseil. Juste au-dessus, la chambre 124 abrite le bureau de Philippe Pétain. Quant à l'hôtel Majestic, il est occupé par les membres du gouvernement et leurs familles, comme « la maréchale », Annie Pétain. D'autres hauts lieux touristiques seront dédiés à de plus sombres tâches comme l'hôtel Algeria qui abrite le Commissariat général aux questions juives.

Quelques centaines de mètres seulement séparent l'hôtel du Parc, le cœur du pouvoir, de l'hôtel de Séville. C'est là, boulevard de Russie, que siège la Légion française des combattants et des volontaires de la Révolution nationale, créée par la loi du 29 août 1940. Sa mission est limpide : la recherche de renseignements sur les adversaires du régime. Même s'il le niera, François Mitterrand y est employé de janvier 1942 à sa démission au mois d'avril suivant. Un départ dont les motivations ne tiennent pas à des raisons politiques, mais plutôt à la haute estime qu'il a de lui-même, jeune homme ambitieux se sentant sous-employé, affecté à des tâches subalternes, indignes de lui, à en lire cette lettre signée de sa main, datée du 22 avril 1942 : « Je viens de donner ma démission de la Légion. J'y travaillerai donc le délai utile à la passation des pouvoirs, mais ma décision est définitive. Cela me déplaît de ne servir à rien. Je compte quand même rester à Vichy. [...] Or, la Légion est fonctionnarisée. Je suis d'une autre trempe malgré ces faiblesses, ces hésitations qui sont en moi. Notre époque est magnifique, je ne veux pas la regarder de ma fenêtre[13]. »

Il y a des dates et des lieux qui imprègnent la mémoire d'une marque indélébile. Ainsi, le 2 mars 1942, rue Saint-Sornin, à la sortie d'un cinéma, le jeune Mitterrand âgé de vingt-cinq ans, aperçoit pour la première fois le maréchal Pétain, qu'il admire tant. « Il est magnifique d'allure, écrit-il le 13 mars suivant. Son visage est celui d'une statue de marbre[14]. » Une statue du commandeur qu'il ne reniera pas. En homme de droite, il est maréchaliste, par son adhésion à la personnalité de Pétain et au-delà, pétainiste, par celle à l'idéologie antirépublicaine. « La terre, elle, ne ment pas », voilà bien un slogan qui sied au jeune bourgeois provincial, catholique et conservateur, si attaché à sa petite patrie charentaise. L'ancien du stalag semble alors adhérer à la thèse du bouclier et de l'épée, laissant penser que, le moment venu, le Maréchal saura réagir vigoureusement contre l'occupant.

Bien en cour à Vichy, François Mitterrand prend, dès mai 1942, ses nouvelles fonctions au Commissariat aux prisonniers de guerre. Au sein de cet organisme, une partie de son activité est clandestine, destinée à soutenir les filières d'évasion et à fabriquer de faux papiers. Pas de quoi pour autant délaisser le régime, que ce fonctionnaire de l'État français approuve et cautionne par son travail quotidien. François Mitterrand est alors proche de Gabriel Jeantet, militant d'extrême droite ayant rejoint la Cagoule en 1936. C'est dans sa publication, *France, revue de l'État nouveau*, qu'il écrit un article, en décembre 1942, « Pèlerinage en Thuringe », dans lequel

13. Lettre à Marie-Claire Sarrazin, 22 avril 1942, citée dans « Mitterrand fut maréchaliste et résistant », *Libération*, 30 avril 1996.

14. Lettre à Marie-Claire Sarrazin, in Jean Lacouture, Patrick Rotman, *Mitterrand, le roman du pouvoir*, Paris, Seuil, 2000, p. 27.

il fustige « 150 ans d'erreur », faisant ainsi de la Révolution le péché originel de la France. En mai 1943, c'est fort du double parrainage de Jeantet et de Simon Arbellot, journaliste d'extrême droite, qu'il se voit gratifié de l'obtention honorifique de la Francisque n° 2202, reçue des mains mêmes du maréchal Pétain pour services rendus à la Révolution nationale.

Une couverture, se justifiera plus tard le récipiendaire. Il est vrai qu'il rompt alors progressivement avec le régime de Vichy pour lutter contre l'occupant. Contrairement à une version officielle « minimaliste » selon laquelle il se serait approché de la Résistance quelques semaines seulement après son arrivée à Vichy, le jeune Mitterrand ne prend ses distances avec le régime qu'au début de l'année 1943. « Vichysto-résistant », le terme forgé par l'historien Jean-Pierre Azéma convient parfaitement pour saisir cette trajectoire aussi complexe que la période dans laquelle elle s'inscrit.

Un pas de deux, entre Vichy et Résistance

C'est Henry Rousso, historien du régime de Vichy, qui donne des clés de compréhension pour tenter d'éclairer le cas Mitterrand : « Il faut tenir compte de sa jeunesse (il est né en 1916), de son absence de maturité politique et de son ambition. Par ailleurs, il venait d'une famille de droite. Enfin, c'était un prisonnier de guerre. C'était un milieu très particulier que celui des prisonniers, souvent plein d'admiration pour Pétain, chef militaire vénéré, auréolé par la Grande Guerre. En plus, les prisonniers, captifs en Allemagne, ne ressentaient pas ce qu'était vraiment, quotidiennement, l'Occupation ; ils n'ont pas non plus compris immédiatement les objectifs idéologiques de Vichy[15]. » Maréchaliste fervent et résistant courageux, tel est en effet Mitterrand…

Est-il partisan de la Révolution nationale ? Peu d'affirmations viennent contredire cette thèse. L'évadé des camps semble indifférent au statut des juifs, soit qu'il le juge secondaire, soit qu'il le

15. « Vichy et le "cas" Mitterrand », Entretien avec Henry Rousso, *L'Histoire*, n° 181, octobre 1994.

relègue, par narcissisme, au profit des possibilités de carrière. Le parcours politique de François Mitterrand sous l'occupation aboutit pourtant à une entrée dans la Résistance, afin de combattre pour la libération de la France, par esprit anti-allemand, à une période où il peut difficilement être rétrospectivement taxé d'opportunisme.

Durant l'année 1942, se produit un renversement de l'opinion, étudié par l'historien Pierre Laborie. En novembre 1942, alors que la bataille de Stalingrad fait rage dans l'hiver russe, l'invasion de la zone dite « libre » et le débarquement allié en Afrique du Nord ont changé la donne pour cet « homme de droite, maréchaliste », comme il sera dépeint par son ami Jean Védrine. Si à Vichy le ciel est aussi bleu que les yeux du Maréchal, lui prend pourtant l'envie d'aller voir ailleurs si l'herbe est plus verte.

Les jours de François Mitterrand au Commissariat aux prisonniers de guerre sont comptés, alors qu'il vient de s'installer dans un petit appartement, au « 20 rue Nationale », depuis le mois de mars 1942, après avoir habité avec deux amis.

Si une partie de l'activité du Commissariat peut être clandestine, c'est qu'il est dirigé par Maurice Pinot, hostile à l'occupant. Mais le 14 janvier 1943, celui-ci est limogé par Pierre Laval et remplacé par André Masson, farouche partisan de la collaboration. Mitterrand décide alors de démissionner avec fracas, avec d'autres cadres du Commissariat.

Un mois décisif s'écoule, jusqu'à la mi-février où se sédimente dans la clandestinité un nouveau mouvement, le Rassemblement national des prisonniers de guerre (RNPG) dont François Mitterrand est l'un des principaux animateurs. Contre toute attente, c'est dans les Hautes-Alpes, à près de 400 kilomètres de Vichy qu'on le retrouve…

Une rencontre décisive au château de Montmaur

Au pied du Dévoluy, dans les Hautes-Alpes, c'est un beau château datant du XIVe siècle que celui de Montmaur. Mais ce n'est pas pour des raisons d'agrément qu'Antoine Mauduit décide de le louer en juin 1942. Puisant sa détermination dans sa foi chrétienne, l'évadé du stalag est un meneur d'hommes qui souhaite y abriter « La Chaîne » dont il est le maillon fort. Une association dont le nom est choisi en hommage à Notre-Dame de la Salette, située à proximité, où des bergers eurent une apparition de la vierge portant de lourdes chaînes.

Le soutien apporté aux prisonniers de guerre n'est qu'une couverture, camouflant un véritable réseau d'évasion. Certains des faux papiers, qui y sont confectionnés, sont expédiés dissimulés dans les cadres de photographies du maréchal Pétain. Âme du mouvement, Mauduit est arrêté en janvier 1944 dans le village du Saix. Il sera torturé par la Gestapo avant d'être déporté. Mitterrand et ses camarades de réseau tenteront, au printemps 1945, le tout pour le tout pour le faire revenir de Bergen-Belsen. C'est dans ce camp, libéré par les Britanniques, le 15 avril 1945, qu'il s'éteint le 9 mai suivant, au lendemain de la capitulation allemande. La rencontre du personnage charismatique qu'était Antoine Mauduit fut décisive pour le jeune charentais, dont le choix de passer à l'action clandestine est à situer à cette époque.

François Mitterrand datera son entrée dans la Résistance, « en juin 1942 », quand, plus d'un demi-siècle plus tard, en septembre 1994, Jean-Pierre Elkabbach l'interrogera sur son parcours durant la guerre. Vrai, et faux à la fois. Vrai, car les 12 juin et 15 août 1942, Mitterrand assiste à des réunions se tenant au château de Montmaur, autour d'Antoine Mauduit. Faux, car à cette époque-là, à la fois pétainiste et anti-allemand, il est encore un fonctionnaire de l'État français, reçu en audience par le Maréchal, le 15 octobre 1942 à l'hôtel du Parc, rencontre à l'occasion de laquelle Mitterrand lui expose l'action de son service de collecte de vêtements chauds pour les prisonniers.

Le 13 février 1943, la présence de François Mitterrand au château de Montmaur est attestée à l'occasion d'une réunion cruciale convoquée par Mauduit afin de structurer les anciens prisonniers en force résistante unifiée sur l'ensemble du territoire. Parmi les participants, on compte Michel Cailliau, neveu du général de Gaulle, également évadé d'un camp en Allemagne. Il s'agit là d'un rival pour Mitterrand, les deux hommes étant déterminés à affirmer leur prééminence. C'est à la fusion de ces tendances que travaillent les gaullistes, dont Philippe Dechartre, membre du réseau de Cailliau, essayant de contenir l'ascendant émanant de François Mitterrand sur le mouvement qui se dessine, ce dernier incarnant la tendance venue de Vichy…

Lyon Perrache, à la croisée des chemins

Printemps 1943. Lyon. C'est dans cette grande ville, initialement en zone « libre » avant que celle-ci ne soit occupée le 11 novembre 1942, que convergent tous les mouvements de résistance. C'est là aussi qu'ils s'unifieront. On y complote, on y sème la Gestapo dans le labyrinthe des traboules reliant discrètement les immeubles, on y pose les jalons de la société future…

Ce 28 mai 1943, le jour ne s'est pas encore levé sur la capitale des Gaules. Sur le quai de la gare de Perrache, où les volutes de fumée des locomotives ajoutent à la brume, deux hommes s'épient. Ceux-ci ne se connaissent pas mais ont rendez-vous. Une rencontre à haut risque. « Morland ? », interroge le premier, avisant un individu qu'il juge étrangement accoutré avec sa culotte de golf, son béret et sa grosse écharpe. « Oui, c'est moi ! », répond le second, qui n'est autre que Mitterrand. Malgré ses réticences initiales, son interlocuteur, le gaulliste Philippe Dechartre a accompli sa mission en faisant la jonction avec l'homme venu de Vichy.

À la méfiance réciproque entre Mitterrand et Dechartre, se substitue, au fil de la conversation, un coup de foudre intellectuel, suivi de sa réplique amicale. C'est en ce lieu-là, à cet instant-là, que François Mitterrand scelle son entrée dans la Résistance. « Sa rupture, disons, définitive, avec Vichy, date du jour de notre rencontre[16] », atteste Philippe Dechartre. Une réunion des plus secrètes s'ensuit au Central Bar, rue Ferrandière…

Au Lyon clandestin de Morland, correspond son pendant légal de Mitterrand, qui y participe à plusieurs réunions officielles. C'est le cas le 15 mai, salle Rameau au congrès du mouvement

16. Jean Lacouture, Patrick Rotman, *Mitterrand, le roman du pouvoir*, Paris, Seuil, 2000, p. 37.

Prisonniers, créé par Paul Masson, réunion de 1 200 personnes durant laquelle le commissaire est chahuté. François Mitterrand y est présent en sa qualité de membre du comité directeur du Centre d'entraide de l'Allier, qu'il a contribué à bâtir. Siégeant au 22 boulevard Gambetta à Vichy, le CEA devient la couverture officielle de l'action clandestine du groupe.

Appartenant au Comité national de lutte pour les prisonniers créé à Montmaur, Mitterrand veut voler de ses propres ailes. Le réseau qu'il constitue est pris en charge au mois de mars 1943 par l'Organisation de résistance de l'armée (ORA) grâce au commissaire Lejeune, dépêché en France par le général Giraud. Évadé en avril 1942 de la forteresse de Königstein, Henri Giraud a rejoint Vichy, avant de passer en zone libre et de parvenir à Alger où il prépare le réarmement de l'Afrique du Nord et son entrée en guerre aux côtés des Alliés. Mitterrand est de ceux qui voient en lui la « troisième voie » entre Pétain et de Gaulle, permettant de concilier loyalisme à l'égard du Maréchal et volonté de résistance à l'occupant. Le financement octroyé lui donne la possibilité de se consacrer pleinement à sa tâche en devenant permanent du mouvement. Autour des amis du « 104 », il jette les bases d'une nouvelle organisation indépendante. Son action consiste à noyauter les structures de Vichy. Mais tout en prudence paysanne, il ne met pas tous ses œufs dans le même panier. S'il s'inscrit dans une optique giraudiste, il se rapproche des principaux chefs de la Résistance intérieure. C'est ainsi qu'il rencontre dans l'arrière-salle d'un bistrot de Charnay-lès-Mâcon, Henri Frenay, dirigeant des Mouvements unis de résistance (MUR) et son amie, Bertie Albrecht. Au fil des semaines, les activités, légales, de Mitterrand s'amoindrissent, inversement proportionnelles à celles, clandestines, de Morland.

Nom de code Morland

Purgon, Monier (ou Monnier), Albret, Arnaud, font partie des noms d'emprunt utilisés par François Mitterrand dès le début de l'année 1943, et plus encore à son retour d'Angleterre, le 26 février 1944. Mais c'est bien le pseudonyme de Morland auquel il va le plus recourir à partir du printemps 1943. Quelle est l'origine de ce nom de guerre ? C'est encore une fois un lieu qui donne la clé de l'énigme. Celle-ci trouve, en effet, sa solution dans le 4e arrondissement parisien, à proximité de la Seine, comme le révélait François Mitterrand lui-même : « La mode était aux stations de métro. Il y avait la station Sully-Morland et, dans Morland, le début et la fin de mon nom réel. Un peu d'enfantillage, quoi[17] ! » Un nom qui fait référence au colonel de la garde impériale François-Louis de Morlan (dit Morland), (1771-1805).

C'est à Dieppe que le renvoie cette période, ses différentes fausses cartes d'identité y situant toujours son lieu de naissance. Et pour cause : l'état civil y ayant été bombardé, toute vérification est impossible. S'il répond souvent au nom de Lucien Basly, on lui connaît près d'une trentaine de pseudonymes. Quant à l'aspect physique, il put prendre l'apparence d'un galeriste d'art, voire même d'un danseur de tango, alors qu'il arbore une fine moustache…

Paris, 10 juillet 1943 : le coup de théâtre de la salle Wagram

André Masson, successeur de Maurice Pinot révoqué par Pétain, occupe depuis le 14 janvier 1943 les fonctions de Commissaire général aux prisonniers de guerre rapatriés et aux Familles des prisonniers de guerre. C'est pour asseoir son pouvoir tout autant que pour plaider en faveur de la relève des prisonniers en Allemagne par des ouvriers, que ce chantre de la collaboration organise la journée nationale du Mouvement prisonniers sous la protection d'un important service d'ordre. Celle-ci a lieu le 10 juillet 1943, salle Wagram, à Paris, près de l'Arc de triomphe. Là, assis sur une estrade, sous un portrait géant de Pétain, le protégé de Laval prend la parole devant un large auditoire constitué de délégués

17. François Mitterrand, Georges-Marc Benamou, *Mémoires interrompus*, Paris, Odile Jacob, 1996, p. 103.

aux prisonniers venus de tout le pays, flétrissant la trahison des gaullistes.

Soudain, seul au fond de la salle, François Mitterrand se dresse sur son siège pour invectiver l'orateur : « Monsieur, vous avez menti ! », assène-t-il à celui qu'il qualifie d'« ennemi des patriotes ». Profitant de la confusion, c'est encadré par la police, une fois déclinée son identité, qu'il parvient à quitter les lieux. S'il peut paraître protégé par certaines amitiés au cabinet de Pétain, il est plus prudent de quitter Paris au plus vite. « Un coup médiatique extraordinaire », selon Philippe Dechartre. Un coup d'éclat du moins, dont l'écho retentira jusqu'à Londres et aux ondes de la BBC par la voix de Maurice Schumann, lui décernant, le 12 janvier 1944, une mention valant brevet de patriotisme. Le courage moral et physique de cet homme ne fait plus de doute, ni le fait qu'il ait l'étoffe d'un chef. À présent, Mitterrand doit s'effacer jour et nuit au profit de Morland…

Vichy, 11 novembre 1943

À Vichy, dans la chambre qu'il loue, François Mitterrand a accueilli l'un de ses amis du stalag IX, évadé lui aussi, Jean Munier. Avec ce Bourguignon qui, fait rare, le tutoie, une réelle proximité s'est nouée, à tel point que le Charentais en fait l'homme d'action de son réseau. Il y rencontre Ginette Caillard, que Mitterrand lui a présentée et qu'il épousera. Ginette Caillard est une ancienne secrétaire du Commissariat aux prisonniers de guerre. Venue de la région parisienne, âgée de seize ans, elle avait franchi la ligne de démarcation le 11 novembre 1942 pour rejoindre son Auvergne natale, plus précisément Thiers où réside sa grand-mère. Cherchant un emploi, elle avait été embauchée comme secrétaire-comptable au Commissariat aux prisonniers de guerre, place qu'elle occupera jusqu'au mitan de l'année 1943. En toute confiance, François Mitterrand lui faisait dactylographier des documents devant aider ceux qui, comme lui, s'étaient évadés des stalags.

Ces deux proches, Jean et Ginette, tiquent devant la décoration que François Mitterrand arbore à la boutonnière : la francisque, reçue au printemps 1943. « Ça peut nous être utile », se contente-t-il de répondre. « L'effet de la francisque s'est manifesté d'une façon inattendue : nous étions reçus dans les restaurants avec beaucoup plus d'égards qu'auparavant, ce qui n'était pas négligeable en cette période de disette[18]. »

Mais, déjà, des premières arrestations ont eu lieu dans le réseau. Ce 11 novembre 1943, à 7 heures du matin, l'appartement-bureau du premier étage de la rue Nationale est la cible d'une descente de la Gestapo du SS Geissler. Le réduit où Ginette a dormi n'est, par chance, pas fouillé. Quant à Jean Munier, il saute par la fenêtre. Leur camarade Pol Pilven, qui ne dément pas être Morland, est arrêté. Déporté, il passera dix-huit mois au camp de Dora.

Également arrêté, M. Renaud, propriétaire des lieux, ne reviendra pas des camps. Prévenu à temps par ses camarades, François Mitterrand-Morland, revenant de Paris à la gare de Vichy en compagnie d'André Bettencourt, est remis dans un train pour Clermont-Ferrand pour éviter de tomber dans la souricière. C'est dans la vinaigrerie Mitterrand à Jarnac que Jean Munier trouve refuge en décembre 1943 après l'exécution du chef de la police française à Clermont-Ferrand. Si François Mitterrand lui-même est venu s'y ressourcer après sa démission du Commissariat, il est désormais bien trop dangereux pour lui de se rendre sur les bords de la Charente. Quant à Vichy, le nom de Morland y est bien trop connu des Allemands, sa vie y est menacée…

Depuis des semaines déjà, il prépare son départ vers la France libre, Londres et Alger, qu'il juge indispensable pour accroître le poids de son mouvement. À la Toussaint déjà, à Saint-Silvain-Bellegarde, dans la Creuse, « chez Livet », propriété de la famille de Pierre Chignot où il a coutume de participer à des réunions, il l'écrivait entre les lignes : « Je suis là avec trois amis pour une halte. Depuis des mois, je cours à travers la France. Nous jouons à cache-cache… Il faut un beau moment sortir de l'ombre pour se retrouver où conduisent tous les chemins[19]. » Il est temps de

18. Pierre Péan, *op.cit.*, p. 293.
19. Pierre Péan, *op.cit.*, p. 337.

s'envoler pour la capitale de l'Angleterre et de la France libre, ce qui est chose faite dans la nuit du 15 au 16 novembre 1943.

De Londres à Alger

C'est dans une prairie boueuse, située près d'Angers, qu'un avion Lysander vient exfiltrer Mitterrand avant de redécoller pour Londres. Son mouvement (le Rassemblement national des prisonniers de guerre) est financé par l'Organisation de résistance de l'armée (ORA), l'organe en France de Giraud, rival de de Gaulle pour prendre la tête de l'opposition à Pétain. C'est cette mouvance qui organise et finance le voyage à Londres du « Commandant Morland » du Service action de la Direction des services secrets (DSS). C'est la direction du mouvement de résistance des prisonniers de guerre qui est en jeu. Mitterrand la dispute toujours à « Michel Charette », pseudonyme de Michel Cailliau, neveu du général de Gaulle.

De Londres, où il passe peu de temps et se sent méprisé par les services du Comité français de Libération nationale, il gagne ensuite Alger, où de Gaulle s'est installé depuis le printemps. Mitterrand souhaitait initialement rencontrer le général Giraud. Entré en dissidence avec Pétain, celui-ci veut combattre pour la libération de la France tout en défendant l'idéologie politique de Vichy. Alors que les Américains ont débarqué en Algérie, le 8 novembre 1942, ils ont fait du général Giraud, l'homme de la Libération de la France, empêchant de Gaulle, durant plusieurs mois, de se rendre dans la ville blanche. Mais en cette fin 1943, de Gaulle l'a emporté sur Giraud pour prendre la tête de la France libre, et c'est à celui-ci que Mitterrand va faire allégeance, ou presque…

La rencontre a lieu grâce à l'entremise de Fresnay, le 2 décembre 1943, villa des Glycines. De Gaulle refuse d'adouber son organisation de prisonniers, sauf à se soumettre à celle dirigée par son neveu, Michel Cailliau, à des fins d'unité. Hors de question pour Mitterrand, arguant de l'importance de ses troupes, des groupes étant présents dans cinquante-deux départements. « Il me donna congé froidement, j'eus, par la suite, de la peine à regagner la

France. Je dus organiser moi-même mon retour en Angleterre d'où je partis fin février 1944[20] », écrira-t-il dans *Ma part de vérité.* Après un détour par Londres, sonne l'heure du retour dans la France occupée.

Traqué à Saint-Germain-des-Prés

C'est par une nuit sans lune, celle du 26 février 1944, que François Mitterrand alias Morland, débarque dans une crique bretonne, dominée par la lande de Beg-an-Fry, non loin de Guimaëc (Finistère). Revenant d'Angleterre, il a traversé la Manche à bord d'une vedette, accompagné de deux agents anglais. Sur place, il est attendu par les résistants du réseau Var, parmi lesquels se trouvent le mareyeur Louis Mercier et son épouse, mais aussi Aristide Sicot et les sœurs Jacob.

Morland doit reprendre en main son réseau sur le terrain. À cette période, c'est à la tête d'une organisation de résistance importante qu'il se trouve placé. En effet, le Mouvement national des prisonniers de guerre et déportés (MNPGD) est créé en mars 1944, suite à la fusion du Comité national des prisonniers de guerre, du Mouvement de résistance des prisonniers de guerre et déportés et du Rassemblement national des prisonniers de guerre.

C'est parmi les hommes de confiance que sont les anciens du « 104 » rue de Vaugirard et ses camarades de captivité qu'il a recruté les cadres de son mouvement. Sûr de lui, conscient de son ascendant sur ses semblables, il a très vite mis ses doutes en jachère et a cultivé sa confiance, traçant son proche chemin d'homme de pouvoir.

Dans cette vie de trompe-la-mort dont émane une dimension romanesque, le risque est à l'orée du chemin. Alors qu'il avance au plus près de la ligne rouge, chaque carrefour peut mener à une impasse. « Un jour, nous étions, ma femme et moi, en train de remonter avec lui les Champs-Élysées. Brusquement, un barrage fut organisé par la Gestapo. Ma femme prit sa serviette dans laquelle

20. *François Mitterrand, Ma part de vérité*, Paris, Fayard, 1969, p. 21.

il y avait des papiers qui l'auraient fait fusiller s'il avait été pris[21] », témoignera François Dalle, son ami d'avant-guerre, qui lui avait conseillé de ne pas porter son costume neuf, dont il sautait aux yeux qu'il avait été acquis en Angleterre.

Le jeune homme élégant ne fait pas mystère de son récent séjour à Londres. C'est le fait que Morland fume ostensiblement une cigarette anglaise qui met Marguerite Duras sur la voie. Au troisième étage du 5 de la rue Saint-Benoît, à Saint-Germain-des-Prés, l'appartement qu'elle occupe avec Robert Antelme sert de lieu de réunion aux amis qui gravitent autour du couple et qui rejoignent le réseau de prisonniers de guerre évadés mené par Morland, ce dernier bravant tous les périls.

Le 1er juin 1944, la Gestapo a décidé d'un coup de filet contre le mouvement de Morland. Celui-ci réchappe miraculeusement à une embuscade avenue Charles Floquet, à deux pas du Champ-de-Mars. Il se rend alors rue Dupin où, au numéro 5, se trouve l'appartement de la sœur de Robert Antelme, alors qu'une réunion importante doit s'y tenir. Du bureau de poste voisin, il prévient par téléphone ses amis présents à cette heure dans le logement. Si Marguerite échappe à la Gestapo, il n'en est pas de même de son mari, Robert Antelme et sa sœur, Marie-Louise, ainsi que de Minette de Rocca Serra. Ils seront arrêtés et déportés. C'est le début d'un périlleux jeu du chat et de la souris rue des Saussaies entre Marguerite Duras et Charles Delval, gestapiste français. Une troublante relation se dessine, Marguerite acceptant de se rapprocher de cet homme, sensible à son charme, afin de lui soutirer des informations sur le sort de son mari, Robert Antelme.

Morland, à qui l'appartement des Antelme a servi de planque durant plusieurs semaines et qui alertait sur le trop grand nombre de réunions qui s'y tenaient, doit au plus vite changer d'air. À dire la vérité, il est bien délicat pour l'historien de suivre pas à pas ce jeune homme en mouvement dans les déplacements clandestins qui sont les siens à cette période. Réunions et prises de contacts, actions et nécessaires changements d'adresse lui permettent de développer une

21. Jean Lacouture, Patrick Rotman, *op. cit.*, p. 39.

profonde connaissance du territoire français qu'il parcourt en tous sens, comme il le confiait déjà dans une lettre du début de l'année 1943, peu après sa démission du Commissariat aux prisonniers de guerre : « Cette semaine, j'ai beaucoup voyagé, puisque samedi et dimanche, j'étais à Toulouse, hier à Vichy, auparavant à Limoges et Clermont. Ces errances ne me déplaisent pas, mais à la condition qu'une solide toile de fond soit tissée par-derrière. » Dans le même courrier, celui qui s'est extasié dans la ville rose sur la basilique Saint-Sernin, rêve des terres bourguignonnes : « Bourgogne qui plaît tant à mon imagination, riche en tout, grasse et fine, civilisée... Quand verrai-je Vézelay ? Il me semble que j'ignore l'art de mon pays, tant me pèse de ne point connaître cette Madeleine triomphale[22]. » Un vœu qu'il verra exaucé, par-delà même ses espoirs...

À Cluny, quand Morland rencontre Danielle Gouze

En juin 1944, « Morland » est en Bourgogne. « Je suis en compagnie d'une jolie fille dont les yeux de chat admirables restent fixés sur un au-delà dont j'ignore les bornes et les accidents[23] », écrit-il à sa cousine. De ses bornes et accidents à lui, la jeune fille de dix-neuf ans ne sait rien, elle qui croit que Morland est le vrai nom de cet homme, qui, après avoir joué le jeu de Vichy, est maintenant recherché par la Gestapo. Un homme dont elle ignore qu'il vient de vivre une vive déception amoureuse avec Marie-Louise.

Par un soir d'avril 1944, c'est une brasserie parisienne, « chez Beulemans », boulevard Saint-Germain, qui abrite leur premier rendez-vous. Dans le rôle de l'entremetteuse, sa sœur, Madeleine. « J'ai un fiancé pour toi... », lui avait-elle écrit quelques semaines plus tôt, après avoir fait la connaissance du « capitaine Morland » au sein de son réseau. Celui-ci n'avait eu de cesse de demander à rencontrer sa cadette à Madeleine, alias Christine Gouze-Rénal,

22. Pierre Péan, *Une jeunesse française. François Mitterrand 1934-1947*, Paris, Fayard, 1994, p. 254.

23. Lettre du 24 juin 1944, adressée à Marie-Claire Sarrazin. In Robert Schneider, *Les Mitterrand*, Paris, Perrin, 2013, 416 p.

après qu'en mars 1944, elle et son fiancé, Patrice Pelat – le colonel Patrice –, lui aient présenté au cours d'un dîner une photographie de Danielle.

Celle-ci s'est engagée très jeune dans le maquis comme agent de liaison et infirmière. « La Résistance nous a mis sur un même chemin. [...] Il avait fini ses études, j'avais huit ans de moins que lui, je ne les avais pas commencées. Si on s'était connus avant la guerre, nos milieux n'avaient aucune raison de se rencontrer. C'est le destin[24] », confiera-t-elle six décennies plus tard.

Née le 29 octobre 1924 à Verdun, Danielle, la benjamine de la famille, a déménagé avec son frère et sa sœur au gré des nominations de leur père, Antoine Gouze. C'est à Cluny (Saône-et-Loire) que ce principal de collège, franc-maçon et militant SFIO, révoqué sans traitement en 1940 par le gouvernement de Vichy pour avoir refusé de dénoncer les élèves juifs de son établissement, a trouvé refuge. À ses côtés, Renée, née Flachot, institutrice, épousée en 1911, et leurs enfants : Roger Gouze (1912-2015), qui deviendra écrivain et journaliste, Madeleine (1914-2002), connue comme productrice de cinéma sous le nom de Christine Gouze-Rénal et mariée en 1959 à l'acteur Roger Hanin, et enfin Danielle.

Issue de cette famille républicaine de gauche, profondément humaniste, Danielle s'engage naturellement dans la Résistance à l'âge de dix-sept ans, mettant ses pas dans ceux de sa sœur aînée. Ses parents ne sont pas en reste, cachant Henri Frenay, chef du réseau Combat qu'il a fondé avec Berty Albrecht[25]. C'est à Mâcon, dans l'arrière-salle d'un café, que Morland rencontre pour la première fois en 1943 Frenay et son amie et *alter ego*. C'est encore à Mâcon que le 28 avril 1943, cette même Berty Albrecht est arrêtée, au cours d'un rendez-vous où l'attendent les services allemands de l'Abwehr, alors qu'elle détient semble-t-il dans son sac à main l'adresse, griffonnée sur une enveloppe, des Gouze de Cluny qui l'ont hébergée.

24. Danielle Mitterrand, France 2, 24 novembre 2007.

25. De son vrai nom, Berthe Pauline Mariette Wild, Berty Albrecht, exécutée le 29 mai 1943 à la prison de Fresnes, est l'une des six femmes Compagnons de la Libération et l'une des deux femmes inhumées dans la crypte du mémorial du Mont-Valérien.

« Paris libéré, Paris retrouvé »

Après la rencontre avec Danielle, le destin du jeune Morland s'accélère encore. Au mois de mai, de Gaulle le nomme Commissaire général intérimaire du ministère des Prisonniers dont le titulaire est Henri Frenay, demeuré à Alger avec le gouvernement provisoire. L'homme qui a franchi le pas en s'engageant dans la Résistance un an et demi plus tôt, se voit à cet instant élevé au rang de ministre par intérim.

Le débarquement allié en Normandie accélère les événements. Pour l'heure, sa priorité absolue est de mettre sa jeune aimée à l'abri, la Gestapo ayant saisi rue Dupin des photographies où on les voit côte à côte. Alors que Danielle est partie à Lyon pour passer la deuxième partie de son baccalauréat, il l'envoie chercher par un ami qui la reconduit à Paris. De là, le 8 juin 1944, il la conduit lui-même en train à Cluny, en lieu sûr. Mais lui doit regagner la capitale, afin d'en préparer la libération.

Une période d'attente durant laquelle il est tout sauf inactif. On le retrouve même aux avant-postes, prenant part aux combats, comme ce 19 août 1944 où il investit, l'arme au poing, l'immeuble du Commissariat général aux prisonniers de guerre, au 3 rue Meyerbeer. Une semaine plus tard, le jeune homme réussit un autre coup de force, celui d'être nommé Secrétaire général aux Prisonniers, Déportés et Réfugiés, un cabinet assurant l'intérim jusqu'à l'installation du Gouvernement provisoire de la République. Une nouvelle ère commence, une nouvelle vie également pour François Mitterrand, vingt-sept ans, devenu un homme de pouvoir, du moins jusqu'au retour de Frenay, à Paris, le 5 septembre. En effet, le chef de la Résistance intérieure récupère son dû, à savoir le ministère qui lui était destiné. Refusant de devenir son second au poste de secrétaire général, l'éphémère ministre Mitterrand nourrit de plus grandes ambitions encore…

DEUXIÈME PARTIE

LES LIEUX D'ÉLECTION ENTRE AMBITION NATIONALE ET ANCRAGE LOCAL

4

PARIS, L'APRÈS-GUERRE D'UN HOMME INSTALLÉ

Au sortir de la guerre, le jeune François Mitterrand dispose déjà d'une certaine notoriété dans les milieux du pouvoir. Avocat de profession, ayant goûté aux responsabilités nationales, l'homme se cherche toutefois. Voilà qu'il se lance dans la presse, comme directeur du journal de la Fédération nationale des prisonniers de guerre *L'Homme Libre*. Mais, libre, il ne l'est pas réellement quant à livrer le fond de sa pensée. Un article de celui qui écrit encore sous le nom de Morvan, traitant du procès de Pétain en juillet 1945, doit être réécrit, car jugé trop complaisant par ses confrères à l'égard du vieux maréchal. Mais cette activité ne peut suffire à nourrir son homme, à l'heure de se marier et de fonder une famille. Désœuvré, Mitterrand est alors embauché grâce à son ami d'avant-guerre, François Dalle, par la Société d'édition moderne parisienne. Les persifleurs voudront que Mitterrand ait travaillé pour le magazine *Votre Beauté* qui en fait partie. La société appartient au groupe fondé par Eugène Schueller, fondateur de la marque L'Oréal. Accusé d'avoir collaboré, cet ancien de La Cagoule a échappé à l'épuration au bénéfice de témoignages en sa faveur émis par François Mitterrand et André Bettencourt, son comparse de l'époque du foyer étudiant des frères maristes. Avec Henri Queuille, Schueller sera de ceux qui lui conseilleront de se tourner vers le département de la Nièvre.

Car, le virus de la politique l'a définitivement piqué. Ambitieux, François Mitterrand n'y entre pas pour autant comme un héritier, à la façon d'un notable bien né déjà membre du sérail, mais plutôt avec ses propres moyens et qualités. Ayant adhéré en février 1946 à l'Union démocratique et socialiste de la Résistance (UDSR), il se porte candidat aux élections de la Seconde assemblée nationale constituante, dans la Ve circonscription de la Seine. Mais, le 6 juin 1946, il ne recueille que 6 % des voix. Un échec, après lequel il rebondit, parvenant à se faire élire député de la Nièvre, le 10 novembre suivant, au terme d'une campagne aux forts accents anticommunistes, soutenue par les réseaux d'anciens combattants. Une élection qui fera office de piédestal, car son entrée au Palais-Bourbon le propulse quelques mois plus tard seulement, à la tête d'un ministère.

D'un ministère à l'autre

Le 22 janvier 1947, François Mitterrand décroche le portefeuille des Anciens combattants et victimes de guerre. Ministre à 31 ans, le plus jeune du gouvernement Ramadier ! Voilà qui augure d'une brillante carrière. Une fonction qu'il conservera dans le cabinet Schuman, jusqu'au mois de juillet 1948. Suivront ensuite d'autres nominations, à commencer par le secrétariat d'État à la présidence du Conseil chargé de l'information, dans les gouvernements Marie, Schuman et Queuille. De 1948 à 1949, il est ministre de la France d'outre-mer, puis ministre d'État des gouvernements Pleven, Queuille et Faure. De 1952 à 1953, il est, cette fois, ministre délégué au Conseil de l'Europe du gouvernement Laniel. Onze fois nommé sous la IVe République, il est ainsi qualifié de « ministre permanent » par l'historien Michel Winock. Précocité et ambition ont caractérisé cette personnalité politique ayant gravi les marches du pouvoir quatre à quatre, lui conférant une image tenace d'arriviste.

Au début de la décennie 1950, ses ambitions se concentrent sur l'Union démocratique et socialiste de la résistance, parti attrape-tout dont il est membre depuis février 1946. Il souhaite en prendre le contrôle, au détriment de son dirigeant gaulliste, René Pleven, président du Conseil à deux reprises, de juillet 1950 à mars 1951 puis d'août 1951 à janvier 1952. Ministre de la France d'outre-mer, dans ce premier cabinet, période durant laquelle il a noué de solides amitiés politiques en Afrique, Mitterrand n'est pas présent dans le suivant, en raison des mauvaises dispositions du MRP à son égard. Fourbissant ses armes dans l'ombre et fort du soutien des députés du Rassemblement démocratique africain (RDA), il est élu à la présidence du parti, le 23 novembre 1953, marquant ainsi une inflexion à gauche. À cette époque, Félix Houphouët-Boigny s'amuse du rôle de « faiseur de roi » accordé au Rassemblement démocratique africain au sein de l'Union démocratique et socialiste de la résistance : « L'UDSR est le seul endroit où des Noirs peuvent regarder des Blancs se manger entre eux[1]. »

De la France à l'Empire…

Les années de guerre ont été celles de l'ouverture du compas, tant l'élargissement de l'horizon géographique a été important. « Par le hasard de la petite histoire, j'ai connu successivement, en l'espace de ces quatre à cinq ans, les camps de prisonniers de guerre en Allemagne, la France occupée, l'Angleterre, l'Afrique du Nord, de nouveau l'Angleterre et de nouveau la France, quelques mois avant la libération de mon pays. Tout cet itinéraire a préparé, il faut bien le dire, tout naturellement, une nouvelle étape de réflexion[2] », déclarera-t-il, devenu président de la République, à l'heure de se retourner sur son passé.

En 1950, la France d'outre-mer, dont hérite François Mitterrand dans le gouvernement Pleven, est un ministère important, qui contraste avec les fonctions plus secondaires occupées jusqu'alors. Un poste sensible, et convoité, car c'est l'Afrique qui s'ouvre à lui. Dans les colonies, la volonté d'indépendance a été stimulée par le second conflit mondial ainsi que par les orientations de l'ONU et des deux Grands, États-Unis et Russie. Les gouvernements successifs de la jeune IVe République se confrontent un à un aux crises ouvertes par les aspirations à la décolonisation. La

1. Eric Dupin, « Une vie de pouvoir », *Libération*, 9 janvier 1996.
2. Discours de François Mitterrand lors de la cérémonie d'ouverture de l'année académique du collège d'Europe, 13 octobre 1987.

répression sanglante de manifestations nationalistes, le 8 mai 1945 à Sétif, la rébellion de Madagascar, en 1947, ou la guerre d'Indochine en sont autant de marqueurs. Cette année passée à ce portefeuille constitue un épisode charnière dans l'itinéraire de l'élu UDSR, parti au sein duquel il anime une tendance adepte d'une politique plutôt libérale en Afrique Orientale Française. Le jeune homme politique n'est évidemment pas anticolonialiste mais partisan de profondes réformes permettant de conserver ces territoires dans le giron français.

Depuis 1946, la constitution évoque une « Union française » et non plus l'empire colonial. Le 19 mars de la même année, la Martinique, la Guadeloupe, la Guyane et la Réunion deviennent des départements d'outre-mer. Le ministre enchaîne les visites d'inspection, en Afrique de l'Ouest ou encore à Madagascar et aux Comores. Ces voyages, ce sont autant de visages, de paysages qui modifient en profondeur sa perception. Fréquentant les élites locales émergentes, il entretient de bons rapports avec les figures que sont Léopold Sédar Senghor et Félix Houphouët-Boigny.

Aux frontières de l'Union française : Indochine-Tunisie, tel est le titre de l'ouvrage qu'il fait paraître à l'été 1953, dans lequel il dessine des lignes directrices pour sortir de ces contextes piégés, sur le créneau « ni annexion ni abandon » pour le protectorat tunisien. Mais c'est la crise du Maroc et l'« éloignement » du sultan qui précipite sa démission de ses fonctions de ministre d'État du gouvernement Laignel, en septembre de la même année.

À l'heure où s'étiole l'Empire…

Le 18 juin 1954, François Mitterrand répond à l'appel de Pierre Mendès France, chargé de former un nouveau gouvernement. Mais si l'élu de la Nièvre espérait, dit-on, un grand ministère de l'Union française chapeautant à la fois l'outre-mer et les États associés, c'est l'Intérieur qu'il se voit confier. Construit en 1770, siège du ministère de l'Intérieur depuis 1861 pour sa proximité avec l'Élysée, l'hôtel de Beauvau est devenu une place forte de la République. Celui qui tient la place Beauvau, tient la police et les préfets : une puissance redoutable : Mitterrand est, à 37 ans, le « premier flic de France », selon les mots de Clémenceau, son illustre prédécesseur entre 1906 et 1909 et créateur des fameuses « Brigades du Tigre ».

Appelé à régler la crise en Indochine, le gouvernement Mendès France se voit également confronté aux « événements » d'Algérie, un conflit qui ne dit pas nom. Si au début de l'année 1954, l'abbé Pierre organise une « insurrection de la bonté », c'est une insurrection d'une tout autre nature qui préoccupe les esprits, celle qui se lève outre-Méditerranée.

Le ministre se déplace au mois d'octobre 1954 pour une visite d'inspection dans les trois départements français d'Algérie. Il se rend à Oran – la ville natale de son ami Georges Dayan – et à Orléansville, dont les environs ont été dévastés par un tremblement de terre. Son objectif : y annoncer des réformes en faveur des « musulmans d'Algérie ». Deux mois plus tôt, en août 1954, le ministre s'était entretenu avec le leader nationaliste modéré, Ferhat Abbas.

La « Toussaint rouge », ainsi a-t-on nommé la nuit du 31 octobre 1954 durant laquelle plusieurs attentats secouent Alger. La France est sidérée, le gouvernement durcit le ton et son ministre de l'Intérieur se montre implacable : « L'Algérie, c'est la France et la France ne reconnaîtra pas chez elle d'autre autorité que la sienne », proclame-t-il le 5 novembre. « L'Algérie, c'est la France et non un pays étranger que nous protégeons », renchérit une semaine plus tard le président du Conseil Mendès France, alors que ce territoire est considéré comme partie intégrante de la République. Depuis la conquête de 1830, la France se sent chez elle en Algérie, et pense l'être pour toujours. François Mitterrand connaît bien cette terre, lui qui, résistant, a séjourné en 1943 à Alger, et y a ensuite effectué un voyage officiel, en 1947, comme ministre des Anciens combattants.

À l'instar de nombreux hommes politiques de centre gauche, Mitterrand n'envisage pas l'indépendance comme une solution permettant de mettre un terme au « problème algérien ». Et s'il est des aspérités dans son parcours politique, l'Algérie en fait assurément partie, plus encore lorsqu'il devient ministre de la Justice du gouvernement Mollet, le 2 janvier 1956, occupant alors, place Vendôme, l'ancien bureau de Cambacérès, le père du Code civil.

En Algérie, Paris a fait le choix de la force : ratissages, camps d'internement et exécutions… Alors que le président du Conseil, Guy Mollet, lui confie la mission de faire voter les pouvoirs spéciaux à l'armée, le garde des Sceaux Mitterrand est partisan d'une attitude de grande fermeté. N'utilisant qu'avec parcimonie son droit de grâce, celui-ci se montre le plus souvent favorable à l'exécution des condamnés à mort retenus dans les geôles algériennes. Quarante-cinq d'entre eux seront guillotinés tandis qu'il occupe les fonctions de ministre de la Justice.

Présence française et abandon, son ouvrage de 1957 plaide pour l'association des territoires désormais dotés d'une large autonomie. Cependant, ce n'est déjà plus le temps des réformes mais bien celui de la décolonisation, alors que de Gaulle négocie les indépendances en Afrique noire et signe les accords d'Evian en 1962. La France se replie sur son « pré carré ».

Entre Paris et la Nièvre

L'homme a pris de l'épaisseur. Chaque étape de son « *cursus honorum*[3] » nourrit plus encore son ambition. Plus qu'à l'Élysée – dont le locataire est doté de pouvoirs restreints sous la IVe – son objectif entre tous est de devenir chef du gouvernement. « N'importe quel imbécile peut être président du Conseil à 50 ans ; moi je le serais à 40 », aurait-il déclaré à certains de ses amis politiques avant le mitan des années 1950. Mais ce va-et-vient permanent des maroquins participe à l'affaiblissement, voire au délitement des institutions. C'est à une « période de tourments » pour citer l'historienne Georgette Elgey, auxquelles les convulsions de mai 1958 ont mis fin. Toutes les grandes figures de la IVe République sont emportées par la vague gaulliste, d'Édouard Daladier à Pierre Mendès France, en passant par… François Mitterrand, dans la Nièvre.

3. Le cursus honorum ou parcours des honneurs était l'ordre d'accès aux magistratures publiques sous la Rome antique.

L'installation du pouvoir gaulliste, à la faveur de la crise algérienne de 1958, l'écarte des responsabilités nationales. Il est bien fini ce temps, où, membre du parti charnière qu'était l'UDSR, François Mitterrand pouvait prendre place dans un gouvernement de gauche comme de droite. Rétrospectivement, il relativisera son expérience sous la IVe République, afin de se défaire d'accusations d'opportunisme autant que d'être un homme fini : « J'ai été ministre pendant sept ans et demi… Puis pendant vingt-quatre ans, je n'ai pas été au gouvernement, je n'ai pas remis les pieds dans un palais officiel[4]. »

L'adversaire étant de Gaulle, fédérateur des droites, c'est à gauche qu'il lui importe désormais de se positionner, afin de réunir les composantes de l'opposition dans laquelle le changement de régime qui s'opère le fait basculer. Le référendum sur la Constitution de 1958 provoque une scission, Pleven et ses partisans quittant la formation pour rejoindre la cohorte des anti-Mitterrand ayant déjà claqué la porte. Mise en sommeil, l'UDSR se dissout dans le Centre d'action institutionnelle, devenant en 1964 sous la direction de Mitterrand, la Convention des institutions républicaines.

Mais alors qu'aucune possibilité nationale immédiate ne s'ouvre à lui, l'homme politique, qui a le sens du temps, fait montre de patience. Doté d'une vision à moyen et long terme, il comprend, durant la décennie 1960, que pour rendre possible une alternance politique, il importe que le Parti socialiste devienne le premier à gauche, en lieu et place du Parti communiste. De la même façon, il investit davantage encore le pouvoir local dans la Nièvre, sans y circonscrire son ambition. Il est élu député le 10 novembre 1946, suite à l'échec initial aux élections législatives de Neuilly-sur-Seine, ville où il résida un temps.

4. Jacques Attali, *C'était François Mitterrand*, *op. cit.*, p. 93.

Du quartier d'Auteuil à Neuilly

C'est dans le quartier d'Auteuil à Paris, avenue Maréchal Lyautey, en face de l'hippodrome et du bois de Boulogne, que le jeune couple Mitterrand emménage en septembre 1944, dans un immeuble bourgeois, où vont également résider sa belle-sœur Christine et Patrice Pelat. Celui-ci est à l'origine de cette installation familiale dont il saisit l'opportunité grâce à son entregent de résistant, ayant vanté à Danielle les mérites de ce coin prisé dont la verdure serait de nature à lui rappeler Cluny.

Le 28 octobre 1944, veille du vingtième anniversaire de Danielle, le mariage est célébré à la mairie du 6e arrondissement de Paris, ainsi qu'en l'église Saint-Séverin. Sans attendre la fin du repas de noces, le jeune marié part pour une réunion du Mouvement national des prisonniers de guerre et déportés qu'il préside, suivi de sa jeune épouse en robe de mariée. Signe que celui qui allait être son mari cinquante et un ans durant vivait une existence trépidante qu'elle allait parfois partager. Le jeune séducteur a un goût prononcé pour l'indépendance, une marque de fabrique qu'il saura toujours préserver. L'année même de leur union, alors qu'une nuit son époux n'est pas rentré, elle téléphone à la police, pétrie d'inquiétude. À son retour, François Mitterrand, furieux, lui reproche de se permettre « d'attenter à sa liberté » à laquelle il est obsessionnellement attaché.

L'amour mâtiné de fascination qu'éprouve la jeune mariée pour son époux ne suffit à combler la jeune femme, délaissée au profit de l'ambition qui le dévore, obnubilé par son ascension politique ainsi que par sa quête d'autres amours. Le bonheur de Danielle, c'est d'être enceinte. Mais, né le 10 juin 1945, leur fils Pascal, décède du choléra à l'âge de trois mois, le 17 septembre suivant. L'hypothèse d'un lait non pasteurisé est avancée pour expliquer ce drame familial. Très affecté, tout comme son épouse, François Mitterrand doit faire face, moins d'un an plus tard, à la mort à Jarnac de son père, le 5 mai 1946.

Quitter Auteuil est devenu une nécessité pour la jeune mère endeuillée. Le couple s'installe dans un autre repaire de la banlieue bourgeoise, à Neuilly. Situé rue Maurice Barrès, l'appartement longe le nord du bois de Boulogne. Un séjour de courte durée, puisqu'ils en déménageront durant l'hiver 1946. À cette époque, naît leur fils Jean-Christophe, le 19 décembre 1946 à Boulogne-Billancourt, suivi de Gilbert, trois ans plus tard, le 4 février 1949.

Au 4 de la rue Guynemer

Opportuniste, François Mitterrand a déniché la perle rare immobilière dans le 6e arrondissement. C'est dans un immeuble bourgeois de la rue Guynemer, face au jardin du Luxembourg, qu'est situé cet appartement. L'homme politique a profité de l'aubaine de cette mise en location par un bailleur singulier : le Vatican. Si le propriétaire des lieux a fait valoir ses droits auprès du gouvernement français pour récupérer son bien réquisitionné par l'occupant, une association de déportées se fait entendre. L'Amicale des prisonnières de la Résistance (APR), qui compte dans ses rangs Germaine Tillion et Geneviève de Gaulle, avait obtenu, dès la fin du mois d'août 1944, l'autorisation d'installer dans l'immeuble libéré un foyer d'accueil pour les rapatriées. Et ce, jusqu'à ce qu'elle dût faire ses valises, à la demande du Vatican, qui, en 1946, souhaite découper son bien immobilier en appartements locatifs. Alors qu'Henri Frenay, ex-ministre des Prisonniers, Déportés et Réfugiés, et François Mitterrand, ancien Secrétaire général aux Prisonniers et Victimes de guerre, font partie des premiers locataires, le symbole détonne et la polémique enfle.

Au 4 rue Guynemer, les Mitterrand occupent un appartement bourgeois, doté de pièces spacieuses rehaussées de hauts plafonds en stuc. Un logement qui correspond au rang et aux ambitions de son occupant. « LIT 32 16 », tel est le numéro de téléphone où on peut l'y joindre. Quant à Danielle, elle aménage deux chambres du sixième étage en atelier de reliure, afin de ne pas céder à l'ennui dans ce quartier par ailleurs fort animé.

Paris en mai…

Au cœur du Quartier latin, l'appartement de la rue Guynemer, doté d'un balcon surplombant les jardins du Luxembourg, est un lieu d'observation privilégié en ce mois de mai 68. Deux jours après la proposition de référendum énoncée par de Gaulle sur la réforme universitaire, c'est à Château-Chinon que François Mitterrand et les ténors de la Fédération de la gauche démocrate et socialiste se réunissent, le dimanche 26 mai 1968. Guy Mollet, Gaston Defferre et Charles Hernu sont ainsi aux côtés de leur hôte, député et président du Conseil général de la Nièvre, pour dire « non » au Général, en présence de plusieurs milliers de militants réunis au stade municipal.

Deux jours après ce meeting dans son fief de Château-Chinon, François Mitterrand, revenu à Paris, abat ses cartes : il annonce sa candidature à la présidence de la République. Ainsi se retrouve-t-il piégé par son ambition, lorsque de Gaulle est de retour de Baden-Baden et annonce le 30 mai la dissolution de l'Assemblée nationale. Les législatives suivantes prennent la forme d'un raz-de-marée gaulliste, consolidant le pouvoir du Général. Mais, le 28 avril 1969, Charles de Gaulle quitte ses fonctions de président de la République, tirant les leçons de l'échec du référendum sur son projet de réforme des régions et du Sénat. Usé, le vieil homme tire un bilan amer de sa dernière année de pouvoir. Mitterrand lui-même porte un regard critique sur cette génération de mai 68 avec laquelle il se retrouve en profond décalage, étant lui-même dépositaire d'une conception traditionnelle de la République. En perçoit-il sa dimension de rupture historique ? Rien n'est moins sûr.

Quoi qu'il en soit, alors que, devenu Président, la question de savoir si ces événements se seraient produits s'il avait été élu en 1965, celui-ci est loin d'exclure qu'ils auraient été nuls et non avenus : « Je ne voudrais pas paraître présomptueux. Je vous réponds avec précaution, mais je ne le pense pas. Mon élection aurait signifié, comme ça a été le cas en 1981, le réveil de l'espérance[5]… »

5. Interview de François Mitterrand dans *Globe*, mars 1986.

De cette époque, les photographes ne manquent pas de saisir des instants fugaces. Rue Guynemer encore, un cliché montre le député Mitterrand aux côtés de son fils Gilbert faisant signer son livre d'or à Bob Kennedy. Les visiteurs s'y pressent comme ils le feront rue de Bièvre, dans les années 1970.

Au 22 rue de Bièvre

Alors que le loyer rue Guynemer ne cesse d'augmenter, François Mitterrand se décide à quitter les abords du jardin du Luxembourg. En 1971, il choisit d'élire domicile dans le 5e arrondissement, jetant son dévolu sur un immeuble situé au 22 rue de Bièvre, acquis en copropriété avec son ami l'avocat Stéphane Jouanneau, désireux de loger sa fille étudiante. Mais l'affaire ne fut pas aisée. En effet, les religieuses à qui appartenait une partie de l'édifice se sont avérées peu séduites par l'idée de faire affaire avec un socialiste…

C'est un ancien relais de poste que ce petit immeuble du XVIIe siècle, doté d'un bel escalier en fer forgé. S'étirant en hauteur, la façade de l'édifice est agrémentée de deux fenêtres à chacun de ses quatre étages. Mais la blanche bâtisse, dont le rez-de-chaussée était occupé par un café-restaurant, se trouve alors dans un état fort vétuste, nécessitant deux années de travaux avant que les Mitterrand ne puissent s'y installer.

Bièvre est une petite rue étroite et courte du Quartier latin, située à deux pas des quais de Seine, d'où François Mitterrand peut gagner à pied l'Assemblée nationale. Au cœur du vieux Paris, la voie, qui tient son nom de la rivière Bièvre, un ancien affluent de la Seine, relie le boulevard Saint-Germain au quai Montebello. François Mitterrand se montre très attaché tant à son calme qu'à son charme vaguement moyenâgeux : « Nous vivons dans le cadre d'une petite rue très typique, très associée à la vie de la grande ville, marquée depuis le Moyen Âge, illustre au moment du XVIe siècle. Dès que je mets le pied dans la rue, j'ai le sentiment de retrouver les petites villes de mon enfance : les voisins, qui sont en général des commerçants ou des artisans, ont un comportement de villageois. Peut-être même suis-je un peu casanier[6]. »

Une fois le porche passé, une petite cour pavée y mène. Il apprécie « la chance d'avoir quelques mètres carrés d'air libre[7] » où ses chiens peuvent batifoler lorsque les séjours à Latche sont trop espacés. Au rez-de-chaussée, la cuisine, très moderne, communique avec la salle à manger attenante équipée de meubles Knoll, où se prennent les petits-déjeuners familiaux. À l'étage, Danielle dispose de sa propre chambre, jouxtant le séjour qui est aussi un lieu de travail et de réception. Un niveau plus haut, se trouve la chambre de François Mitterrand. « Nous habitons dans la même maison. Nous continuons à vivre ensemble, avec plaisir[8] », se sent-il obligé de préciser lors d'un reportage télévisé de 1975. En réalité, ses activités autant que ses liaisons raréfient sa présence. Il en était déjà de même rue Guynemer, au point que Danielle l'avait gratifié du surnom de « Papa courant d'air » quand ses enfants regrettaient ses absences devenues coutumières.

Un étroit escalier mène au dernier étage, sous les combles. Un petit appentis occupé par la secrétaire sert d'antichambre au bureau-bibliothèque. Garnis d'ouvrages, les rayonnages épousent les contours de la pièce, alors que ceux qui n'ont pu y trouver place sont empilés à même le sol. Meublée de trois fauteuils et d'une plaque de verre posée sur deux tréteaux en guise de bureau, la pièce sert de lieu de réception pour ses amis et collaborateurs. Ce « pigeonnier », comme il nomme cette pièce mansardée aux murs blancs, est orné d'objets fétiches telle cette statuette à l'effigie d'un rhinocéros, ou encore sa propre tête, sculptée à l'attention du musée Grévin. On y trouve également exposées de nombreuses photographies, qu'il s'agisse de grandes figures comme Victor Hugo ou d'aïeux, arrière-grand-père, arrière-grand-mère et grand-père, dont les cannes de marche sont posées contre le mur. De l'autre côté de la porte à glissière, travaille sa secrétaire personnelle, signe, s'il en fallait un, que vie familiale et politique sont étroitement mêlées, quand l'une n'est pas subordonnée à l'autre…

6. François Mitterrand, TF1, 13 février 1975 (archives INA).
7. « 30 millions d'amis », 1977 (archives INA).
8. François Mitterrand, TF1, 13 février 1975 (archives INA).

5

GÉOGRAPHIE POLITIQUE D'UN HOMME EN CAMPAGNE(S)

Au cœur du Quartier latin, la brasserie Lipp est une institution courue par le Tout-Paris littéraire et politique, un café érigé en foyer de la vie intellectuelle depuis les années 1920, ce dont témoigne son décor Années folles. Sa fréquentation régulière est elle-même signifiante : ici, c'est la lutte des places. Chez Lipp, on ne retient pas sa table, on se la fait attribuer, à la mesure de l'importance qui vous est accordée. Parmi les meilleures, celles situées près du bar, la n° 1 étant particulièrement prisée par François Mitterrand. Sous la IVe République, la brasserie est si familière des parlementaires que la tradition veut que l'horloge avance de sept minutes ; le temps nécessaire aux députés et sénateurs attablés pour rejoindre leurs assemblées, équidistantes du boulevard Saint-Germain…

« Les gouvernements se font chez Lipp et se défont à la Chambre », a-t-on coutume de dire tant la brasserie de Saint-Germain est la cantine des grands responsables politiques. À la première page du « Livre des personnalités et vedettes » ouvert par Roger Cazes le 14 septembre 1955, deux ministres de l'Intérieur sont recensés : le titulaire de la fonction, Maurice Bourgès-Maunoury, et son prédécesseur, François Mitterrand. L'année suivante, occupant le portefeuille de la Justice, il s'y voit saluer en ces termes par son compatriote charentais Jacques Chardonne : « Ah, monsieur le ministre ! Quelle belle chose que la démocratie ! On peut voir le garde des Sceaux seul à une table… seul au milieu de tous ces couteaux[1] ! » À la fin des années 1960, c'est souvent entouré d'une

1. « Dans Paris sur les traces du Président », *Libération*, 9 janvier 1996.

garde rapprochée constituée de Georges Dayan, Claude Estier, Charles Hernu ou encore Georges Fillioud qu'on peut l'y trouver.

C'est attablé, seul cette fois, chez Lipp qu'il apprit, le 2 avril 1974, la mort du président Pompidou. C'est le patron, Roger Cazes, qui lui a glissé à l'oreille l'information qu'il vient d'obtenir de l'ambassade de Suisse. François Mitterrand quitte aussitôt les lieux, préoccupé par la tenue d'une future élection présidentielle anticipée, sans même songer à demander l'addition. « Vous l'enverrez à l'Élysée », aurait-il répondu au patron ayant pris le temps de lui tendre la note.

L'Observatoire, sombre histoire

La brasserie Lipp n'est pas un lieu anodin pour François Mitterrand. En cette fin des années 1950, cela fait déjà presque vingt ans qu'il y a ses habitudes. Hasard ou coïncidence, c'est dans ce même temple de la vie parisienne qu'il se trouve lorsque sa vie va connaître un épisode que l'on peut qualifier – avec le recul – de rocambolesque. L'établissement va, en effet, être le point de départ d'une soirée qui manquera de lui coûter sa carrière politique.

Ce 15 octobre 1959, François Mitterrand, fidèle au poste, dîne chez Lipp. Il tire sa révérence autour de minuit et regagne son domicile de la rue Guynemer au volant de sa 403, mais il a la désagréable impression d'être suivi. Impression qui devient vite une certitude. Il renonce alors à poursuivre son chemin et bifurque boulevard Saint-Michel. S'ensuit une véritable course-poursuite. Place Médicis, la voiture qui l'a pris en chasse, de couleur noire, se met à sa hauteur et tente de le percuter pour lui faire quitter la chaussée. Mitterrand accélère et décide de tourner brusquement rue Auguste Comte pour atteindre la rue de l'Observatoire où il quitte sa voiture, avant de se précipiter derrière un bosquet situé près du jardin public. Mais l'autre véhicule est déjà sur place. Une vitre se baisse, un canon apparait, des coups de feu claquent en rafale. La 403 est criblée de balles. Sept impacts seront relevés sur la carrosserie. Mitterrand, lui, est miraculeusement indemne.

Dès le lendemain, il reçoit d'innombrables marques de sympathie confortant sa dimension romanesque et héroïque par le courage physique dont il a fait preuve. Une question est sur toutes les lèvres : qui est le commanditaire de cette tentative d'assassinat ? Tous les regards se tournent vers les partisans de l'Algérie française. Mais une semaine plus tard, le 21 octobre, un certain Robert Pesquet, ancien député poujadiste, fait une annonce fracassante dans le journal *Rivarol.* L'homme déclare avoir tout organisé avec la complicité de… François Mitterrand lui-même. Un faux attentat en somme, destiné à accroître sa popularité face au pouvoir gaulliste !

À l'évidence, Mitterrand est tombé dans un traquenard avec ce vrai-faux attentat. Ancien gaulliste devenu poujadiste, Robert Pesquet écrira en 1995 l'avoir organisé après une série de rencontres avec l'homme politique. Celui-ci était-il partie prenante ou Pesquet voulait-il à l'inverse confondre l'élu en l'accusant d'avoir fomenté un attentat à des fins de publicité ? Une dernière version que tendraient à confirmer les propos tenus en 2002 par ce même Pesquet, revenant sur un événement dont il se dit le seul organisateur et destiné à discréditer l'homme de gauche.

À défaut d'avoir voulu la mort physique de François Mitterrand, nombreux sont ceux qui souhaitent sa mort politique… Si son parcours durant la guerre lui a appris à tenir bon sous la mitraille, certaines flèches empoisonnées continuent à être éprouvantes. Force montante bâtie par agrégation de soutiens, l'édifice Mitterrand se trouve soudain fragilisé et se lézarde. L'homme, qui a toujours suivi sa route tambour battant, se démultipliant sur tous les fronts, donne des signes de découragement. Affichant le calme des vieux sages aguerris par les joutes oratoires et les combats électoraux, le voici chamboulé en son for intérieur. De la cime à l'abîme, le « moment Observatoire » reste cuisant, ayant fait de lui un indésirable. Il en est jusqu'à Frenay de le délaisser, alors qu'il est le parrain de son fils Gilbert.

En convalescence chez sa grand-mère maternelle, à Cluny, l'enfant se voit prodiguer par celle-ci des consignes pour échapper à une éventuelle tentative de kidnapping sur le chemin de l'école.

« Sois prudent, tu cours s'il y a quelqu'un qui t'embête[2]. » Le politicien a mis le doigt dans un engrenage, Robert Pesquet s'étant montré menaçant. S'il révélait son rôle dans l'organisation du vrai-faux attentat de l'Observatoire, François Mitterrand et sa famille s'exposeraient à des représailles.

Dans les mois d'hiver suivant cette nuit du 15 au 16 octobre 1959, un vent glacial s'est mis à souffler autour de Mitterrand. Alors qu'il cherche à reprendre la main et à retrouver son ascendant sur ses semblables, le politicien fait l'objet de quolibets lors de ses sorties dans les restaurants parisiens. Il semble condamné à l'isolement. Il importe de ne pas ajouter de bruit à la fureur et d'attendre son heure, ce qu'il se résout à faire, en fauve blessé…

Touché, mais pas coulé… Imperceptiblement, après le coup d'arrêt de l'Observatoire, le nouveau Mitterrand est en train de naître. La traversée du désert est un passage à vide pouvant également permettre de refaire surface avec l'épaisseur de celui qui a souffert. Gagnant en densité et en sérénité, le politicien se forge une stature d'irréductible opposant à la Ve République. En 1964, il en dénonce les institutions dans l'ouvrage *Le coup d'État permanent,* tout en ne renonçant pas à les utiliser dans sa conquête personnelle du pouvoir. Il va s'y employer dès l'année suivante, à l'occasion de la présidentielle de 1965, en s'affirmant comme le leader de la gauche. Cette année-là, les Français se rendent aux urnes pour un scrutin inédit : pour la première fois, ils vont pouvoir désigner eux-mêmes le président de la République. Une révolution institutionnelle dont le général de Gaulle est l'initiateur. Celui-ci a saisi l'occasion de l'attentat du Petit-Clamart, qui aurait pu lui coûter la vie en août 1962, pour démontrer aux Français à quel point le Président est la clé de voûte des institutions républicaines. Une proposition qu'approuvent massivement les Français par référendum.

Mitterrand n'est pas de la « vieille maison », nom que l'on donne à la cité Malesherbes, en référence au discours de Léon Blum en 1920. Rapproché de cette tendance par le catholicisme

2. Gilbert Mitterrand : « Je n'ai jamais voulu tuer le père », *Charles*, n° 16, 6 janvier 2016.

social de sa formation, autant que par intérêt politique, il reste dénué de culture socialiste, se montrant même très ironique à l'égard de la rhétorique marxisante employée, comme il l'écrit à Anne Pingeot, en février 1964 : « Maintenant, je suis dans une salle (comme toujours, enfumée) proche de la rue des Martyrs. Les groupes d'inspiration socialiste y siègent en colloque pour la seconde fois, pour discuter de leur éventuel rassemblement. Vous ne pouvez pas imaginer le verbalisme ésotérique de cette espèce politique profondément marquée par le souvenir des luttes ouvrières d'il y a trente et cinquante ans et qui se reconnaît beaucoup plus dans une certaine terminologie marxiste que dans la doctrine du même nom. Si vous n'employez pas avec eux et au moment voulu des formules comme celles-ci : pôles de domination économique, dimension européenne, planification socialiste, nouveaux centres de décision, mutation des pouvoirs, notion de contre-plan, appareil bureaucratique..., la "famille" socialiste fronce le sourcil et vous considère soit avec méfiance soit avec dédain[3] ! »

Une langue dont il apprend par intérêt le maniement, pour devenir quelques mois plus tard candidat à la présidentielle de décembre 1965. Six candidats, dont Jean Lecanuet, Marcel Barbu, et Jean-Louis Tixier-Vignancourt, sont sur la ligne de départ de cette élection qui ne doit être qu'une simple formalité pour le Général dont le pouvoir est à son apogée.

« Candidat unique de la gauche » ainsi qu'il se présente, François Mitterrand est un homme de parti pour lequel de Gaulle n'affiche qu'un mépris distant. En fin stratège, il est parvenu à rassembler UDSR, SFIO et PSU derrière son panache blanc, et sillonne la France avec l'appui des réseaux communistes. Le 17 novembre, lors d'une conférence de presse à l'hôtel Lutetia, il présente 17 propositions. La campagne bat son plein, radiodiffusée et désormais télévisée, elle est suivie dans les six millions de foyers équipés de téléviseurs, mais aussi dans les cafés voire même sur les trottoirs devant les vitrines des magasins d'électroménager. 1965 est incontestablement le point de départ de la communication politique moderne en France. D'où l'importance de l'affiche de campagne

3. François Mitterrand, *Lettres à Anne*, *op. cit.*, p 85.

électorale. Celle de François Mitterrand est d'un noir et blanc assez terne. Le candidat pose de trois-quarts, fixant l'horizon, devant un pylône de ligne à haute tension, un champ labouré, symbole de l'agriculture la plus intensive et des cheminées d'usines fumantes à l'arrière-plan. « Un président jeune pour une France moderne », clame le slogan en forme d'attaque en règle contre de Gaulle et une France corsetée par son régime. Âgé de 49 ans, le maire de Château-Chinon est-il un homme neuf ou un cheval de retour de la IVe République ?

À Colombey, de Gaulle apprend, stupéfait et quelque peu meurtri, qu'il est mis en ballottage. Un second tour auquel l'ont contraint le centriste Lecanuet, jouant les utilités avec ses 15 %, et un Mitterrand triomphant. Réunissant 31,72 % des suffrages, l'homme qui incarne l'union de la gauche est qualifié pour faire face au Général au second tour. L'outsider veut démontrer sa stature d'homme d'État. Mais, peu à l'aise face aux caméras, ce nouvel outil télévisuel lui donne toujours autant de fil à retordre. Ayant utilisé la radio dans les heures cruciales de juin 1940, de Gaulle comprend tout l'intérêt d'une télévision à sa botte. Le 19 décembre, le Président sortant recueille 54,5 % des voix. Battu, Mitterrand fait néanmoins désormais figure de chef de l'opposition.

C'est pourtant un homme de gauche dépassé par le mouvement de contestation de mai 68, attaquant le pouvoir fort du Général, qui redescend de fait de son piédestal. Vu comme une incarnation de la IVe République, le politicien est dépassé par l'émergence de nouveaux leaders tel Michel Rocard. Il réussit pourtant son retour dès 1971 en prenant la tête du Parti socialiste. Vaincu au second tour de la présidentielle de 1974, il parvient à écarter ce même Rocard pour être élu en 1981 premier Président de gauche de la Ve République.

D'un quartier général à l'autre

Quand tombe le gouvernement Mendès France, en 1955, c'est au quatrième étage du 116 avenue des Champs-Élysées, juste au-dessus du cinéma Le Normandie, qu'il installe son bureau dans un local que met à sa disposition le propriétaire de l'immeuble.

Dix ans plus tard, pour l'élection présidentielle de 1965, son quartier général de campagne est abrité par la librairie Échanges, au 25 rue du Louvre, un modeste trois pièces, prêté par son amie Laurence Soudet. Mais la Convention des institutions républicaines sur lequel il s'appuie, est un tout petit parti issu, en 1964, de la réunion de plusieurs clubs politiques ancrés à gauche. Celui-ci a pour adresse le 44, boulevard de la Tour-Maubourg, dans le 7e arrondissement parisien. Alors jeune militant du Loir-et-Cher, devenu bien plus tard, sénateur et conseiller élyséen, Jeanny Lorgeoux, se souvient de sa première visite au siège : « “Plus jeune adhérent” du mouvement, je pensais être reçu par Charles Hernu, secrétaire général, mais c'est François Mitterrand que j'ai rencontré… Nous avons parlé pendant une heure, et j'ai été admis à la Convention[4]. »

Alors que le système D contribue au financement des campagnes politiques, c'est à nouveau son réseau relationnel, en l'occurrence André Rousselet, qui lui permet en 1974 de loger son quartier général de campagne. Pas n'importe où, puisqu'il s'agit du troisième étage de la tour Montparnasse. Cet unique gratte-ciel parisien, achevé un an plus tôt, est un symbole de modernité qui ne correspond pas réellement à un homme politique qui, ayant arpenté Paris de long en large, l'explore désormais dans sa verticalité. Mais malgré ce nouvel échec de 1974, François Mitterrand a désormais un parti derrière lui.

De la cité Malesherbes à la rue de Solférino

C'est dans un bel hôtel particulier de pierre blanche bordant une élégante artère du confortable 7e arrondissement, que le Parti socialiste choisit de s'installer. Situé à quelques pas de l'Assemblée nationale, ce bâtiment connut une histoire singulière, avant de devenir le siège de la formation de gauche.

Au numéro 12 de la cité Malesherbes, dans le 9e arrondissement, c'est dans un immeuble appartenant à l'association Entraide ouvrière que s'installe la SFIO en 1938. Au premier étage, le bureau

4. *La Nouvelle République*, 8 janvier 2016.

du secrétaire général, longuement occupé par Guy Mollet, devient après un intermède d'Alain Savary celui de François Mitterrand dans ses premières années à la tête du parti. Après Épinay, Mitterrand s'était installé au troisième étage de la cité Malesherbes, « mais il ne s'y plaît pas[5] », comme le précise Henri Nallet, qui sera plus tard son ministre de l'Agriculture, puis son garde des Sceaux. Au soir du 28 juin 1979, le parti dirigé par l'élu de la Nièvre brave la loi en émettant depuis son siège de la cité une émission « pirate » sur une station éphémère de la bande FM, baptisée « Radio Riposte », dix minutes seulement avant que les autorités ne déclenchent son brouillage suivi de poursuites des responsables socialistes.

La rupture que veut incarner Mitterrand après avoir pris les rênes du Parti socialiste à Épinay doit passer par un nouveau siège. Quelques mois après la courte défaite de la présidentielle de 1974, la formation socialiste quitte la cité pour s'installer dans un immeuble de quatre étages, situé au 7 bis place du Palais-Bourbon, tout près de l'Assemblée nationale. Une nouvelle adresse que le premier secrétaire décrit dans *Le Poing et la Rose* comme « un symbole du renouveau du Parti » désormais capable d'incarner l'alternance. Mais ces locaux s'avèrent rapidement peu fonctionnels et, dès septembre 1980, les socialistes s'installent au 10 de la rue de Solférino.

C'est bien cet hôtel particulier des beaux quartiers, dans un 7e arrondissement peu suspect de sympathies socialistes, qui allait devenir le siège historique du Parti. Avec l'achat de ce bâtiment, la formation ancre son existence dans la topographie parisienne, comme d'autres avant lui : 9 rue de Valois jusqu'en 1933, puis 1 place de Valois pour le Parti radical qui s'y identifia. C'est encore le cas de la Place du colonel Fabien pour le Parti communiste depuis 1971, ou encore du n° 123 de la rue de Lille pour le parti gaulliste (UNR, UDR puis RPR, entre 1858 et 2001).

Une voie et une bâtisse qui recèlent déjà une riche histoire. Artère percée sous le Second Empire, la rue de Solférino est ainsi nommée pour célébrer la bataille remportée par Napoléon III en

5. Valentin Ehkirch, « Du "Paquebot" à Solférino », les sièges éjectables de partis, *Le magazine du Monde*, 30 septembre 2017.

Lombardie, en 1859, face à l'Autriche. De 1947 à 1955, c'est au n° 5 que s'installa le Rassemblement du peuple français (RPF) fondé par le général de Gaulle. Quant à l'imposante bâtisse du numéro 10, elle avait été construite par le duc Albert de Broglie, à la tête du gouvernement d'ordre moral du président Mac Mahon.

En 1933, les lieux devinrent la propriété de la Fédération générale des fonctionnaires de la CGT. Mais la confédération est dissoute et expropriée en 1940 par le régime de Vichy qui y installe le ministère de l'Information. Voix de la propagande du régime, le ministre de l'Information, Philippe Henriot, y est assassiné le 28 juin 1944 par le Comité militaire d'action de la Résistance (COMAC). Durant la libération de Paris, les syndicalistes résistants reprennent possession de leur bien les armes à la main, celui-ci redevenant un lieu dédié au syndicalisme, jusqu'en 1978, avant que le Parti socialiste ne l'acquière en 1980.

C'est un simple bureau métallique rectangulaire, sans tiroirs, que François Mitterrand choisit pour travailler à Solférino, ce qu'il fait durant quelques mois seulement, entre l'installation des socialistes en 1980 et son passage de relais à Lionel Jospin, en janvier 1981, alors qu'il se lance dans la campagne présidentielle. Si le siège demeure lié au souvenir de François Mitterrand, celui-ci s'y rendait pourtant assez rarement, préférant souvent recevoir chez lui, rue de Bièvre. Il a tout de même marqué les lieux de son empreinte, choisissant de faire baptiser deux pièces du nom de ses proches. Au-dessus du hall d'entrée, la salle Georges Dayan est ainsi nommée en l'honneur de son ami décédé en 1979. Quant à la vaste pièce abritant les bureaux nationaux, elle est dédiée à Marie-Thérèse Eyquem, disparue en 1978.

La mémoire socialiste s'ancre plus particulièrement à ce bâtiment par le souvenir des deux visites les plus fameuses du Président, ouvrant et fermant la période de ses deux septennats. Dans la nuit du 10 au 11 mai 1981, c'est à bord d'une Renault 30, qu'escortent désormais des motards, qu'il y arrive autour de minuit en provenance de Château-Chinon, alors que la foule exulte avenue de la République. Quatorze ans plus tard, le 17 mai 1995, au terme de la passation de pouvoir, c'est un moment teinté d'émotion que l'arrivée à pied dans la cour de Solférino du désormais ex-président venant faire sa visite d'adieu, signifiant ainsi que la boucle est bouclée. Le parti dirigé par Henri Emmanuelli s'est fendu d'un cadeau, quelque peu décalé : une Renault Twingo du plus beau vert.

Le PS passera au total trente-huit années rue de Solférino, le temps d'une génération. Par métonymie, « Solférino » est devenu un point de repère, synonyme de quartier général du Parti socialiste, voire même de sa direction. Lestés de ce poids symbolique, les lieux resteront à jamais marqués par les grandes heures de l'ascension de François Mitterrand, de l'euphorie de la victoire de 1981 à la joie, plus mesurée, de celle de 1988. Sans oublier les larmes d'éléphants et les affres de la défaite, celle de 1986, ou encore la Bérézina des législatives de 1993 après laquelle Henri Emmanuelli, premier secrétaire, a sérieusement envisagé de se défaire de Solférino. Une hypothèse devenue évidence en 2017, avec l'annonce de la vente du bâtiment par un parti en proie aux débâcles électorales et devant impérativement renflouer ses caisses.

En battant la campagne

François Mitterrand est un homme toujours en retard. La faute à un agenda trop chargé, ainsi qu'à des instants volés, d'autant qu'il n'ignore évidemment pas que se faire attendre a été de tout temps l'apanage des puissants. Il n'est de si bonne compagnie qui ne se quitte, et à l'heure de prendre congé de son auditoire dans la campagne nivernaise, ses méthodes sont éprouvées, comme a pu l'observer à maintes reprises l'un de ses amis politiques, Pierre Joxe : « Quelqu'un lui disait qu'il fallait partir. Alors il feignait de s'étonner : “Ah bon ! Mais quelle heure est-il ?” (Il n'avait jamais de montre). Il savait très bien quelle heure il était. Il avait gagné : le Président, arrivé en retard, s'en allait à regret, tiré par les uns, poussé par les autres, car il le fallait[6]. » Entre authenticité et artifice, sa posture est celle d'une proximité empreinte d'une certaine distance. Une autorité naturelle intimidante, mélange d'inné et d'acquis familial, puisqu'elle émane également de ses frères, Jacques,

6. Pierre Joxe, *op. cit.*, p. 18.

devenu général, et plus encore de Robert, l'aîné polytechnicien. Ainsi, François Mitterrand n'est-il pas adepte du tutoiement, pourtant de rigueur entre camarades socialistes, qu'il refuse poliment mais fermement : « Si vous voulez », répond-il un jour en Morvan à un interlocuteur lui proposant de passer au tu et à toi en souvenir du temps où ils étaient détenus dans le même stalag. Lui s'en tient à une politesse distante, conservant une posture corporelle et un port de tête altier qui, ajoutés à une diction pincée, rappellent la bourgeoisie la plus guindée.

C'est en particulier dans le Nord que ce manque de sympathie est regretté par les militants qu'un fossé d'incompréhension sépare de lui. « Quand même, ces gens du Nord, Pierre Mauroy, ils restent à table jusqu'à quatre heures de l'après-midi[7] ! », se souvient d'avoir entendu Louis Mermaz d'un Mitterrand agacé. Mais là comme ailleurs, celui-ci pose des jalons, tissant son maillage territorial. C'est en octobre 1965, dans un train les ramenant de Lille à Paris, que François Mitterrand et Pierre Mauroy, secrétaire fédéral du Nord depuis 1961, devaient sceller leur alliance. Semblable à une image d'Épinal de la méritocratie républicaine, Pierre Mauroy, né en 1928 à Cartignies, était petit-fils de bûcheron et fils d'instituteur. Adhérant aux Jeunesses socialistes, dont il devient dirigeant national en 1950, il écrit dans ses *Mémoires* être « entré en socialisme comme on entre en religion ». Il a, en effet, grandi dans le culte du mouvement ouvrier, avec pour inspirateur, Léo Lagrange, député du Nord, devenu sous-secrétaire d'État aux sports et à l'organisation des loisirs du Front populaire.

Un jour de 1971 à Épinay

C'est précisément à Léo Lagrange, engagé volontaire tué au front le 9 juin 1940, qu'est dédié le gymnase d'Épinay-sur-Seine, en banlieue parisienne. Un lieu où, du 11 au 13 juin 1971, les socialistes se réunissent en congrès sous la tutelle d'Alain

7. « Pierre Mauroy et François Mitterrand, la conquête du pouvoir : témoignage de Louis Mermaz », Fondation Jean Jaurès, 7 juin 2017.

Savary. Trois ans seulement se sont écoulés depuis Mai 68 et la révolte étudiante doublée de la plus grande grève générale de l'histoire du pays.

Un an après cette déflagration, en mai 1969, le congrès d'Alfortville allait revêtir une importance cruciale. La vieille SFIO s'y recréait en « Parti socialiste » dans le contexte politique très singulier d'une élection présidentielle imprévue faisant suite à la démission du général de Gaulle. Désireux d'affirmer leur unité, les socialistes le sont tout autant de désigner un candidat pour le scrutin prévu en juin, soit un mois plus tard. C'est Gaston Defferre qui sera porté sur les fonts baptismaux. Un projet jugé trop centriste par le PSU qui choisit Michel Rocard pour le représenter. Ce dernier ne recueille que 3, 65 % des suffrages lors du scrutin présidentiel, Gaston Defferre ne réunissant pas plus de 5,06 % des électeurs sur son nom.

« Le chant du départ ! pour Epinay-sur-Seine où commence ce matin le congrès socialiste dont je pense, tu le sais, qu'il peut changer toute la politique française[8]. » C'est ainsi que François Mitterrand présente l'événement à Anne Pingeot, sa jeune maîtresse à qui il trouve le temps d'écrire. Le congrès d'Epinay allait, en effet, marquer l'histoire de son empreinte, demeurant comme le symbole de l'unification des socialistes sous la houlette d'un Mitterrand élu premier secrétaire. « L'Orée du bois », tel est le nom quelque peu prémonitoire de l'hôtel de Montmorency où l'élu de la Nièvre essaie de trouver le sommeil. Une période durant laquelle il va montrer sa virtuosité à manier l'art du possible, faisant naître une synthèse politique et prenant la tête du parti, une formule sur laquelle prospérera la suite de sa carrière. C'est le Centre d'études, de recherches et d'éducation socialiste (CERES), fondé en 1966 autour de Jean-Pierre Chevènement, qui, en lui conférant une majorité, lui donne les clés de la formation. Un soutien qui, conjugué à l'appui des puissantes fédérations que sont les Bouches-du-Rhône de Gaston Defferre et le Nord de Pierre Mauroy, lui permet de mettre en minorité son rival Alain Savary. C'est à Pierre Mauroy

8. *Lettres à Anne*, *op.cit.*, p. 799.

que François Mitterrand veut confier la direction du parti, mais le Nordiste est appelé à succéder au maire de Lille, Augustin Laurent, dont il est le premier adjoint et dauphin, ce qui sera chose faite en 1973. Coup de théâtre et coup de maître, c'est ainsi que François Mitterrand devint, d'une certaine façon malgré lui, premier secrétaire du PS. Un parti devenant sa machine de guerre pour la conquête du pouvoir. Sans jamais parvenir à se départir toutefois de l'accusation d'avoir instrumentalisé l'idéologie socialiste pour arriver à ses fins. Heureux, l'homme rend compte de sa victoire à sa maîtresse : « C'est gagné. Donc les difficultés commencent[9] », note-t-il, paraphrasant une formule célèbre prêtée en 1936 à Léon Blum, au moment de former le gouvernement du Front populaire.

Du leader emblématique de la gauche que fut Léon Blum, François Mitterrand adopte, durant la décennie 1970, le port du chapeau à feutre noir et à large bord. Il fit sa connaissance en 1946, un an après le retour de déportation de Blum, qui était retenu dans une petite maison forestière à Buchenwald. Un homme dont il alla saluer la mémoire, sur son lit de mort, à Jouy-en-Josas, en 1950, avant de se réclamer plus tard de sa lignée. Mais si François Mitterrand a assimilé l'histoire et certains codes de la tradition socialiste, il n'est pas un homme né à gauche. Un péché originel dont il essaiera de s'absoudre. « On ne naît pas socialiste, on le devient », aurait pu répondre à ses contempteurs celui qui devint, en effet, le premier d'entre eux. *Fils du Peuple* comme se revendique le communiste Maurice Thorez dans sa biographie publiée en 1937, François Mitterrand ne l'est pas réellement, lui qui a vu le jour dans la bonne bourgeoisie catholique de province. La notice du *Who's who,* rédigée avant sa candidature à l'élection présidentielle de 1965 le présente comme « fils de cheminot », soit la première profession d'un père devenu par la suite propriétaire de vinaigrerie ; voilà qui sied mieux à un candidat de gauche.

Mais le vieux routier de la politique qu'est François Mitterrand est parfois jugé archaïque dans ses propres rangs. Agé de soixante-quatre

9. *Lettres à Anne, op.cit.*, p. 800.

ans en 1980, déjà par deux fois candidat à la présidentielle, il doit écarter du chemin élyséen Michel Rocard, cinquante ans, leader d'une deuxième gauche qui se veut plus moderne et pragmatique. Transfuge du PSU, entré au PS en 1974, celui-ci a disputé la maîtrise du parti lors du congrès de Metz en 1979 à un secrétaire sortant, François Mitterrand, finalement vainqueur. Rancunier, ce dernier n'a pas oublié que, ministre de la Justice du temps de la guerre d'Algérie, il avait été qualifié d'« assassin » par le jeune haut fonctionnaire faisant alors ses premières armes en politique. À l'automne 1980, Michel Rocard est reçu rue de Bièvre par un François Mitterrand désireux de tester sa détermination. Le maire de Conflans-Sainte-Honorine, qui s'est lancé dans la course à la présidentielle le 19 octobre précédent, sort rassuré sur les intentions de son concurrent. « Enfin, nous nous sommes compris. [...] Je ne suis pas certain qu'il sera candidat contre moi[10] », rapporte Rocard à Jacques Attali à l'issue de la rencontre dont ce dernier est l'initiateur. Mais ce jeu de dupes révèle l'impéritie de Rocard qui a commis une faute tactique en sortant du bois trop tôt, face à un Mitterrand, matois, maître du temps ménageant son effet.

C'est dans un bastion de la culture ouvrière, Carmaux, que Mitterrand choisit de prononcer un discours majeur le 9 novembre 1980. Tel est l'acte 1 de la campagne électorale, au lendemain de l'annonce devant le comité directeur du PS de sa candidature en vue de l'élection présidentielle de 1981, son challenger Michel Rocard se résignant alors à s'effacer devant le Premier secrétaire.

La salle carmausine de la Verrerie est décorée de drapeaux rouges et d'un rideau de la même couleur devant lequel doit s'exprimer le candidat, au grand dam de Joseph Daniel, communiquant parisien chargé de l'organisation de la réunion : « Alors que Mitterrand est décrit comme l'otage des communistes, j'imagine les indignations et les polémiques qu'un tel décor peut susciter. [...] On m'explique que "c'est comme ça qu'on fait au pays de Jaurès"[11]... » C'est de l'atmosphère de liesse dont se souvient le directeur de campagne,

10. Jacques Attali, « Mitterrand et les socialistes », *L'Express*, 3 novembre 2005.

11. « Mitterrand dans les pas de Jaurès, *La Dépêche du Midi*, Collection petit illustré n° 30, pp. 16-17.

Paul Quilès, devenu plus tard député-maire de Cordes-sur-Ciel dans le Tarn : « C'était un grand enthousiasme populaire. Mitterrand mettait en avant le caractère minier du bassin et, bien sûr, Jaurès. C'était un moment très fort. Mitterrand disait qu'à la télévision il y avait trop de monde, que ça brouillait les messages. Il voulait se battre sur le terrain, parce que là les gens pouvaient le voir, l'approcher et on avait fait un nombre incroyable de déplacements[12]. »

Dans ce département, où la gauche a remporté des succès lors des cantonales de mars 1979, François Mitterrand vient symboliquement mettre ses pas dans ceux de Jaurès, grand homme du peuple de gauche. Né en 1859, Jean Jaurès demeura toujours un homme de la terre, cette terre du Tarn qu'il foula de ses pieds, noire de charbon dans le bassin minier de Carmaux qu'il représenta à la Chambre des députés de 1893 jusqu'à son assassinat, le 31 juillet 1914. Un ancrage terrien auquel François Mitterrand s'est toujours montré sensible : « Je retiens ces mots de Jaurès : "Je suis, grâce à mes parents, un paysan cultivé[13]" », n'omettant jamais de dresser une part d'autoportrait. Une incarnation du socialisme qui ferait partie des trois grands hommes honorés en mai 1981 au Panthéon par le nouveau président de la République. De symbole, il en sera encore question lorsque François Mitterrand condamnera, au mois d'octobre 1981, le dynamitage à Carmaux de la statue, réalisée en 1923, du fondateur de *L'Humanité* et collaborateur à *La Dépêche*.

Ce même journal fut le seul des quotidiens régionaux à soutenir le « candidat des forces de progrès » contre de Gaulle, lors de l'élection présidentielle de 1965. Une aide due à l'amitié d'Évelyne Baylet, alors que le conseil d'administration de *La Dépêche* ouvre ses portes de 1960 à 1971 à René Bousquet, ancien chef de la police de Vichy et ami de François Mitterrand.

Siège de *La Dépêche du Midi*, la ville de Toulouse, dirigée par le maire SFIO Louis Bazerque (1958-1971), noue une histoire de fidélité réciproque avec François Mitterrand. Candidat à la

12. *La Dépêche du Midi*, édition du Tarn, 5 avril 2007.

13. Allocution de François Mitterrand au musée Jean Jaurès de Castres, 16 novembre 1988.

présidentielle, il y tient un meeting au Parc des expositions, en décembre 1965. Les électeurs toulousains le placent devant de Gaulle au premier tour de scrutin (38, 6 % contre 36, 2 %) avant de lui donner la majorité absolue au second, avec 55, 38 % contre 44, 62 % au président sortant, par ailleurs réélu. Profitant de cette dynamique, le fidèle André Rousselet est élu député (FGDS, gauche non communiste) de la Haute-Garonne, en 1967. Attaché à la ville rose, François Mitterrand prend l'habitude d'y achever ses campagnes présidentielles, comme il le fait le 3 mai 1974 et encore le 24 avril 1981, à la veille du premier tour, dans un stade comble. Une tradition à laquelle il ne dérogera pas, lorsque candidat à sa réélection, il se rend dans la ville rose, le 6 mai 1988.

Fin connaisseur de la carte électorale, il en maîtrise les moindres subtilités, jusqu'au canton le plus reculé. Ce territoire, les socialistes, au premier rang desquels leur premier secrétaire, l'ont labouré, sillonné, afin de voir germer leurs idées et d'en récolter les fruits dans les urnes. « La première nationalisation réussie était celle du PS, pénétrant l'Ouest catholique et conservateur jusqu'au bocage vendéen, ébranlant l'Est nationaliste et modéré, posant quelques jalons à Paris, poussant quelques pointes dans l'aimable et languide Val de Loire, arrondissant ses fiefs nordistes, ses bassins aquitains, béarnais, limousins ou gascons, faiblissant seulement, mais sans céder, sur les bordures méditerranéennes[14] », écrit Alain Duhamel en 1982.

14. Alain Duhamel, *La République de M. Mitterrand*, 1982, Paris, Grasset, p. 15.

6

LA NIÈVRE, TERRE D'ÉLECTION

C'est l'histoire d'un ancrage patiemment construit au fil des décennies que narre François Mitterrand, se constituant ainsi, avec sa terre natale charentaise, une double assise territoriale provinciale complémentaire à la centralité politique parisienne. Être enraciné dans la France rurale est un atout électoral sans lequel ne peuvent se bâtir les grandes carrières politiques nationales, comme Valéry Giscard d'Estaing, amarré au Puy de Dôme, ou Jacques Chirac à la Corrèze. Une « mythologie française » qui se poursuivra jusqu'à ce que Nicolas Sarkozy, maire de Neuilly-sur-Seine, banlieue aisée de l'ouest parisien, n'y mette symboliquement fin. François Hollande en est d'une certaine façon le dernier représentant avec la Corrèze.

Suivant les conseils d'Henri Queuille, fin connaisseur des questions électorales au Parti radical, le jeune Mitterrand, qui a connu l'échec en banlieue parisienne, se trouve ainsi parachuté dans la Nièvre. Venu pour se présenter aux élections de novembre 1946, sa voiture avale les kilomètres, les villages défilant au gré des routes sinueuses, à la rencontre des bataillons d'électeurs, paysans ou notables. Un chemin de croix qui s'avérera porteur.

Positionné politiquement au centre-droit, voire à droite, son programme rejetant les trois grands partis (communiste, socialiste, MRP démocrate-chrétien), est soutenu par les notables conservateurs, dont les médecins et professions libérales. Le candidat est parrainé localement par Edmond Barrachin, fondateur du Parti républicain de la liberté, une formation se plaçant très à droite sur l'échiquier politique. « Dans sa profession de foi, on trouve la mémoire de la Résistance qui intègre toutes les tendances, y compris vichysto-résistante. Aussi, son programme s'inscrit-il dans un anticommunisme prononcé. Et cela fonctionne bien puisqu'il est élu député dès 1946 alors que personne ne le connaît et que les RG ne savent pas écrire son nom[1] », analyse l'historien nivernais Jean Vigreux.

Entre Yonne et Armance, c'est à Champagne, commune de Metz-le-Comte, qu'ils louent dès 1946 une maison avec Danielle. Niché sur un plateau, le hameau est rehaussé d'une butte nommée « la Montagne », culminant modestement à 300 mètres. Du haut de celle-ci l'élu aime admirer la vue unique sur le Morvan, où se dressait un château fort dont le seul témoignage demeure une chapelle du XIIe siècle, séparée d'une quinzaine de kilomètres seulement de Vézelay. Surplombant l'Yonne, c'est une « petite maison » comme dit Marguerite Duras, rencontrée dans la Résistance en 1944, à qui il la prête en 1947, lorsqu'elle devient mère. Une résidence qu'il abandonne ensuite, car trop ventée et peu commode, d'autant qu'une fois élu, sa famille finira par demeurer à Paris.

Affinités électives

C'est à cette époque que François Mitterrand rencontre des habitants du cru qui deviendront ses amis politiques, et parfois des intimes. Dès 1946, il a ainsi fait connaissance avec Camille Marchand, sabotier dans le hameau de Gouloux. Né en 1915, agent de liaison dans la Résistance, l'artisan, socialiste depuis le Front populaire, aimait ainsi à rappeler en souriant qu'il l'était bien avant Mitterrand. Conduisant le candidat dans sa 203, le sabotier a occupé les fonctions de maire de sa commune morvandelle de 1954 à 1995. Nivernais d'adoption, celui que ses adversaires politiques prennent, ici, un malin plaisir à appeler « le Charentais » se nourrit auprès de ses amis de l'identité locale qu'il fait sienne. « Je me suis fait expliquer quand acheter le bois, le couper pendant qu'on pouvait distinguer la montée de la lune, ou pendant sa descente, le bois qui tenait, le bois qui cassait… […] J'ai un peu accru mon

1. Jean Vigreux, « Du centre droit à la rose », Revue *L'Actualité Nouvelle-Aquitaine*, 21 juin 2017.

bagage grâce aux enseignements de Camille Marchand, sabotier du Morvan », confiait en 1993 à l'Élysée le Président, alors qu'il décorait son ami de la Légion d'honneur.

Renforçant peu à peu la vigueur de son enracinement, il est élu conseiller municipal de Nevers, en 1947, et devient conseiller général du canton de Montsauche-les-Settons, en 1949, après avoir battu le communiste Jules Bigot. L'année suivante, il refonde le journal *Le Courrier de la Nièvre*, disparu en 1883, et en fait l'organe des socialistes locaux. Il est réélu en juin 1951, puis en 1956. Une élection à laquelle il s'est présenté, fort de l'aura d'un dirigeant de parti, alors qu'il a été élu à la tête de l'UDSR, trois ans plus tôt.

Chauffeur et « porte-coton », selon ses mots, le jeune André Rousselet est gratifié d'un emploi de complaisance aux PTT, lui laissant tout le temps de participer aux combats électoraux.

En ce glacial mois de décembre 1955, le candidat Mitterrand mène campagne tambour battant, sillonnant les routes, de petites villes en villages, de préaux en cour de fermes, de mairies en salles communales, courant après le temps et les suffrages pour conduire des réunions devant quelques dizaines d'électeurs. De l'étable à l'estrade, la joute électorale est des plus âpres ; venus des rangs poujadistes, les coups pleuvent et les réunions publiques sont systématiquement perturbées. L'agitateur Pierre Poujade jubile de pouvoir venir affronter un ancien ministre sur le terrain. À Lucenay-lès-Aix, au cœur du Morvan, lors d'un meeting se tenant le 14 décembre, un jet de bouteille atteint Mitterrand à la tête, ce qui ne l'empêchera pas d'être réélu député le 2 janvier suivant.

Des élections à répétition font que cantons et circonscriptions n'ont plus de secret pour lui. Mais s'il parvient à s'enraciner, politiquement d'abord, la dimension humaine et affective est loin d'être absente de cette histoire. Un bon représentant doit être à la fois meilleur que nous et comme nous : c'est une idée communément partagée par les électeurs. Être comme eux, c'est trinquer quand on y est invité dans le troquet du village où l'on boit un verre de rouge, Mitterrand optant pour l'eau ou pour le Vittel-cassis, pouvant donner par sa teinte l'impression qu'il s'agit de vin. Volontiers distant, François Mitterrand sait aussi se montrer proche des gens, sa prodigieuse mémoire lui permettant d'interpeller par leur prénom un grand nombre d'électeurs. Plus que tout, il aime à venir goûter auprès de ses amis locaux aux joies de la « vraie vie ». Car dans la Nièvre, il n'est plus un étranger, mais un fils adopté. Il s'y est enraciné, s'y est fait des amis chers, comme les Lagarde, rencontrés dès 1946, les Chevrier, les Maringe ou les Bernigaud, qui vivront son ascension politique nationale par procuration.

Le sabotier de Gouloux et les cartes du monde

Signe d'une sincère fidélité, François Mitterrand, devenu Président, gratifiera quelques-uns de ses amis nivernais de cartes postales de ses voyages officiels. Déjà établie durant les décennies 1960 et plus encore 1970, où de nombreux déplacements l'emmenaient dans les pays de l'Internationale socialiste, cette tradition se perpétuera, une fois chef de l'État. Il trouvera, en effet, toujours quelques instants, y compris lors des sommets internationaux, pour griffonner un petit mot à leur attention. « De l'Inde je n'oublie pas le Morvan », ou encore « De Madrid à Gouloux, pensée fidèle », tels sont les messages écrits de la main de François Mitterrand au dos des 137 cartes postales adressées entre 1964 et 1995 au sabotier de Gouloux, qu'il invita lors de son investiture à l'Élysée. Un maire du Morvan sans cesse réélu depuis 1954, auquel le Président écrivait encore, le 11 mars 1989 : « Bonne chance pour demain », à la veille de nouvelles élections municipales.

D'autres vieux amis du Morvan, évoquant « François » ou « le Président », bien avant qu'il accède à l'Élysée, recevaient ces marques d'attention, écrites au dos de cartes expédiées du monde entier avec des adresses approximatives telle « 58 Nièvre-France ». C'est le cas de Charles Lyron, confiseur à Nevers et président de l'association des « Amis de François Mitterrand », qui conservait les cartes reçues depuis 1956. Lorsqu'il n'écrit pas ses pensées, le président Mitterrand passe un coup de téléphone, histoire de garder la Nièvre en ligne directe, voire rendre visite à ses proches, comme Ginette Chevrier, si fidèle qu'elle lui a réservé une pièce dans son appartement, à la vente du

Vieux-Morvan, signe d'un va-et-vient entre la vie publique, nationale et internationale, et la politique locale, jusqu'à l'amitié et l'intimité.

Ce réseau amical, il pourra s'y appuyer lorsque, défait aux législatives en 1958, il se fait élire sénateur en 1959. La Nièvre est ainsi une base arrière politique permettant de se refaire en cas de basse-marée, en conservant mandats et indemnités. Ici, on est bien loin des turbulences de la vie politique parisienne, même si elle n'est jamais totalement absente des préoccupations du candidat s'enquérant de l'avis des personnes rencontrées sur les questions nationales ou internationales : il n'y a de meilleur sondage que ceux du terrain. François Mitterrand soigne son implantation locale, réélu député en 1962 et porté dès 1960-1961 à la présidence de l'association départementale des maires. Un tremplin qui l'aidera à obtenir celle du Conseil général de la Nièvre, en 1964, renforçant encore son emprise sur le département, alors que l'homme s'est repositionné politiquement à gauche.

« Vous voyez, celui-là, c'était le premier socialiste ! », lance-t-il un jour de 1974 au maire d'Anthien en désignant le grand crucifix noir rivé au mur de la salle des délibérations de la mairie, en dépit de la séparation de l'Église et de l'État. Mais alors que prédomine une morale conservatrice, affleure sous le costume du politicien le fol appétit de vivre d'un homme aimant les femmes. Car, sensible au charme discret de la bourgeoisie, François Mitterrand l'est plus encore à celui de la bourgeoise, ne boudant pas plus la compagnie féminine dans la Nièvre qu'ailleurs. Laissons à l'ancienne ministre chiraquienne, Roselyne Bachelot, le soin de conter un épisode croustillant, révélé dans *La petite fille de la V*^e^ : « Les élus, les patrons, les curés mais aussi les femmes chaviraient. Le futur président de la République avait un charme ravageur, toutes en étaient folles et il multipliait les conquêtes. Il était de notoriété publique qu'il avait pour maîtresse l'épouse d'un marchand de bestiaux du Bazois. Le maquignon étant parti avec son troupeau pour Paris, l'épouse, pensant être tranquille, fit un jour venir son amant à la maison. Quand, dans la nuit, le cocu rappliqua, Mitterrand dut se résoudre à sauter par la fenêtre et explosa la verrière en contrebas avant de prendre la fuite en se blessant assez sérieusement au visage. Le lendemain, on le voyait à la foire du chef-lieu, le visage couturé mais avec de grandes lunettes noires, souriant et serrant les mains le plus naturellement du monde[2]. »

Séducteur, François Mitterrand ne cessa jamais de l'être, pesant ses chances à chaque nouvelle rencontre féminine, comme en témoignent de multiples anecdotes. Ce jour de 1965, à quelques mois de l'élection présidentielle, le candidat sort d'une salle des fêtes des environs de Nevers où il a tenu la tribune. Parmi les journalistes qui se pressent autour de lui, il en est une qui retient davantage son attention. « Venez, Jacqueline, je vous emmène avec moi », lance-t-il d'un ton décidé à celle-ci. « Enchantée » par l'invitation, celle-ci monte dans sa voiture. Au bout de quelques kilomètres parcourus sur la route nationale, Mitterrand qui lui fait depuis quelque temps une cour assidue, bifurque brusquement vers un petit chemin forestier. « Mais qu'est-ce qui vous prend, Président ? », se défend Jacqueline Chabridon face au très entreprenant président du conseil général de la Nièvre, soudain vexé. Pour la petite histoire, relatée par Renaud Revel, dans *Les Amazones de la République,* la jeune femme fera, quelques années plus tard, tourner la tête d'un autre homme politique de premier plan, Jacques Chirac, homme marié avec lequel elle entretiendra une liaison passionnée.

« Il en parle en maître, amoureux de ses succès autant que de ses collines, l'œil allumé et la bouche sensuelle. Chaque village évoque des comices agricoles, une belle aubergiste, un vieil ami des camps de prisonniers », relate Raphaëlle Bacqué selon laquelle « la Nièvre est son berceau d'élection et son repos du guerrier[3] », tant il est vrai qu'en Morvan il a trouvé une patrie intérieure.

2. Roselyne Bachelot, *La petite fille de la Vᵉ,* Paris, Flammarion, 2015.
3. Raphaëlle Bacqué, *Le dernier mort de Mitterrand*, Paris, Grasset, 2010, p. 74.

Une « géographie personnelle »

Visitant chacune de « ses » communes du canton de Montsauche, réunissant le conseil général à Nevers, administrant Château-Chinon à 70 kilomètres de là, François Mitterrand aura inlassablement labouré ce coin de France, sans jamais cesser, en parallèle, de sillonner l'ensemble du pays.

Engagé dans la vie politique nivernaise, par hasard ou presque, il ne ménagea pas sa peine pour s'y faire accepter et s'y faire élire. Montsauche, Monsouèsse pour les locaux, en bourguignon-morvandiau, est l'une de ces communes, avec Planchez, Moulins-Engilbert, Decize, ou encore Dun-les-Places, à faire partie de son environnement familier, dans ce département qu'il parcourt, s'il n'est pas conduit, au volant de sa traction, puis sa « pantoufle », surnom qu'il donne à sa DS. « Il disait toujours à son chauffeur : "Roulez doucement pour que je puisse regarder le paysage", c'est pour cela qu'il était toujours en retard aux réunions, d'ailleurs[4]», se souvenait Joseph Lambert, conseiller général de Moulins-Engilbert, commune où se tient le « cadran », marché aux bestiaux renommé en cette terre d'éleveurs.

Ainsi, par monts et par « veaux », François Mitterrand n'en continue pas moins de parcourir le terreau agricole nivernais, comme en ce jour d'août 1956, où, ministre d'État de la Justice du gouvernement de Guy Mollet, il visite, en compagnie de journalistes de radio, le comice agricole de Montsauche, commune dont il est conseiller général et qui porte encore les stigmates de la guerre. « Le Morvan est un pays qui souffre, une terre rude [...] où seul le bois, quelques céréales et la pomme de terre sont les bases de notre économie[5] », explique alors l'élu local, tenant à montrer, autour de l'agriculture, le renouveau qu'il entend incarner.

La Nièvre est aussi un lieu de ressourcement. C'est une bouffée d'air pur, une respiration que vient chercher, ici, le politicien.

4. Jean-Marie Pottier, « L'envers de la "force tranquille" de François Mitterrand », slate.fr, 11 avril 2011.

5. François Mitterrand à Montsauche, RTF, 12 août 1956.

« Il quittait Paris et venait dans le Morvan pour se détendre. Château-Chinon, c'était sa maison de campagne[6] », expliquait André Vailleau, inspecteur départemental de l'Éducation nationale. L'homme apprécie les épaisses forêts du Morvan, et plus encore les promenades autour de son étang de Planchez, miroir d'eau reflétant les houppiers des arbres autant que les humeurs du ciel. Venu originellement dans ce département afin d'y être élu député, il l'éprouve depuis corps et âme, l'explorant dans ses profondeurs au cours des fins de semaine qu'il y passe plusieurs décennies durant. Ainsi, ce dimanche 30 janvier 1972 : « Je visite trois communes, Cervon et Anthien, près de Corbigny, Moissy-Moulinot, la plus petite de la Nièvre, avec ses vingt-six habitants dans le canton de Tannay[7]. »

Source de succès politiques, cette région est aussi synonyme d'une certaine souffrance, d'un « mal physique » même, comme il l'écrit le 29 juin 1964, alors que sa terre d'élection l'éloigne de Paris et donc de la jeune Anne… Aussi l'encourage-t-il à venir l'accompagner dans le Morvan, afin de le lui faire connaître : « Je pensais à la joie que j'aurais à vous raconter l'histoire de la route : Sens, la Bourgogne, Auxerre et Saint-Germain et ses tapisseries, Vézelay, Théodore de Bèze, Romain Rolland, le rude Morvan des Éduens, premiers alliés de César contre… Vercingétorix. Surtout je pensais à l'histoire de ma route, géographie personnelle qu'il fait bon découvrir à qui l'on aime ouvrir ses trésors et sa pauvreté[8] », lui écrit-il en janvier 1964.

À Paris, le dirigeant politique se montre si attaché à son fief électoral qu'il se dit qu'il « peut choisir un collaborateur sur le seul critère que celui-ci a évoqué une grand-mère nivernaise[9] ». Nommé le 1er mai 1968 directeur adjoint du cabinet du préfet de la Nièvre, Jacques Attali, qui sera plus tard l'un de ses fidèles, dépeint un homme que tout le monde appelle « président », mais qui précisément vient « fort peu à Nevers » présider de « rares

6. Jean-Michel Dury, « François Mitterrand, une vie en Bourgogne », documentaire, 2011.

7. François Mitterrand, *Lettres à Anne*, *op.cit.*, p. 976.

8. François Mitterrand, *Lettres à Anne*, *op.cit.*, p. 75.

9. Raphaëlle Bacqué, *Le dernier mort de Mitterrand*, *op.cit.*, p. 74.

sessions du conseil général[10] », bien que connaissant tout des élus et de leurs cantons.

« Voyage au bout de l'ennui », tel est l'esprit de ses écrits lorsqu'il narre, à titre privé, les sessions du conseil général de la Nièvre. L'homme politique, qui croit à son destin national, décrit comme interminable le temps consacré aux réunions de l'institution départementale. Pire encore, il dépeint comme une souffrance ses séjours dans la préfecture de la Nièvre, détenue par l'UNR, dont il ne goûte guère le charme et où il dort, lorsqu'il y est contraint, à l'Hôtel de France. « Nevers présente la caractéristique de n'offrir que peu de débouchés aux palais délicats. C'est au Terminus, restaurant décoré d'un flot de fleurs artificielles grimpantes, rampantes, retombantes et de poissons en celluloïd que s'est attablé un petit groupe de conseillers généraux parmi lesquels celui dont je vous narre les menus faits et gestes. » Une narration confidentielle, destinée à la seule attention de sa maîtresse de l'ombre, qui se poursuit dans les rues de la préfecture nivernaise, et dont n'effleure qu'un condescendant mépris : « Le café ingurgité, le député est parti seul, à pied. Il aime la marche et, par un après-midi grognon et gris, il a remonté la ville. Au passage, il a peu admiré l'architecture alentour, typée sur ces affreuses cités du centre de la France que le Moyen Âge avait cependant adornées de monuments estimables. Des magasins prétentieux ; le terrifiant crépis couleur ciment étalé à l'envi (je ne connais rien d'aussi répugnant, sinon la pierre meulière d'Île-de-France) ; des enseignes et des vitrines, phares du mauvais goût ; des maisons qui sentent le style notaire. Quelle peine d'avoir à vivre en retenant le souffle de peur de respirer la contagion de la petitesse, de l'avarice, de la jalousie, du cœur sec ! Nevers a une belle façade, du côté du pont de Loire. C'est tout, archi-tout. Au dedans, les viscères l'emportent sur les organes nobles. La laideur de Boulogne-Billancourt offense moins, puisqu'elle se sait laide[11]. »

Si à Nevers, il échoua à deux reprises lors des élections municipales, la faute selon ses dires à un électorat « mouvant comme les sables de la Loire », au contraire du granit du Morvan, il y

10. Jacques Attali, *op.cit.*, p. 21.

11. François Mitterrand, *Lettres à Anne*, *op. cit*, p. 76.

fut cependant conseiller municipal de 1947 à 1959. Après cette histoire contrariée, il fit de Château-Chinon son choix de cœur ou de raison, marquant la ville de son empreinte.

À la tête de Château-Chinon (1959-1981)

La politique nationale s'appuie sur ces racines locales, et en cette fin des années 1950 il est nécessaire à François Mitterrand de conforter son ancrage dans la circonscription. Pour cela, il doit conquérir une mairie. Après avoir envisagé celle de Clamecy, c'est sur une autre ville que le choix se porte. « Il pensait que Château-Chinon était phonétiquement et médiatiquement plus porteur. Château-Chinon avait quelque chose de noble et d'historique », expliquait l'ancien sénateur René-Pierre Signé. Il est ainsi élu maire en mars 1959, prenant la ville à un socialiste, ce qui lui permit d'être élu sénateur un mois plus tard. Il en demeurera le premier édile jusqu'à son accession à la présidence de la République, en mai 1981. « Au travers de Château-Chinon, j'ai bien souvent compris la France », disait François Mitterrand, qui en tirait de la légitimité aux yeux des Français et des élus.

Inscrite sur les listes électorales de la commune, son épouse Danielle vient, dès que possible, accompagner son époux pour la cérémonie d'hommage à Dun-les-Place, village martyr se souvenant, chaque 26 juin, des 27 hommes massacrés par les nazis en juin 1944. Les deux fils Mitterrand, Gilbert et son aîné Jean-Christophe, sont mariés par leur père à Château-Chinon. Mais cet ancrage électoral nivernais est l'histoire personnelle de l'homme politique, bien plus que celle d'une famille, ce en quoi abonde le témoignage du cadet : « La Nièvre, c'est son parcours, sa terre d'adoption. Ce n'était pas notre terrain commun. La Nièvre, c'est l'histoire politique de mon père. J'y ai passé des vacances dans la maison que mes parents louaient à Champagne. Y ai gardé des amitiés auxquelles je reste fidèle. Je m'y suis marié, à Château-Chinon. Mais la Nièvre est un parcours qui est celui de mon père, auquel nous nous sommes associés par événements, par épisodes[12]... »

12. Interview de Gilbert Mitterrand, *Le Journal du Centre*, 8 janvier 2016.

En Haute-Saône : à Cluny, chez les Gouze

Gilbert Mitterrand a bien plus d'attaches en Bourgogne, et plus précisément à Cluny, en Saône-et-Loire, terre maternelle. En cette fin de décennie 1950, l'enfant qui y est initialement conduit pour soigner des otites à répétition, y passera au final près de quatre ans auprès de sa grand-mère, son grand-père, Antoine Gouze, décédant en 1958. Le jeune garçon reçoit les visites régulières de sa mère, et celles, plus espacées, de son père, venant déjeuner autour d'un poulet à la crème, une fin de semaine sur trois. En cas d'indisponibilité, le député de la Nièvre délègue son suppléant, Pierre Saury, accompagné de son épouse, devenant pour l'occasion père de substitution au repas de famille du dimanche…

Située un peu à l'écart de la ville, route de Salornay, la maison familiale a été rebaptisée « ROMADA », reprenant les premières lettres des prénoms de Roger, Madeleine et Danielle, enfants d'Antoine et Renée Gouze. Né à Cluny en 1885, Antoine Gouze avait ensuite suivi ses parents à Chalon-sur-Saône. C'est là qu'il rencontra Renée Flachot, institutrice née en 1890, à Auxonne en Côte d'Or, dont le père cheminot avait été muté en Saône-et-Loire.

Chez les Gouze, l'accueil est chaleureux, il l'a été pour le jeune Mitterrand lorsqu'il est entré dans la famille. Le couple d'enseignants appréciait à sa juste mesure sa subtilité et son acuité intellectuelle. Quand à Cluny, sonne le 171, le téléphone de la maison, il est de plus en plus fréquent que l'on cherche ainsi à atteindre leur gendre. Chaque année à la Pentecôte, celui-ci réunit son cercle intime, avant l'ascension, de plus en plus courue, de la Roche de Solutré…

Les deux garçons ont, en effet, dû se passer de la présence de leur père, celle-ci se réduisant à des poignées d'instants volés dont chacun doit compenser en intensité ce qu'il ne peut atteindre par sa durée. Mais Gilbert Mitterrand évoquait « non pas un père absent, mais un père physiquement pas toujours présent[13] », celui-ci lui ayant semble-t-il instillé quelques rudiments de langue de bois.

La chambre 15 de l'hôtel du Vieux Morvan

Tout, ici, semble fait pour plaire à François Mitterrand, à commencer par le nom, fleurant bon la France d'antan : Au Vieux Morvan. Il s'agit pourtant d'un bien modeste hôtel aux minces cloisons, à l'image de cette petite chambre de 10 m², portant le n° 15, où il s'est installé dès 1954. C'est peut-être la vue, exceptionnelle sur l'horizon du Morvan, des montagnes du Haut-Folin, du mont Préneley et au loin de son cher mont Beuvray qu'il aime à admirer au petit matin depuis la fenêtre, à l'heure où les premiers rayons de soleil éclairent la pièce. De cette chambre tapissée d'un papier beige à fleurs bleu pâle et meublée d'une table en formica sur laquelle il écrit, il fait son quartier général, complété du salon de l'établissement où il prend pension.

« Je n'ai pas de maison, ici, et n'en veux pas avoir[14] », énonce-t-il depuis le Vieux Morvan, au début des années 1960. Signe de sa volonté de dissocier famille et activité élective, François Mitterrand n'a jamais souhaité acquérir de résidence dans la Nièvre. Jamais ou presque, car en 1964, une dizaine d'années après avoir posé ses valises dans son étroite chambre d'hôtel, il songe à s'installer de manière plus durable et plus confortable, en achetant une grange abandonnée à Glux-en-Glenne : « Sans doute n'en ferai-je jamais rien. J'aime songer qu'en l'aménageant, j'y vivrais une vraie solitude au soir de mes samedis harassants[15]. »

Il n'en fera rien, en effet, et perpétuera un rituel immuable, celui d'attendre ses résultats électoraux au Vieux Morvan, jusqu'au triomphe de 1981. Ce soir-là, il y murmure à l'oreille de son épouse : « Que nous arrive-t-il mon Danou ? » Le temps d'un instant, Château-Chinon

13. Gilbert Mitterrand : « Je n'ai jamais voulu tuer le père », *Charles*, n° 16, 6 janvier 2016.

14. *Lettres à Anne*, *op.cit.*, p. 51.

15. *Ibid*, p. 97.

devient la capitale de la France. S'étant lié d'amitié avec les propriétaires, François Mitterrand compte Jean Chevrier, patron de l'hôtel depuis 1951, parmi ses adjoints à la mairie. Président, il l'accompagnera, en 1985, jusqu'à son dernier souffle, quittant l'Élysée pour venir à son chevet, parfois même plusieurs fois par semaine. Ginette Chevrier, retirée en 1986, conservait avec la plus grande discrétion la photographie d'une enfant, « jolie petite brunette frisée » attablée avec son père, aux côtés de Jean Chevrier ainsi qu'André Rousselet, car la petite Mazarine venait parfois, en compagnie de sa mère, au Vieux Morvan, pied-à-terre nivernais de son père…

S'il connaît bien le département, la Nièvre sait au contraire bien peu de choses à son sujet… Le secret, c'est d'abord sa fille cachée dont l'existence n'est révélée, dès la naissance, qu'à de très rares fidèles. C'est le sens du témoignage de Guy Roux, l'emblématique entraîneur bourguignon de l'AJ Auxerre, dont l'équipe de football vient effectuer des mises au vert à Château-Chinon : « Un soir de décembre 1974, le patron du Vieux Morvan annonça sur un ton mystérieux que le président du conseil général, c'est-à-dire François Mitterrand, offrait une tournée à tous ceux qui se trouvaient dans l'établissement. Il fallait que chacun se tienne prêt. À ma grande surprise, personne ne prit la parole pour le discours que tout le monde attendait. Mais pourquoi un tel silence ? On buvait sans raison apparente ? J'avais cherché la cause qui justifiait ces réjouissances, sans que l'explication ne me soit explicitement communiquée. La direction me souffla simplement, d'un air entendu : « Le président est papa. » Je n'appris que très longtemps après quel enfant nous avions eu l'honneur de fêter[16]. »

C'est à l'occasion du critérium de Château-Chinon que Guy Roux, féru de cyclisme, avait réellement découvert la ville. François Mitterrand lui-même ne manque pas une occasion de suivre cette épreuve qui constitue un moment fort de la vie de la commune en rassemblant jusqu'à 20 000 spectateurs : c'est « l'événement sacro-saint », « le jour sommet de l'année pour Château-Chinon[17] », qu'il décrit ainsi le 2 août 1965

16. *Le Parisien*, 11 avril 2014.
17. François Mitterrand, *Journal pour Anne*, *op. cit.*, p. 346.

Ayant forgé sa légende durant le Tour 1964, au coude à coude avec Jacques Anquetil dans l'ascension du Puy-de-Dôme, Raymond Poulidor prendra part à de nombreuses reprises au critérium de Château-Chinon, doté de belles primes. Une épreuve qu'il remporte en 1974, sous les yeux du président du conseil général de la Nièvre, admiratif de sa « poupoularité », selon le mot d'Antoine Blondin. Issu d'une famille de métayers de la Creuse, le patronyme du cycliste en vient à désigner, chaque année, plus encore, un sportif souvent placé, jamais gagnant, dans cette France des premiers directs télévisés. « Savez-vous qu'un journal m'a surnommé “le Poulidor de la politique “[18] ? », déclare au coureur vedette le socialiste qui vient de subir sa deuxième défaite aux élections présidentielles. C'est dans un article de *L'Équipe* dans lequel le journaliste Michel Clare évoquait « la force tranquille de Raymond Poulidor » que le cycliste imaginait la genèse du slogan socialiste victorieux de 1981, lui qui serait décoré de la Légion d'honneur, à l'Élysée, le 21 mai 1984.

La Nièvre, un laboratoire politique

C'est sous l'étiquette du Rassemblement des gauches républicaines (RGR), membre de l'une de ses composantes, l'Union démocratique et socialiste de la Résistance (UDSR) que François Mitterrand se présente aux élections législatives de 1946. En dépit de son appellation, le RGR est situé à droite de l'échiquier politique, faisant campagne contre les communistes et les nationalisations.

Au scrutin à la proportionnelle de listes départementales de la IVe République, la Ve a substitué une élection au suffrage uninominal à deux tours, porteuse en germe d'une bipolarisation. Avec ces bouleversements institutionnels, l'homme se veut le rassembleur de la gauche anti-communiste. Ce qui conduit le politicien à échafauder une savante stratégie locale d'union des gauches. En mars et avril 1959, c'est avec les voix du Parti communiste français qu'il est élu maire de Château-Chinon et

18. Raymond Poulidor, *Champion !*, Paris, Le Cherche Midi, 2015, 368 p.

sénateur. « Pour arriver au pouvoir, il faut faire bloc contre bloc, gauche contre droite. Mitterrand le comprend très vite. Il utilise la Nièvre comme un laboratoire de cette stratégie, qui l'amène à la conquête du pouvoir local, mais qui, en même temps, ouvre ce long parcours qui amènera au Programme commun de la gauche jusqu'à la victoire de 1981. La Nièvre a été le terrain d'expérimentation de cette alliance[19] », analyse l'historien Jean Vigreux. Celle-ci porte ses fruits dès 1965 et son élection à la tête du conseil général.

Bien qu'ayant finalement opté pour Château-Chinon, Mitterrand n'a pas totalement renoncé à dominer politiquement Nevers qui n'avait pas voulu de lui. C'est comme un service qu'il demande à Louis Mermaz, présent à ses côtés pour fonder la Convention des institutions républicaines l'année précédente, d'y briguer la mairie en 1965. Une candidature qui connaît un échec sévère au premier tour alors que le PCF, la SFIO et le PSU, conduisant leur propre liste d'union, ne parviennent pas à faire battre le maire sortant, l'UDR Jean-Louis Ramey. Et pourtant, quelques mois plus tard seulement, François Mitterrand était le candidat de l'Union de la Gauche à la présidentielle…

Une empreinte locale

Château-Chinon est nichée au cœur des monts du Morvan que François Mitterrand affectionne tant. Son désir de dynamiser ce territoire se traduit notamment par son appartenance au cercle d'élus locaux, à l'origine du Parc naturel régional du Morvan, créé en 1970. À la croisée de la préservation des paysages et du développement local, les PNR sont alors une structure innovante, initiés par un décret signé par le général de Gaulle le 1er mars 1967. Cette création a également pour intérêt d'unifier la région du Morvan, en proie à des divisions administratives.

19. « Mitterrand et la Nièvre, un lien singulier », *Le Journal du Centre*, 8 mars 2017.

Attaché à la forêt, Mitterrand l'est particulièrement à celle du Morvan, dont il souhaite conserver les espèces traditionnelles, sans avoir gain de cause, comme il le regrette amèrement dans *L'Abeille et l'Architecte* :

« J'ai vu disparaître en trente ans la forêt celte du Morvan. Je représente ce pays. Je n'ai rien pu faire pour le défendre. Que faire contre la coalition de la loi, de l'administration et de l'indifférence ? Se battre assurément. [...] À quoi bon ces chênes qui exigent un siècle pour la maturité, ces hêtres dont la fibre refuse de s'intégrer aux techniques rentables de la cellulose, ces frênes, ces charmes, ces trembles, ces bouleaux ? Chaque semaine, par centaines d'hectares, la forêt de lumière tombe sous l'assaut des scrapers. Place aux résineux. Que dire aux petits propriétaires du cru ? De 1946 à 1973, le fonds forestier a réservé ses primes et ses prêts aux plants qui poussent vite. Vite, vite, la terre et la sève et le bois doivent plier le cycle des mûrissements au rythme de l'homme pressé. Les grandes compagnies achètent nos collines, rasent nos horizons. J'ai reçu de ma banque parisienne un prospectus qui me vantait le profit à tirer de la prochaine tonte de la forêt de la Gravelle, voisine de Château-Chinon. On ne s'inquiète ni du débit des sources, ni de l'acidité des sols, ni du climat qui change, ni du gibier qui fuit, ni des oiseaux qui se sont tus[20]. »

François Mitterrand écologiste avant l'heure ? La question des forêts du Morvan demeure une réelle préoccupation, ainsi qu'un numéro rodé servi à tous les journalistes parisiens venus dans la Nièvre. C'est le cas le jour même de son élection à l'Elysée, le 10 mai 1981. En fin d'après-midi, alors qu'il est en conversation avec les journalistes Ivan Levaï et Anne Sinclair, son jeune chef de cabinet Jean Glavany s'empresse de lui glisser à l'oreille la grande nouvelle : il a remporté l'élection ! « Ah bon ! », se contente de répondre, laconique et tout en maîtrise de soi, le nouveau président de la République… Un nouveau Président que la Nièvre, par ses bulletins de vote, a accompagné. C'est le cas à Nevers où l'on a voté Mitterrand à 61 %. C'est un peu de ce département rural qui entre à l'Élysée, à l'image de Sermages…

20. François Mitterrand, *L'Abeille et l'Architecte, op.cit.*, p. 295.

Sermages, le village de la force tranquille

Quelques toits d'un village dominés par la silhouette du clocher d'une église romane. En toile de fond, les monts du Morvan se détachent d'un ciel aux tons estompés bleu-blanc-rose. Au premier plan, établi en ce territoire, le portrait de François Mitterrand, respirant la sérénité, accompagné de trois mots en forme de slogan : « La force tranquille ». Le regard profond de cet homme s'étire au-delà du moment présent, comme inspiré par l'horizon. Une carte postale de la France rurale éternelle, d'un pays où le temps paraît s'être arrêté, ancré dans ses racines et ses traditions, que celle d'un paisible village, blotti autour de son église.

Ce visage et ce paysage, destinés à être placardés sous forme d'affiche électorale sur les murs des 36 000 communes de France, c'est une image de marque, une image qui se démarque, créée par le publicitaire Jacques Séguéla. Dans la rudesse de janvier 1981, c'est dans le bastion mitterrandien qu'est la Nièvre que le cliché a été pris, autant par choix que par contrainte. À vrai dire, une tentative, avortée en raison d'un épais brouillard, avait eu lieu avant un meeting dans la Marne, à la cathédrale de Reims, lieu historique des sacres monarchiques.

C'est finalement à Château-Chinon que François Mitterrand a donné rendez-vous, par un frileux samedi matin, pour une séance photographique des plus rocambolesques. Un cortège de trois Volvo noires part pour Sermages, paisible village de 250 âmes, ignorant totalement ce qui se trame à l'écart de leur clocher.

Jugeant son client trop ressemblant à un notable de province, c'est un costume Marcel Lassance, tout droit venu de Paris, que lui fait enfiler Séguéla, quitte à conduire le candidat à se retrouver transi de froid, en caleçon derrière un fourré bordant le chemin herbeux. « Vous avez cinq minutes », lance François Mitterrand, à l'ancien photographe de mode, Patrick de Mervelec, qui obéit sans ciller ; quant au candidat, il cligne sans cesse des yeux. « L'homme tranquille », slogan initial imaginé par l'équipe de Séguéla, en référence au titre du western de John Ford, ne l'est pas véritablement. Le photographe doit l'entraîner à ce qu'il appelle « la respiration du regard », pour l'aider à se détendre. Mitterrand doit regarder la France, droit dans les yeux, tout en prenant un air lointain, porté vers l'horizon. Mais celui-ci est déjà attendu en d'autres lieux, sous d'autres cieux…

Une France de droite pour un candidat de gauche en quelque sorte, telle était bien l'idée de Séguéla. Mais, lorsqu'en février 1981, dans les locaux de la rue de Solférino, l'image est passée au crible par les cadres du parti – Mauroy, Bérégovoy, ou encore Jospin, Joxe et Quilès – personne ne veut de ce cliché jugé trop rural, archaïque et pathétique, voire… pétainiste. Bref, tout sauf socialiste. En lieu et place d'usines, de hauts fourneaux, les ténors socialistes se trouvent confrontés à une église. Quel symbole ! Et encore ces chantres de la laïcité républicaine ignorent-ils qu'au pied du clocher de Sermages, eut lieu une émeute contre l'inventaire des biens du clergé ordonné par la loi de 1905… Quoi qu'il en soit, le vote des caciques du parti tombe comme un couperet : vingt voix contre, aucune voix pour. Mais François Mitterrand, qui s'est opportunément absenté de cette réunion, fait, dès sa réapparition, adopter « La force tranquille ». Avec une condition toutefois, fixée par le candidat lui-même, celle de faire gommer le haut du clocher de Sermages, doté d'une croix. « Je ne veux pas apparaître comme monsieur le curé sur le parvis de son église. Il y a quelque chose de démagogique […] à me transformer en calotin[21] », se plaignait-il. Afin de le satisfaire, le clocher voit sa taille réduite et sa silhouette floutée par la brume. Un flou artistique, à l'image de celui qu'il entretient avec la religion.

Ce cliché, celui d'un « homme ferme sur fond de France douce », selon la formule de Séguéla, constitue-t-il une affiche de droite ? Tel était l'avis de Patrick Devedjian, alors jeune militant RPR venu des rangs de l'extrême droite : « Ses campagnes étaient d'une ringardise absolue. L'histoire de la petite église dans un paysage du XIXe siècle, c'est un truc totalement archaïque. En réalité, c'était malin, parce qu'il préemptait une part de l'identité de la droite, ce côté référence au passé, paisible, la France éternelle qui structure beaucoup les

21. Philip Short, *François Mitterrand, portrait d'un ambigu*, Nouveau Monde, 2015, 891 p.

valeurs de la droite. Une partie de ce qui constituait l'identité de l'adversaire échappe alors à celui-ci[22]. »

Si des études d'impact relativisent la portée immédiate de « La force tranquille » sur l'opinion, cette création demeure bien plus qu'une affiche de campagne, image iconique devenue emblématique d'une élection victorieuse. Mais peut-être, aussi, celle d'une désillusion. « Le résumé du malentendu, c'est cette image de 1981 voulue par Séguéla, cette France rurale avec son petit clocher, qui rassurait[23] », affirme Edwy Plenel. Car cette France imaginaire n'existe plus, ou si peu, elle s'efface devant les villes, les usines…

Un horizon commun mobilisateur, voilà ce que s'emploie à proposer le candidat de la gauche unie, égayant au passage la scène d'un coucher de soleil, emprunté au golfe du Morbihan et à l'album photo de Gérard Colé. Cela n'empêchera pas François Mitterrand, une fois élu, de vanter une affiche authentique : « Cette France-là, elle est réelle aussi. […] C'était une image vraie. Je l'ai trouvée pas mal », explique-t-il au journal *L'Expansion*, en 1984.

Sermages n'en est pas pour autant demeurée l'un des hauts lieux du mitterrandisme. Il faut dire que la commune n'est pas franchement marquée à gauche, et si François Mitterrand y devança Valéry Giscard d'Estaing en 1981, le président sortant y fut battu d'une voix en 1988 par Jacques Chirac. Mais l'édifice roman du XIIe siècle qui ornait l'affiche est demeuré un monument symbolique. C'est « pour des raisons esthétiques » que le clocher fut gommé selon l'explication donnée en 1989 par le Président au maire sans étiquette du village, Jacques Simonot. Ce dernier a intégré la restauration de l'église à son programme électoral et en sollicitant l'Élysée, a obtenu un financement du ministère de l'Intérieur, responsable des lieux de culte.

22. Documentaire « Jour de défaite », Grégory Magne, 2018.
23. W. Karel, « Que reste-t-il de nos amours ? », documentaire.

Fidèle à la Nièvre

« J'ai été vingt-deux ans maire d'une petite commune, mon cher Château-Chinon[24] », rappellera-t-il fièrement en 1994 aux maires de France réunis en congrès. Devenu chef de l'État, François Mitterrand n'en soigne pas moins son image de bâtisseur, voire de visionnaire pour la Nièvre, impulsant la mise en place d'équipements structurants. C'est le cas de la scierie de Sougy-sur-Loire, permettant de transformer sur place le bois coupé, et inaugurée en 1988 en sa présence.

Le président reste attaché à Château-Chinon où le musée du Septennat ouvre ses portes en 1986. C'est dans l'ancien couvent Sainte-Claire, datant du XVIIIe siècle, que sont exposés les cadeaux reçus des chefs d'État étrangers. Usant de sa position privilégiée pour doter la ville de nouvelles activités, il y installe l'imprimerie de l'armée de terre qu'il vient inaugurer en mars 1988. Ce même jour, il dévoile la fontaine commandée aux artistes Niki de Saint Phalle et Jean Tinguely. Rappelant celle de Beaubourg, l'œuvre est installée, selon son souhait, face à la mairie. À l'image de cette création, le souvenir de François Mitterrand reste ancré sur cette place portant désormais son nom, mais c'est pour l'éternité qu'il émit un temps le souhait d'être lié à cette terre du Morvan…

24. François Mitterrand, *Congrès des Maires de France,* novembre 1994.

TROISIÈME PARTIE

EN HAUTS LIEUX

7

LA FRANCE DU PRÉSIDENT MITTERRAND

Le Vieux Morvan exulte ! Il est 20 heures précises. Depuis la fenêtre de son hôtel, le candidat socialiste salue les habitants venus célébrer la victoire. « Sa » victoire. Une force de caractère, une distance par rapport aux choses, le cuir tanné par les épreuves d'une longue vie politique lui permettent d'affecter son détachement et son impassibilité face à ce succès auquel il a voué sa vie entière. Laissons témoigner ceux qui, comme Pierre Joxe, ont vécu l'événement de l'intérieur : « Le soir du 10 mai nous sommes à Château-Chinon, avec Louis Mermaz et quelques autres. Après l'annonce de la victoire, François Mitterrand nous a rejoints à la mairie, sa mairie. La bousculade ! Imprescriptible. Puis nous fonçons vers Paris, sous l'orage. Arrivés au PS, nouvelle bousculade. On a failli mourir deux fois étouffés[1]. »

Sous une pluie battante, le nouveau Président a le plus grand mal à rejoindre la capitale si l'on en croit son chauffeur. « N'écrasez personne », intime-t-il à Pierre Tourlier, son homme de confiance de toujours : « Il y avait tellement de monde dans cette petite cour devant la mairie que les gens s'agglutinaient, s'accrochaient à la voiture. L'un d'eux a retenu l'essuie-glace qui fonctionnait et qui s'est arrêté. Derrière, j'avais une voiture de sécurité, donc on a repris la R30 pour rentrer », témoigne celui-ci. Danielle a pris place sur la banquette arrière. « Ils chantaient l'Internationale, c'est la première fois que j'entendais François

1. « La France envahie par la nostalgie Mitterrand », *Le Journal du dimanche*, 9 janvier 2011.

Mitterrand chanter. [...] Arrivés à un péage, les motards nous font passer.

— Ah, non, on ne commence pas comme cela, on va payer !

— Mais enfin Monsieur, c'est impossible, ils ont bloqué, c'est ouvert.

— On va avoir tous ces motards tout le temps ?

— Vous avez voulu être élu[2] ! »

« À la Bastille ! »

Rentré tardivement de Château-Chinon pour son domicile de la rue de Bièvre, François Mitterrand ne viendra pas célébrer lui-même sa victoire historique place de la Bastille. Sous la pluie, des dizaines de milliers de personnes massées au pied de la colonne de Juillet laissent éclater leur joie. Comme un lointain écho à l'action des révolutionnaires parisiens qui y avaient défié la monarchie, un certain 14 juillet 1789.

Le candidat porte une espérance collective se traduisant par une victoire libératrice pour le « peuple de gauche ». La « Bastoche », place parisienne entourée d'un quartier populaire, est alors le point de ralliement des électeurs qui ont porté François Mitterrand au pouvoir.

Dès 20 heures, Lionel Jospin, premier secrétaire du Parti socialiste, a invité les Parisiens à se rendre au pied de la colonne de Juillet au sommet de laquelle trône le Génie de la Liberté, façon habile de détourner la foule de la rue de Solférino, siège du parti dans le cossu 7e arrondissement, où l'on redoute une trop forte affluence. La fête populaire a été organisée avant même le premier tour, par le directeur de campagne, Paul Quilès, et la jeune Béatrice Marre. Équipés de haut-parleurs et d'écrans géants, deux camions-podium diffusent les chansons et prises de parole de Bernard Lavilliers, Coluche ou Jean-Louis Trintignant, ainsi que les discours de Michel Rocard ou Pierre Juquin pour le PC. La foule en liesse reprend en chœur l'Internationale et Le Temps des cerises.

2. Céline Destève, *La garde rapprochée de Mitterrand*, documentaire, 2009.

Cette alternance, au caractère inédit, a suscité autant d'enthousiasme chez les électeurs de gauche qu'elle n'a éveillé de crainte chez ceux de droite. Et plus encore à Paris, épicentre de l'élection, où l'ensemble de la ville n'a pas vibré à l'unisson. Le comédien Laurent Lafitte, alors âgé de huit ans et issu d'un milieu bourgeois conservateur, se remémore l'événement : « C'était très calme dans le 16e arrondissement. » Un quartier où domine la consternation alors que les échos de joie de la foule dansant place de la Bastille semblent provenir d'une autre planète. « Ils étaient moins bien habillés que nous, mais avaient l'air de beaucoup plus s'amuser[3]. »

Chacun se souvient, en effet, du lieu où il était à cet instant, à la manière de l'écrivaine Delphine de Vigan. Ce 10 mai 1981, ses parents étant divorcés, elle partait en train rejoindre son père en Normandie. C'était un trajet d'un autre temps, sans connexion ni téléphone portable et l'adolescente savait qu'elle n'apprendrait les résultats de l'élection qu'à son arrivée. Mais, après Dreux, le contrôleur, radieux, se charge d'annoncer de wagon en wagon la victoire de François Mitterrand. « Je me retrouvais dans un *no man's land*, entre deux mondes, deux époques. C'était mon adolescence qui, d'un coup, voyait s'ouvrir tous les possibles[4]... »

21 mai 1981, le sacre laïque d'un président de la République

La République semble vaciller sur ses fondations : quatre ministres communistes au gouvernement font figure d'épouvantail. Alors que la situation internationale est marquée par une guerre froide à laquelle le nouveau président américain Ronald Reagan ne compte pas mettre un terme, c'est un choix entre deux types de société qui s'est joué. Avant l'issue du second tour, François Ceyrac, le « patron des patrons », avait déjà mis en garde contre ce programme entraînant le pays « dans la voie du collectivisme ».

3. *M le magazine du monde*, 26 novembre 2016 et Journal télévisé de France 2, 25 septembre 2018.

4. Delphine de Vigan, *Journal du Dimanche*, 21 avril 2019, p. 47.

À l'heure où des tracts émanant des rangs de la droite alertaient du danger de « chars russes sur les Champs-Élysées », Jean d'Ormesson s'alarmait dans *Le Figaro* du 11 avril de voir défiler « des cortèges derrière les drapeaux rouges ». « Le Président est socialiste et la tour Eiffel est toujours à sa place ! », s'écrie un Parisien en ouvrant sa fenêtre le 11 mai au matin, tandis que son voisin s'exclame : « Incroyable ! » ; deux personnages croqués par Plantu à la une du *Monde*, daté du 12 mai 1981.

À l'euphorie de l'alternance, succède rapidement le poids des responsabilités, la légitimité de la gauche à accéder au pouvoir étant traditionnellement contestée. Afin de montrer la pérennité de la Ve République, dont le gaullisme n'a pas le monopole, l'investiture est voulue comme symbolique et solennelle. S'inscrire dans la longue durée de la mémoire nationale passe par une scénographie très précise destinée à graver dans le marbre les premières images du nouveau Président. Cela va le conduire à organiser une entrée en matière savamment orchestrée. Dès le 12 mai, au surlendemain de sa victoire, il évoquait cette volonté rue de Bièvre, à l'attention d'André Rousselet et de Jack Lang. Mais le président sortant joue la montre, retardant la remise des clés du Palais pour organiser un ultime Conseil des ministres, dressant le 20 mai le bilan de la France à l'heure de la passation de pouvoir qui aura lieu le lendemain, à 9 h 30.

Ce jour-là, pour la première fois de l'histoire de la Ve République, un homme de gauche entre à l'Élysée. La Peugeot 604 officielle, dans laquelle a pris place le Président élu, pénètre dans la cour du Palais. « Je pense, dit-il, à ces millions et ces millions de femmes et d'hommes, ferment de notre peuple, qui, deux siècles durant, dans la paix et dans la guerre, par le travail et par le sang, ont façonné l'histoire de France sans y avoir accès que par de brèves et glorieuses fractures de notre société », déclare solennel, durant son discours inaugural, prononcé dans la salle des fêtes de l'Élysée, le vingt et unième président de la République. Une investiture marquée par son cérémonial issu du sacre royal à l'issue de laquelle le nouveau chef de l'État est invité à se rendre sur la terrasse donnant sur le parc où il reçoit les honneurs militaires de la garde républicaine. Vingt-et-un coups de canon sont tirés depuis le parvis de l'Hôtel des Invalides.

Un décorum complété par l'onction populaire. À Valéry Giscard d'Estaing remontant les Champs-Élysées à pied, Mitterrand répond par une manifestation populaire inédite, au Quartier latin. Accompagné de son Premier ministre, Pierre Mauroy, François Mitterrand quitte l'Élysée, debout à l'arrière de la Citroën SM présidentielle décapotée pour remonter les Champs-Élysées. Au pied de l'Arc de Triomphe, le chef de l'Etat dépose une gerbe sur le tombeau du Soldat inconnu et salue les anciens combattants. Des gestes convenus pour un Président, mais réalisés cette fois en présence des intellectuels et politiques français et internationaux – dont Gabriel Garcia Marquez et Willy Brandt – conviés au premier dîner officiel des socialistes à l'Élysée.

À 17 h 15, François Mitterrand accomplit un rituel républicain en se rendant à l'hôtel de ville de Paris pour y être reçu par son maire, Jacques Chirac, qui, par les coups portés à la campagne de VGE, n'est pas étranger à son élection.

Rendez-vous avec l'Histoire

Sur l'autre rive de la Seine, au bas de la rue Soufflot, le nouveau Président descend de voiture. Il y entame sa montée à pied vers le Panthéon où il a choisi d'aller s'incliner pour un hommage solennel. La bousculade est vive tant les Parisiens ayant accompagné la marche de la gauche vers le pouvoir sont nombreux. *L'Hymne à la joie* de Beethoven retentit, dirigé par Daniel Barenboim. Porté par la multitude, un homme seul, François Mitterrand, empreint de solennité, atteint le parvis du temple républicain et en gravit seul les marches. Une image pensée pour marquer l'histoire alors que la presse, nombreuse, et la foule, immense, sont maintenues derrière un cordon de sécurité. À l'intérieur de la nef, c'est la mémoire nationale qu'il honore à travers trois de ses illustres représentants. Après s'être recueilli et avoir déposé une rose dans la crypte abritant le tombeau de Jean Moulin, le Président accomplit les mêmes gestes face à ceux du socialiste Jean Jaurès et de Victor Schœlcher, l'homme à l'origine de l'abolition de l'esclavage, en 1848.

« La descente chez les morts illustres », titre *Paris Match* pour légender la photographie prise par Pascal Rostaing, ayant déjoué le service de sécurité pour entrer sans autorisation dans la crypte. On y voit le Président sur le point de déposer une rose sur la tombe de Jean Moulin. Éclairé par la lumière rasante des caméras, il est aidé de techniciens dissimulés derrière les piliers. Ceux-ci lui glissent discrètement une rose avant chaque nouveau plan. Hors caméra, un gardien du temple guide ses pas, afin qu'il ne s'égare pas dans ce dédale.

Cette nécropole des grands hommes est un lieu majeur du culte républicain auquel François Mitterrand continuera de porter le plus grand intérêt tout au long de ses deux mandats. Ce sera plus encore le cas durant le second, au cours duquel six hommes et une femme seront distingués. René Cassin, Résistant et prix Nobel de la paix, entré au Panthéon en 1987, est le premier choisi, suivi en 1988 par l'économiste Jean Monnet, au titre de père fondateur de la construction européenne. 1989, année de la célébration du bicentenaire de la Révolution, voit le temple républicain ouvrir ses portes au philosophe Nicolas de Condorcet, à l'abbé Grégoire ainsi qu'au mathématicien Gaspard Monge. En 1995, Pierre et Marie Curie y entrent également, celle-ci devenant la première femme honorée à titre personnel. En effet, Sophie Berthelot y était depuis 1907 inhumée en qualité d'épouse du chimiste et homme politique Marcellin Berthelot. En procédant à sept panthéonisations en quatorze ans, François Mitterrand établit un record en la matière. Difficile de songer qu'il n'y ait point pensé pour lui-même, lui qui, en toute modestie, se considérait comme « le dernier des grands Présidents ».

Au contact de la « vraie » France

C'est la relation entre le prince et le peuple qui est, ici, interrogée. Le Président s'emploie à ce qu'il sait le mieux faire : parler au pays de son destin, les yeux dans les yeux. Pour autant, il devient plus complexe d'avoir de réels échanges de terrain avec les Français pour en prendre le pouls. « Le besoin de rencontrer des Français, par centaines et par milliers, se fait subitement moins grand. Dans cette nouvelle dimension, Mitterrand a gagné un nouveau champ d'action, mais il a aussi beaucoup perdu. Les « bains de foule », les mains tendues, les appels, les cris de douleur de ceux qui auraient voulu toucher le Président sur son passage, ce sont des scènes purement physiques et presque artificielles. Rien à voir avec de vraies rencontres comme on peut en faire, comme il en faisait à Glux-en-Glenne, à Chissey-en-Morvan[5]... », expliquait Pierre Joxe. Dans ce rituel de la visite présidentielle, lointain héritage du déplacement du monarque dans les provinces du royaume, le contact avec la population est crucial, mais il est bien délicat de sentir le pays réel lorsque l'assistance est maintenue à distance derrière des barrières et que le chef de l'État ne rencontre le plus souvent que des interlocuteurs triés sur le volet.

Ces déplacements prennent des formes diverses, certains étant programmés, comme les inaugurations d'équipements publics tel l'hôpital de Montélimar dès le 9 juin 1981, et plus encore les voyages régionaux de plusieurs jours. D'autres sont inopinés, notamment lorsqu'il s'agit de venir soutenir une région touchée par une catastrophe, comme le 6 mai 1992 où, à Bastia, il témoigne à l'hôpital de sa compassion auprès des blessés du stade Furiani.

Le Président tient à chaque occasion à démontrer sa connaissance politique et physique du territoire en ses profondeurs. Celle-ci est très souvent personnelle voire intime, se rattachant à des origines familiales, à un épisode de sa vie ou à une amitié avec des habitants du cru. Si ses visites officielles visaient à couvrir le territoire national afin d'assurer la présence symbolique du pouvoir central dans les périphéries, certaines parties du pays furent moins honorées que d'autres. Il en est ainsi du Jura, qui ne reçut en l'espace de deux septennats qu'une visite officielle du chef de l'État, en mars 1987, un an avant de se porter candidat à un second mandat. « Sans jamais le dire, le Président planifie sur la durée de son septennat la rencontre avec les Français[6] », estime le Breton Louis le Pensec, nommé en 1981, ministre de la Mer.

5. Pierre Joxe, *op.cit.*, p. 23.

6. Patrick Gourlay, « Un outil politique : le voyage présidentiel en province. Deux visites du président Mitterrand dans le Finistère (1981, 1985) », *Annales de Bretagne et des Pays de l'Ouest*, tome 112, 2005, p. 87.

En octobre 1981, c'est un haut lieu de la sidérurgie lorraine, Longwy, qui reçoit la visite du président de la République qui se dit être « à l'écoute du peuple, des travailleurs » dont il a pu « mesurer quelles étaient les difficultés ». Commencée durant le précédent septennat, la crise de la sidérurgie sonne la fin tragique d'une histoire industrielle. Un drame humain auquel les socialistes doivent faire face, alors qu'ils ont, grâce à François Mitterrand, conquis une position hégémonique en lieu et place du Parti communiste quant à l'électorat ouvrier. Ce n'est rien de moins qu'une « reconstruction de notre économie » que promet alors le Président. « Mitterrand Trahison » scandent en 1984 les ouvriers de Longwy, battant le pavé alors que le gouvernement de Pierre Mauroy annonce, dès 1982, 12 000 suppressions d'emplois dans la sidérurgie.

En 1983, le nouveau pouvoir a dû changer de cap, prenant le tournant de la rigueur. Ce « virage » intervient après 18 mois seulement de relance budgétaire et de mesures sociales. La France renonce à faire cavalier seul, alors que s'impose le modèle dominant de ce début de la décennie 1980, impulsé par les États-Unis de Ronald Reagan et le Royaume-Uni de Margaret Thatcher. Les socialistes se plient à la libéralisation des marchés, dans l'espoir de favoriser la croissance, avec pour corollaire le creusement des inégalités entre les territoires et leurs habitants. « C'est ainsi que nous ferons de la France un grand pays moderne », affirme néanmoins François Mitterrand dans ses vœux pour l'année 1984. Une réorientation entraînant la « démission » du gouvernement Mauroy. C'est l'heure d'un changement d'homme et de politique : le Président nomme le plus jeune Premier ministre de la Ve République, Laurent Fabius, 37 ans. Le Parti communiste ne sera pas de ce gouvernement.

Quand deux France s'opposent

L'année 1984 allait être marquée par la réforme de l'école, suscitant une opposition massive. La France est fracturée « Savary t'es foutu, l'école libre est dans la rue ! », gronde la droite, qui, une fois n'est pas coutume, descend dans la rue. Ce 24 juin 1984, elle organise la plus grande manifestation de son histoire, rappelant le raz de marée gaulliste du 30 mai 1968, alors même qu'il s'agissait, dix-huit ans plus tôt de soutenir le général de Gaulle. S'il est exceptionnel de voir la droite dans la rue contester une décision de l'exécutif, c'est autant en raison du peu de temps passé au gouvernement par la gauche sous les différentes Républiques successives, que de la très faible familiarité avec ce mode d'action dans cette tradition politique.

Voilà qui déstabilise jusqu'en son for intérieur le Président, éduqué lui-même à l'école privée. « Tous les matins, rue de Bièvre, à 7 heures du matin, sa sœur, très religieuse, l'attendait dans la cour, François souviens-toi de ton vieux curé[7] », témoignait son voisin et ami, Roland Dumas. Qui peut croire au fond que le chef de l'État puisse soutenir cette loi, lui qui, si fidèle aux valeurs de sa jeunesse, reste marqué par le souvenir de l'institution catholique où il a étudié. Il suffit de se remémorer cette déclaration de 1981 : « Huit ans d'internat dans une école libre à Saint-Paul d'Angoulême m'ont formé aux disciplines de l'esprit. Je ne m'en suis pas dépris. J'ai gardé mes attaches, mes goûts et le souvenir de mes maîtres bienveillants et paisibles. Nul ne m'a lavé le cerveau. Je suis sorti assez libre pour user de ma liberté. Comment, après un tel apprentissage et quelque distance que j'aie prise avec lui, n'aurais-je pas été apte à comprendre qu'un socialiste avait le droit de croire en Dieu[8] ? » Et ce alors qu'une nouvelle génération multiplie les coups de pied aux cultes et célèbre ses propres idoles…

La France de la génération Mitterrand

Une « génération Mitterrand », c'est ce que vantent les affiches électorales. Pourtant, la société des années 1980 n'est déjà plus la sienne. En mars 1980, sur le plateau du journal d'Antenne 2, il devait faire face à la colère du chanteur Daniel Balavoine, évoquant le désespoir de la jeunesse. Une fois élu en 1981, François

7. Gabriel Le Bomin, « La Ve République au cœur du pouvoir », documentaire, 2019.

8. François Mitterrand, Guy Claisse (entretiens), *Ici et maintenant*, Fayard, 1981.

Mitterrand a ouvert un paysage audiovisuel jusque-là enfermé dans le carcan étatique et dépendant des bouffées d'air frais délivrées par les radios périphériques. C'est une onde de choc que provoque la loi du 9 novembre 1981 autorisant les radios locales à émettre sur la bande FM. Une libéralisation synonyme d'effervescence, alors qu'émergent des stations nationales comme NRJ, la « Nouvelle Radio Jeune », qui ne fait pas que des heureux au sein des classes d'âges plus avancées...

« Ce sont les enfants du rock débile, les écoliers de la vulgarité pédagogique, les béats de Coluche et Renaud, nourris de soupe infra-idéologique cuite au show-biz, ahuris par les saturnales de « Touche pas à mon pote » et, somme toute, les produits de la culture Lang[9] », écrit en décembre 1986, Louis Pauwels dans *Le Figaro Magazine*, fustigeant la jeunesse au sein de laquelle il diagnostique un « sida mental ». Un journaliste, dont le président avait tant apprécié le roman *L'amour monstre*, paru en 1954, et qui fut reçu à déjeuner à l'Élysée. Un éditorial rédigé avec pour toile de fond les protestations contre la loi Devaquet, visant à réformer l'université.

La vague de manifestations qu'elle soulève vire au drame, par une nuit terrible, celle du 5 au 6 décembre 1986 au Quartier latin, occupé par des manifestants dressant des barricades suite à l'évacuation de la Sorbonne. Rue Monsieur-le-Prince, dans le 6e arrondissement, l'étudiant de l'université de Dauphine Malik Oussekine, 22 ans, est tué en marge des manifestations contre la loi Devaquet. Sortant d'un concert, il s'apprête à rentrer chez lui. Poursuivi jusque dans un hall d'immeuble, il est battu à mort par des « voltigeurs ». Ces policiers à moto, l'un pilotant, l'autre muni d'une matraque, sont chargés de disperser les manifestations et de « nettoyer » les lieux à leur issue. Le jeune homme est mort d'un arrêt cardiaque. La bavure policière ne fait plus aucun doute, comme l'attestent des témoignages tous plus accablants les uns que les autres. Charles Pasqua, ministre de l'Intérieur veut minimiser la portée de l'affaire. Son chargé de la sécurité, Robert Pandraud, se distingue par ses propos : « Si j'avais un fils sous dialyse, je

9. Louis Pauwels, éditorial du *Figaro Magazine, 6 décembre 1986.*

l'empêcherais de faire le con dans la nuit. [...] Ce n'était pas le héros des étudiants français qu'on a dit[10]. »

La nuit est émaillée de violence au Quartier latin. Précipitamment rentré de Londres, le Premier ministre Jacques Chirac est reçu par le président Mitterrand. Le dimanche, de façon inhabituelle, celui-ci passe sa journée à travailler et à recevoir à l'Élysée. Le lendemain, lundi 8 décembre, en début d'après-midi, il se déplace à Meudon-la-Forêt, au domicile de la famille Oussekine, accompagné d'Elie Wiesel, prix Nobel de la paix 1986, afin de lui témoigner sa solidarité.

L'onde de choc s'est propagée. Parmi les centaines de milliers de manifestants défilant dans le pays, une collégienne bat le pavé pour la première fois : Mazarine Pingeot. « C'était pour sécher les cours[11] », consent-elle rétrospectivement.

C'est parfois de façon plus directe, mais tout aussi discrète que la jeune fille accompagne son président de père en déplacement. Il en est ainsi lorsque celui-ci crée la surprise en faisant en 1987 un crochet au printemps de Bourges, n'y passant pas moins de douze heures à écouter Karim Kacel, poser avec Serge Gainsbourg et rencontrer Bernard Lavilliers. Mais, par-delà une passion subite pour la chanson contemporaine, la raison de cette présence prolongée est bien la venue, ce jour-là, de sa fille cachée, alors âgée de treize ans, comme elle le révélera bien plus tard. Assurément, le Président joue la carte jeune, face à la droite arrivée à Matignon...

Au cœur de la cohabitation (1986-1988)

Après la défaite idéologique initiée par les choix de 1983, vint la défaite politique de 1986, à l'origine d'une cohabitation, configuration institutionnelle inédite dans l'histoire de la Ve République. Tel un roi assiégé en son palais faisant montre de toute la froideur méprisante dont il est capable, voilà le chef de l'État accueillant

10. *Le Monde*, 6 décembre 1986.
11. « Mazarine Pingeot, la fille tranquille », *Elle*, 12 février 2016.

la nouvelle équipe gouvernementale à l'occasion du premier Conseil des ministres. Une autorité telle émane de sa personne qu'elle rappelle la sentence de Saint-Simon, évoquant à propos de Louis XIV « la majesté effrayante du souverain », et un président bien décidé à affirmer toute l'étendue de ses prérogatives.

Durant la cohabitation de 1986 à 1988, il est à la fois chef de l'État et celui de l'opposition. En politicien madré, il applique l'adage qui veut que lorsque les évènements vous dépassent il vaut mieux feindre d'en être l'instigateur. Mitterrand a en tête l'objectif d'une réélection tout en laissant planer le doute sur sa candidature. Nombreux sont pourtant les déçus, estimant que l'espérance populaire a été dévoyée et que l'opportunité de prétendre à un deuxième mandat ne s'impose pas.

Le 13 octobre 1986, François Mitterrand visite le camp militaire de Caylus, dans le Tarn-et-Garonne, où il tient à réaffirmer son pouvoir régalien et à tancer les récents propos du Premier ministre Chirac, quant à la doctrine d'emploi de l'arme nucléaire. Mais le chef de l'État se montre plus qu'évasif à l'heure de répondre à une question sur sa candidature à la prochaine élection présidentielle, désireux de prendre du champ, voire de brouiller les pistes : « Je ne suis pas candidat. Je suis président de la République. Chaque fois que j'ai réfléchi sur cette affaire, vous m'y contraindriez. Tout m'invite à me dire, non je ne serai pas candidat, parce que, ça va, je suis président de la République, j'aurais rempli ma fonction et je ne pousse pas l'ambition jusqu'à vouloir m'y installer à demeure. Donc tous les éléments de ma réflexion me portent à dire, « non je n'ai pas l'intention de l'être ». Interviendra-t-il des éléments pour me dire, « c'est une erreur », je ne peux pas le supposer. Il me reste combien de temps pour cela ? En principe 17 mois[12]… » Une exacte connaissance du calendrier électoral qui démontre qu'il n'a évidemment pas renoncé à briguer sa propre succession, et pourrait se poser en recours ultime si la droite de gouvernement venait à décevoir les Français.

C'est à Latche, au début de l'été 1987, plus précisément le samedi 11 juillet, que le Président réunit un cercle fermé de fidèles,

12. François Mitterrand à Caylus, 13 octobre 1986, Antenne 2, Archives INA.

chargé d'œuvrer à une plausible candidature. Dans le cadre de ses obligations, le Président continue à arpenter la France et à effectuer des déplacements internationaux. Ayant gravi la montagne de Moïse, dans le Sinaï, le 26 décembre 1987, François Mitterrand semble s'être rassuré sur ses capacités physiques. « Il a fait son test. Il a tenu le coup. Il sera candidat[13] », prophétise alors Robert Badinter.

Un président en campagne

« Oui », c'est d'un simple mot, prononcé le 22 mars 1988 sur le plateau d'Antenne 2, que le chef de l'État annonce, comme une évidence, qu'il se représente à l'élection présidentielle prévue un mois plus tard, après avoir entretenu un suspense aussi long qu'artificiel. Reparti pour une quatrième campagne présidentielle, à quelques semaines du premier tour de scrutin, l'homme campe une posture de sage.

« J'ai hésité, il y a d'autres lieux que j'aime, bien entendu, mais là c'était pratique, beau et significatif », ainsi le président justifie-t-il son choix de participer à l'émission de campagne présentée par Philippe Gildas, depuis le hall d'entrée du Louvre, rehaussé de la grande pyramide. Une construction emblématique de la politique culturelle menée durant le mandat qui s'achève. C'est une ambition de modernité qui s'affiche symboliquement « dans des lieux qui signifient vraiment les origines de l'Histoire de France[14] », comme l'affirme le Président, évoquant Philippe Auguste et le XIIIe siècle, pour, plus que jamais, ancrer son propre récit dans l'Histoire.

13. Eric Mandonnet, « François Mitterrand, le virtuose des mots », *L'Express*, 23 décembre 2016.

14. Interview du candidat, Antenne 2 et France Régions 3, 18 avril 1988.

Président de la République, père de la Nation

« Je veux que les Français s'unissent pour gagner les enjeux que l'Histoire leur propose avant la fin du siècle », déclare le 20 mars 1988 le président, dans un message vidéo diffusé à l'attention des élus socialistes réunis au Bourget, alors qu'il n'était encore qu'implicitement candidat. Ainsi veut-il affirmer à ses troupes que ce n'est pas en socialiste, mais en président rassembleur qu'il abordera sa campagne.

« La France unie » proclame l'affiche électorale se permettant d'omettre le nom du candidat, dont le profil, radieux et sage, se tourne vers l'avenir. Celle-ci se substitue à l'image de la « Génération Mitterrand » qui la précédait sur les murs du pays et ne dévoilait pas le visage du candidat encore non déclaré. « Une France unie », c'est encore le souhait exprimé par François Mitterrand dans sa « Lettre à tous les Français », parue le 7 avril 1988. Un courrier rédigé de sa main – dans lequel le journaliste Angelo Rinaldi se plaît à relever plusieurs fautes d'expression – publié sous forme d'encart publicitaire dans la presse quotidienne régionale. Un écrit mobilisateur également diffusé à deux millions d'exemplaires, qui fait une large place à la cohésion sociale et met en garde contre tout « égarement raciste ».

Le lendemain, 8 avril, à Rennes, c'est « la France unie » que célèbre le président-candidat lors de son premier meeting où vient chanter Barbara. C'est une campagne éclair, qui après avoir démarré en douceur, voit se multiplier les meetings régionaux et les incursions impromptues en province dans la dernière semaine. Au soir du 22 avril, deux jours avant le premier tour, François Mitterrand tient sa dernière réunion électorale au Bourget. Un meeting d'ampleur où se produisent Catherine Lara et Charles Trenet, l'homme de la « Douce France », quand d'autres vedettes, comme Elie Medeiros, garnissent l'assistance. C'est entouré d'élus de premier plan, parmi lesquels Lionel Jospin, Pierre Mauroy, Pierre Bérégovoy et Michel Rocard que le chef de l'État entre sous le gigantesque chapiteau d'une capacité de 40 000 places. Appelant à l'union par-delà son propre camp, il cible sans jamais le nommer, son principal adversaire, Jacques Chirac, prononçant une charge contre la gestion de la crise en Nouvelle-Calédonie, où 26 gendarmes viennent d'être pris en otage à Ouvéa. « La distance est si grande, pas seulement celle des milliers de kilomètres, mais celle des esprits et des cœurs… la distance est si grande qui sépare des groupes, des collectivités, des voisins des hommes et des femmes que j'ai pour charge… »

Au sortir d'une cohabitation particulièrement ardue, face à un Premier ministre qu'il accuse d'être un homme clivant, le président sortant joue la carte du rassemblement, au chevet d'une identité blessée, alors que le grand vortex de la mondialisation balaie les vérités acquises. À l'idéologie, prégnante en 1981, bien que voilée par l'image de la « Force tranquille », suscitant la défiance chez une partie des Français, succède l'image de la « France unie », gage de confiance qui doit présider à la réélection d'un homme plus consensuel que jamais, qui capitalise sur son image de père de la Nation. Le rapport de force politique n'est plus celui de 1971, ni de 1981 : les communistes ont été relégués et éloignés du jeu, la droite s'est vue confrontée, en 1986, au piège de la proportionnelle, rendant impossible à Jacques Chirac l'idée d'unir l'intégralité de son « camp », en raison de la percée du Front national.

À l'issue du premier tour, le Président, fort de 34,11 % des suffrages, retrouve face à lui un adversaire ayant rassemblé 19,96 % des voix. Il côtoie Jacques Chirac chaque semaine, et c'est afin de rappeler au Premier ministre la position d'infériorité institutionnelle qui est la sienne que le camp socialiste impose que la table séparant les deux impétrants, lors du débat de l'entre-deux-tours du 28 avril 1988, soit de la largeur exacte à celle qui accueille le Conseil des ministres. Une différence de fonctions qui occasionne une passe d'arme entrée dans l'histoire, lorsque Jacques Chirac s'adresse à son contradicteur en ces termes : « Permettez-moi de vous dire que ce soir, je ne suis pas le Premier ministre, et vous n'êtes pas le président de la République, nous sommes deux candidats à égalité […], vous me permettrez donc de vous appeler monsieur Mitterrand. » Ce à quoi le chef de l'État lui rétorque, plus souverain que jamais : « Vous avez tout à fait raison, Monsieur le Premier ministre. » Le dimanche suivant, 8 mai, François Mitterrand est réélu président de la République, avec 54,02 % des voix.

Un nouveau septennat commence, déclinant une stratégie de rassemblement à double détente, alors que l'on se dirige vers un gouvernement « d'union ». D'union du PS pour commencer, avec le choix de Michel Rocard, ennemi intime, choisi comme Premier ministre. En ce mardi 10 mai 1988, sept ans après une élection historique, le tour de la « seconde gauche » est-il venu ? Rocard succède à Jacques Chirac, son condisciple à Sciences Po, sèchement battu par François Mitterrand deux jours plus tôt. Derrière les sourires de façade de la passation de pouvoir, l'actualité politique est tendue par la situation en Nouvelle-Calédonie.

Une union appelée à se poursuivre, avec le thème avancé de l'ouverture. Point d'alliances, mais des débauchages individuels au centre : Jean-Pierre Soissons, Bruno Durieu, Michel Durafour… Faute de majorité absolue au parlement, la recherche de compromis est nécessaire. François Mitterrand se considère au-dessus des parties, des partis même, y compris socialiste, voire au-dessus de tous. Dépeint comme enivré de sa propre puissance, ce n'est plus « Tonton », mais « Dieu » qu'évoque désormais *Le Canard Enchaîné*.

Alors que la guerre du Golfe lui a conféré un regain de popularité chez les Français, le Président, en position de force, peut nommer le 17 mai 1991 en lieu et place d'un Michel Rocard qu'il a usé, Édith Cresson, première femme Premier ministre – et à ce jour la seule – depuis l'avènement de la République. Un séjour à Matignon qui sera de courte durée, puisqu'il s'achève le 2 avril 1992. Pierre Bérégovoy est alors nommé pour lui succéder.

8
PARIS, CAPITALE DE LA MITTERRANDIE

« *Regarde,*
Quelque chose a changé.
L'air semble plus léger.
C'est indéfinissable.

Regarde,
Sous ce ciel déchiré,
Tout s'est ensoleillé.
C'est indéfinissable.

Un homme,
Une rose à la main,
A ouvert le chemin
Vers un autre demain… »

Barbara, *Regarde,* 1981.

Quel témoignage que cette chanson de Barbara ! Celui d'une époque d'euphorie, où l'univers mental des Français de gauche est tout entier peuplé par une intense émotion et l'espoir immense suscité par la victoire du candidat socialiste…

En 1981, le « socialisme de la liberté » de François Mitterrand comporte un important volet culturel. La Culture devient un ministère quasi régalien, chasse gardée du PS : Jack Lang va officier rue de Valois, au détriment de l'autre Jack, le communiste, Jack Ralite qui aurait pu y prétendre. La Culture est conçue comme pilier de la transformation sociale : démocratisation culturelle et émancipation par les arts en sont les grands axes. Ainsi, la mise en place de dispositifs spécifiques va permettre de soutenir éditeurs et libraires par la promulgation de la loi relative au prix unique du livre, le 10 août 1981, tout comme l'affirmation en 1993 de l'exception culturelle qui prémunit le cinéma français d'une logique simplement marchande. « Une politique culturelle est à la base de toute autre politique », déclare en janvier 1996, sous les verres de la pyramide, le Président ayant initié un programme culturel et architectural destiné à laisser une empreinte forte.

Marquer Paris de son empreinte : les grands travaux d'un président bâtisseur

« Il est le dernier roi à laisser une trace[1] », analyse le journaliste Christophe Barbier. Désireux d'inscrire à jamais la mémoire de son règne dans le paysage urbain, le président Mitterrand mène une politique architecturale d'ampleur inégalée sous la Ve République. Une expression monumentale et artistique qui dote Paris de lieux emblématiques ayant profondément marqué la capitale. Ces grands projets sont des aventures au long cours, dont la durée du septennat permet de suivre l'évolution. Le Président doit se contenter de commencer par inaugurer les chantiers initiés par son prédécesseur, Valéry Giscard d'Estaing ayant souhaité la création d'un musée du XIXe siècle à Orsay. Un musée dont la conservatrice, Anne Pingeot, suit de près les avancées, chargée d'éclairer de ses lumières les invités de prestige lors de l'inauguration, le 1er décembre 1986, en présence de François Mitterrand. En janvier 1985, celui-ci avait déjà inauguré la Grande Halle de la Villette, réhabilitée et réinventée en centre culturel.

Mais c'est plus encore de Georges Pompidou, qui avait fait sortir de terre le Centre d'art contemporain de Beaubourg, qu'il s'inspire, créant un établissement public à la tête duquel est nommé Émile Biasini, influent haut fonctionnaire gaulliste, pour mener à bien le projet du Grand Louvre.

1. « François Mitterrand, que reste-t-il de nos amours ? », documentaire de William Karel, Arte France, Roche Productions, 2015.

La bataille de la pyramide

Si souvent dépeint en sphinx ou en pharaon, le Président surplombe la cour du Louvre d'où s'élève le monument d'exception qu'il a voulu. Ce 28 juin 1989, François Mitterrand, solennel, prend la pose entre les sculptures de la galerie des illustres qui jalonnent les façades de l'ancienne résidence royale.

Du haut de cette pyramide, une histoire de France vous contemple. Celle du régime monarchique devenu République. C'est « un homme d'exception qui entend habiter, comme de Gaulle, au-dessus de son siècle[2] », écrit Franz-Olivier Giesbert. Habitant la fonction, habitant le corps du roi, il réinvestit le lieu emblématique de la monarchie qu'est le Louvre, palais cher à Henri II et à l'architecte Pierre Lescot, qui se déploie le long de la Seine. Le musée, où furent rassemblées les collections royales, fut inauguré durant la Terreur, le 10 août 1793, jour anniversaire de la prise des Tuileries conduisant à la déchéance du roi Louis XVI. Tout ce qui touche au Louvre concerne le pouvoir, le fait du prince. C'est une vieille tradition monarchique que l'intervention du monarque dans le paysage urbain. Une « folie », ainsi dénommait-on jadis un caprice architectural du prince. Tel est le qualificatif parfois accolé au polyèdre de verre.

Faire du Louvre « le plus grand musée du monde », rien que cela, voilà l'idée maîtresse de la note reçue par le président de la République, le 27 juillet 1981, deux mois après son élection. Son auteur, Jack Lang, ministre de la Culture, soumet l'idée d'affecter l'intégralité de l'ancienne demeure royale à la fonction muséale afin de créer le « Grand Louvre ». Une proposition qui impliquerait de faire déménager de la rue de Rivoli le prestigieux ministère des Finances installé depuis 1871 dans l'aile Richelieu. Un concours d'architecture est lancé pour faire émigrer le ministère à l'est de la capitale, en bord de Seine, côté Bercy. Le sémillant ministre de la Culture ne supporte pas que la cour, dite Napoléon, fasse fonction de parking. Il en est de même pour

2. Franz-Olivier Giesbert, *Le Président*, Paris, Seuil, 1990, p. 12.

le Palais-Royal, où les voitures seront délogées en 1986 au profit des colonnes de Buren.

François Mitterrand veut aller vite. Le 24 septembre, il affirme sa volonté de « rendre le Louvre à sa destination première ». Dès la fin de l'année 1981, Jack Lang organise une entrevue avec l'architecte américain d'origine chinoise, Ieoh Ming Pei, dont le chef de l'État admire le travail. Le Président a déjà choisi son homme. Ce sera Pei. Par un tour de passe-passe juridique réduisant la construction à un simple chantier de rénovation, aucun concours d'architecte ne sera organisé.

Dans la partie ancienne, le départ de l'aile Rivoli du ministère des Finances, n'est pas chose aisée. Il faut ensuite créer un accès au musée jusque-là introuvable. Une belle entrée, un marqueur fort ; c'est bien là l'idée d'Ieoh Ming Pei, désireux d'ancrer sa création moderne à ce lieu symbole de l'Histoire de France. « Une architecture qui dure est un arbre qui doit avoir des racines », a coutume de dire celui qui s'est illustré en réalisant la *National Gallery of Art* de Washington. Son geste architectural est destiné à faire entrer le musée du Louvre dans la modernité avec cette structure métallique sur laquelle repose un parement de verre feuilleté.

Une pyramide de verre, l'idée est dévoilée à l'automne 1983 par l'architecte à Émile Biasini, nommé l'année précédente à la tête d'une mission de proposition et de coordination sur l'avenir du musée. Le même jour, il rencontre à l'Élysée le président de la République et son ministre de la Culture. Un temps ébranlés, les deux hommes sont rapidement séduits par le projet.

Pei se veut rassurant. « Je vais transformer le Louvre sans y toucher[3] », explique-t-il. Mais, le 23 janvier 1984, la présentation du projet par l'architecte et son collaborateur parisien Michel Macary devant la Commission supérieure des monuments historiques, se transforme en humiliation. Les critiques pleuvent à un point tel que l'interprète, en larmes, cesse de traduire les échanges à Pei. Mais, l'habileté de Jean-Pierre Weiss, directeur du patrimoine, permet d'éviter un avis négatif, en associant le projet à la réforme plus vaste du musée.

3. *Paris Match,* n° 1807, 13 janvier 1984.

La bataille de la pyramide se livre aussi dans la presse. Dans *Le Monde,* notamment, où le critique d'art André Fermigier fulmine : « On traite la cour du Louvre en annexe de Disneyland », écrit-il. « Tonton veut être le premier pharaon de notre histoire », se gausse *Le Canard Enchaîné.* « Cloche à fromage », telle est encore l'une des amabilités choisies pour qualifier le nouveau projet.

C'est peu dire que la nouvelle configuration prévue pour le Louvre fait immédiatement scandale. Le choix de Pei est une hérésie pour les conservateurs. À côté des critiques médiatico-culturelles, émanant notamment de Nathalie Sarraute ou de Marguerite Duras, d'autres sont politiques. Le maire RPR du 1er arrondissement, Michel Caldaguès, lance une pétition dans le but d'éviter que « Le Louvre soit défiguré ». Fin tacticien, Jack Lang s'emploie alors à neutraliser l'échelon supérieur, le maire de Paris en personne, Jacques Chirac. C'est auprès de Claude Pompidou, veuve de l'ancien président de la République à l'origine de Beaubourg, ainsi que du musicien Pierre Boulez, deux personnalités ayant l'oreille de Chirac, qu'œuvre le ministre. Ceux-ci vont présenter le projet au dirigeant du RPR qui reçoit à l'Hôtel de ville, Pei et Macary, le 9 février 1984. Au départ sceptique, Jacques Chirac est néanmoins séduit par l'architecte Pei, l'amateur d'Arts premiers et de l'Asie se passionne pour l'Américain d'origine chinoise. Le maire de Paris suggère que des câbles soient tendus afin d'évaluer la hauteur du monument une fois réalisé. Le test est concluant. Dans un communiqué, dès le 13 février suivant, il apporte son approbation au projet.

Mais c'est la cohabitation que craignent les socialistes. Afin de rendre la situation irréversible, la décision est prise par Jack Lang de faire disparaître jusqu'au bureau du ministre des Finances et ses décors Napoléon III. Il en faudrait plus pourtant pour faire renoncer Édouard Balladur, qui se réinstalle rue de Rivoli dès lors que la cohabitation de 1986 lui vaut d'être nommé ministre d'État, en charge de l'Économie, des Finances et de la Privatisation. Pas mécontent de retarder le chantier, Balladur estime surtout les lieux davantage à sa mesure. Bonne princesse, la République reconstruit un bureau Napoléon III, alors que le chantier prend du retard.

En réalité, le transfert du ministère à Bercy, ordonné par le Président, a dès l'origine fait grincer des dents. Chaque ministre des

Finances s'accroche au Louvre, y compris en 1984 Pierre Bérégovoy et son secrétaire d'État au Budget, Henri Emmanuelli. « Vous direz aux ministres que s'ils ne quittent pas le Louvre, ils quitteront le gouvernement[4] », répond sèchement le Président à Yves Dauge – son chargé des Grands travaux – venu porter leur requête. C'est à l'hôtel de Roquelaure, boulevard Saint-Germain, que le ministère trouve un hébergement provisoire.

Passionné par cette construction, le chef de l'État se rend sur place à de nombreuses reprises, parfois coiffé d'un casque de chantier. Il y a ses yeux en permanence, ceux d'Anne Pingeot, dont il s'est dit que la pyramide avait été construite pour elle. La conservatrice au département des sculptures du musée se rend tous les midis sur le chantier pour en suivre l'avancement. L'anecdote veut qu'elle ait songé à installer Le Penseur de Rodin sous la pyramide de verre. Mais l'idée ne survit pas à son essai, la vue en surplomb de la statue pouvant semble-t-il suggérer la silhouette d'un homme en train de satisfaire un besoin naturel.

Au terme d'années de travaux dantesques et de polémiques – qui le furent tout autant – le monument dont la transparence et l'élégance ont eu raison des critiques, sort enfin de terre. Une pyramide qui n'incarne pas seulement la modernité, mais aussi la partie émergée de l'iceberg des grands travaux du Louvre, amorcés dès 1982.

C'est d'un simple mot, « oui », adressé en réponse à une question de Paul Amar, présentateur du journal de 20 heures d'Antenne 2 que le Président annonce sa candidature, le 22 mars 1988. Mais deux semaines plus tôt, le 4 mars, François Mitterrand avait déjà donné plus qu'un indice. « Si je suis réélu, j'accélérerai les travaux », avait-il confié lors de l'inauguration de la pyramide du Louvre, bien qu'elle ne fût pas encore achevée. « Belle œuvre qui s'ajoute déjà à notre horizon parisien et français, qui s'inscrit dans notre histoire. Et sans la moindre contradiction avec l'histoire qui l'a précédée et qui nous entoure », déclarait encore le Président avant d'ajouter : « C'est un projet essentiel : que le Louvre et son environnement

4. Sibylle Vincendon, « Du Louvre à Bercy, la méthode Mitterrand », *Libération*, 23 juillet 2019.

soient désormais reçus et admis par les Français comme un très grand musée, comme un très beau musée et comme un musée commode. Il appartiendra désormais aux visiteurs d'en dire ce qu'ils en pensent[5]. »

Cinq ans seront encore nécessaires pour venir à bout du chantier. Ce n'est que le 29 mars 1989 que le public pourra pénétrer au cœur de la pyramide et du hall Napoléon. Ce jour-là, le monument aux 666 vitres composant les parois se dévoile. L'édifice de 35,42 mètres de côté et de 21 mètres de hauteur est destiné à rendre au Louvre sa grandeur. La réussite s'avère architecturale et fonctionnelle.

Le bâtiment renvoie à la tradition des temps antiques par sa forme pyramidale et s'inscrit dans une lignée monarchique. François Mitterrand se dit particulièrement fier qu'aient été retrouvées, lors des fouilles, les bases des tours de Philippe Auguste, en insistant sur le fait que des actes royaux y aient été signés. Une crypte ouverte à la visite que parcourt lui-même François Mitterrand, le 24 février 1986, lors de l'inauguration de la cour carrée, saupoudrée de neige pour l'occasion.

La Défense, ou les aventures de l'Arche perdue

Le président voit loin. Il veut ouvrir de nouvelles perspectives en prolongeant celle s'étirant des Tuileries à l'Arc de Triomphe, afin de parachever « l'axe historique » de Paris vers la Défense, par la réalisation d'un acte architectural monumental. À cette fin, il lance le projet « Tête-Défense », ponctué par l'organisation, en 1983, d'un concours d'architecture international.

Stupeur, le vainqueur de ce concours organisé en 1983 est un parfait inconnu : l'architecte danois Johan-Otto von Spreckelsen, dont l'idée est celle d'un grand arc futuriste. Plus précisément d'un portique de marbre, destiné à marquer la porte ouest de Paris autant qu'à défier les siècles. Un cube aux minces parois formant une arche

5. « François Mitterrand inaugure la pyramide du Louvre », Antenne 2, 4 mars 1988, Archive INA,

isolée, rehaussée d'un toit-jardin, dégagée au centre d'une vaste esplanade végétalisée pour contrebalancer son austérité minérale, et rappelée par de petits bâtiments en forme de répliques.

Mais rien ne sera simple pour ce projet, comme le rappelle, en 2016, Laurence Cossé, dans son roman historique et politique, *La Grande Arche*. C'est avec le même soin que François Mitterrand choisit le marbre nécessaire à la construction que la droite de Jacques Chirac, parvenue au pouvoir, s'emploie à démolir le projet. Si le maire de Paris ne s'est pas opposé aux grands travaux prévus dans la capitale, il s'en prend volontiers à celui-ci, réalisé à sa périphérie, devenu un enjeu politique au cœur de la cohabitation. L'arc de triomphe des années Mitterrand est devenu arche de la défiance, perdant de sa superbe en se retrouvant désormais flanqué de tours.

Face aux altérations de son projet que représentent les modifications exigées, l'architecte démissionne, demandant que son nom ne soit en aucun cas associé à ce qu'est devenu le monument. Tombé malade, von Spreckelsen meurt en mars 1987, à l'âge de 58 ans. Il ne verra jamais « son » arche achevée, son projet « humaniste » se retrouvant pris dans la nasse des querelles politiciennes. L'architecte français Paul Andreu mènera à bien la finalisation de la construction. Au bord du gouffre financier, l'arche est élevée à la hâte. Initialement destiné à être un centre international de la communication voué à l'échange entre les hommes du monde, cet ambitieux bâtiment est finalement privé d'affectation précise, dénué de contenu social et culturel, et donc de supplément d'âme, dorénavant dédié au monde du privé, au cœur d'un quartier d'affaires froid et désincarné.

Finalement dénommée « arche de la Fraternité », la création est inaugurée à l'occasion du bicentenaire de la Révolution, et plus particulièrement de celui de la Déclaration des droits de l'homme et du citoyen du 26 août 1789. Placée sous le signe des échanges interculturels, une soirée réunit des chanteurs, parmi lesquels Maxime Le Forestier, Manu Dibango, Barbara Hendrix ou Khaled. Ce jour-là, avec le Président, la parole est à la Défense, lui qui défend pied à pied cette réalisation architecturale monumentale, quand d'autres projets ont également suscité la contestation.

Buren : des colonnes à la une

Désireux de délester les monuments nationaux des verrues que constituent leurs parkings – comme celui qui se trouvait à l'emplacement de la Pyramide du Louvre –, tout autant que de relancer la commande publique aux artistes contemporains, le ministre de la Culture confie au plasticien Daniel Buren la réalisation d'une œuvre s'étirant sur les 3 000 m² de la cour d'honneur du Palais-Royal. Ce bâtiment de la République concentre à la fois le ministère de la Culture, le Conseil d'État, le Conseil constitutionnel ainsi que la Comédie-Française. C'est le président Mitterrand lui-même qui a choisi cette œuvre, dénommée « Les Deux Plateaux ».

Sur l'esplanade jusqu'alors réservée aux véhicules des grands commis de l'État, s'élèvent 260 colonnes de hauteurs variées, zébrées verticalement de noir et de blanc. Celles-ci provoquent un immense scandale avant même leur dévoilement à l'été 1986, outrant les partisans du classicisme. Sur les palissades de protection, les graffitis injurieux sont légion. Plus encore, l'affaire devient politique. Opposé à leur réalisation, Jacques Chirac devient Premier ministre de la première cohabitation après la défaite de la gauche aux législatives. De quoi faire craindre à Buren lui-même que son œuvre ne soit détruite avant même une hypothétique inauguration. En effet, le 20 février 1986, peu de temps avant les législatives fixées au 16 mars, la justice ordonne la suspension du chantier suite aux recours de plusieurs associations. Malgré de nombreuses péripéties, comme la déambulation de manifestants déguisés en zèbres anti-Buren, François Léotard, nommé ministre de la Culture, ne reviendra pas sur la parole de son prédécesseur : les palissades sont enfin ôtées, le 30 juillet 1986, laissant place ouverte aux enfants et aux visiteurs qui sont également invités à découvrir les expositions permanentes d'œuvres et d'objets, projections et événements ponctuels de l'Institut du monde arabe.

Au carrefour de l'Occident et de l'Orient

Le Président a fait son choix : l'Institut du monde arabe s'élèvera quai Saint-Bernard, en face de l'île Saint-Louis. Dominant la rive gauche de la Seine, situé tout près de la Grande mosquée de Paris ainsi que des universités de Jussieu et du Quartier latin, le site a vue sur la cathédrale Notre-Dame. Tout un symbole. Le 17e arrondissement, initialement envisagé, n'a pas été retenu. Ce n'est rien de moins que le phare de la culture arabe en France, qu'un carrefour de l'Occident et de l'Orient qui a été imaginé. Ambitieux, le projet a été initié sous le septennat de Valéry Giscard d'Estaing, soucieux d'un dialogue de nature à désamorcer les tensions avec les pays du Moyen-Orient, alors que le krach pétrolier a bouleversé l'économie mondiale.

Bénéficiant du mécénat de la Ligue arabe, le bâtiment, dont la construction est entreprise dès 1981, est l'œuvre de Jean Nouvel, désireux d'allier modernité et références à l'architecture arabo-musulmane, à l'image des moucharabiehs métalliques de la façade sud. Jouant avec l'intensité de la lumière, ces 240 diaphragmes, actionnés par cellules photo-électriques afin de filtrer les rayons du soleil, se révéleront hélas rapidement défaillants. Constitué de béton, d'acier et de verre, le bâtiment est hors du commun, et ce jusqu'à son neuvième étage et sa terrasse panoramique ouverte sur l'horizon parisien. Mais le projet défraie bientôt la chronique pour son coût de construction et d'exploitation.

L'institut est inauguré le 30 novembre 1987 par le président de la République. Celui-ci en apprécie particulièrement l'architecture, mariant l'ancien et le moderne, l'Orient et l'Occident. Il en admire la perfection lors de ses promenades dans Paris, comme s'en souvenait Laure Adler : « On passait par le Louvre, la pyramide, on descendait la Seine sur les quais, on remontait, l'Institut du monde arabe, il adorait le bâtiment[6]. » Il n'en était pas de même pour l'Opéra-Bastille, peut-être le seul véritable grand échec de ses grands travaux.

6. « François Mitterrand, que reste-t-il de nos amours ? », documentaire de William Karel, Arte France, Roche Productions, 2015.

La crise de la Bastille

À nouveau septennat, nouvelle impulsion pour le Président qui rêve d'un haut lieu populaire consacré à la musique. Symboliquement inauguré dans le cadre de la commémoration du bicentenaire de la Révolution, et bien évidemment à la date anniversaire de la prise de la Bastille, l'Opéra ne sera ouvert que huit mois plus tard, au terme des travaux. En guise de lever de rideau, le 13 juillet au soir, la soirée inaugurale des cérémonies réunit une trentaine de chefs d'État ou de gouvernement, parmi lesquels George Bush, Margaret Thatcher ou encore Benazir Bhutto. Ayant pris place au premier balcon, les grands de ce monde, ainsi que les 2 000 invités, peuvent assister à l'entrée royale d'un François Mitterrand qui a ménagé son effet en arrivant le dernier, au terme d'un délai qu'il estime digne de sa grandeur.

Dès 1982, était annoncée la construction d'un haut lieu de l'art lyrique voulu comme « moderne et populaire ». C'est à cette fin qu'il est édifié dans l'Est parisien, pour doter la capitale d'une deuxième installation, à côté d'un opéra Garnier engorgé et situé dans les beaux quartiers du 9ᵉ arrondissement. L'Opéra-Bastille sera la réalisation de l'architecte canado-uruguayen Carlos Ott, jusqu'alors inconnu.

À peine achevée, la façade vitrée du bâtiment accueillant le théâtre de 2 700 places, provoque l'ire des esthètes autant que des mélomanes. « Un rhinocéros serré dans une baignoire », titre *Le Monde*, à l'unisson de la presse critiquant la lourdeur du geste architectural. De fait, aucun responsable ne souhaite assumer la paternité de cette réalisation contestée et du choix de son maître d'œuvre, pas plus Émile Biasini que le ministre de la Culture Jack Lang. Et moins encore le Président, dont la rumeur veut qu'il ait donné à l'opéra le surnom peu flatteur de « porte de garage ».

Un jour de 1986, alors qu'il déambulait à l'Élysée entre les petites maquettes de ses très grands travaux, François Mitterrand confiait cette déception à son amie, Marguerite Duras : « L'Opéra Bastille, je n'aime pas. C'est un concours international, donc il y a des règles et on m'a soumis les six derniers projets. Aucun n'était bien à mes yeux. C'est le plus grand concours qu'il y ait eu au monde, 750 projets, et parmi les six derniers, moi j'ai choisi celui-là, car il me paraissait le plus convenable[7]... »

C'est semble-t-il une erreur commise à l'heure de choisir entre des projets rendus anonymes pour le compte du concours lancé en février 1983 qui a conduit à ce choix : « Les membres du jury ont cru reconnaître dans le dessin de Carlos Ott la patte de Richard Meier, le grand architecte américain[8] », révélait Jack Lang. La griffe du New-Yorkais était précisément celle qui avait la faveur du chef de l'État.

Alors que le maire de Paris, Jacques Chirac, refuse de délivrer le permis de construire, engageant ainsi un bras de fer, les travaux ne pourront commencer qu'en novembre 1984, suite à un avis favorable de l'enquête d'utilité publique. Il faut aller vite, alors que se profilent les législatives de mars 1986 qui pourraient permettre à la droite de bloquer le projet en cas de victoire. Malgré le casse-tête que constitue le chantier, sur la friche de l'ancienne gare de la Bastille, celui-ci est mené à bien, ou presque. En effet, les malfaçons seront nombreuses et coûteuses pour le contribuable, d'autant que son architecture massive ne séduit définitivement pas.

La Bibliothèque nationale de France, à livres ouverts

À l'heure d'entamer son second mandat, le Président réélu dresse le bilan de ses réalisations : « L'ensemble de ces grands projets qui était précisément un nombre d'or, au nombre de sept, s'achève ou va s'achever. C'est la durée d'un septennat, par définition... » Une fin, mais également l'aube d'un nouveau cycle de réalisations en ce 14 juillet 1988, occasion d'un savoureux dialogue avec le journaliste Yves Mourousi :

Y. M. – « Et là, vous n'avez pas dans votre corbeille, j'allais dire, de mariage avec les Français, quelques autres idées ; puisque vous

7. Entretien de Marguerite Duras avec François Mitterrand, France culture, 4 février 1986.

8. Jack Lang, *Demain comme hier*, Paris, Fayard, 2009.

restez sept ans vous n'allez pas encore mettre les pierres les unes sur les autres ?
F. M. – Je veux que soient entrepris la construction et l'aménagement de l'une des ou de la plus grande et de la plus moderne bibliothèque du monde. »

C'est le dernier des grands travaux, destiné à sceller plus encore de son empreinte la capitale, et par là même sa postérité. Annoncée dès le début du second mandat, le 14 juillet 1988, la construction de la « très grande Bibliothèque » doit être achevée afin d'être inaugurée en 1995, au terme de ce nouveau septennat. Ayant été placé à la tête de l'établissement public du Louvre, le haut fonctionnaire Émile Biasini est nommé le 13 mai 1988 secrétaire d'État chargé des Grands travaux, et plus particulièrement du dernier, ce qui souligne la dimension élyséenne du projet. Ouvert en 1989, le concours est remporté par le jeune architecte Dominique Perrault.

Une vaste friche ferroviaire de la rive gauche de la Seine, c'est dans ce décor sinistre que doivent s'élever quatre tours de verre aux silhouettes en L, telles des livres ouverts enfoncés dans le sol autour d'un cloître aux arbres tropicaux. Sur 350 000 m^2 de plancher, des salles de lectures aux centaines de kilomètres d'étagères verront le jour. Des chiffres vertigineux pour ce qui doit être le plus grand des « grands travaux ».

Un monument, pour lequel le président-commanditaire se prend de passion et dont il va suivre l'éclosion, dix ans durant, installant même une affiche de la réalisation dans son bureau élyséen. « Les délais sont atrocement courts. Du coup, il me protège. Je le vois plus de 25 fois en cinq ans ! Je vais à trois reprises à l'Élysée. Il vient à l'agence, arpente le chantier, s'intéresse à tout[9] », se souvient Perrault.

Sera-t-elle nommée « bibliothèque François Mitterrand » ? La question lui est posée par Bernard Pivot au printemps 1995. « Je ne le demande pas, il y a des noms plus illustres et plus adaptés[10] », rétorque un Président feignant l'indifférence aux honneurs…

9. « Mitterrand avait ses idées. Entretien avec Dominique Perrault, *Télérama*, 25 avril 2018.

10. Interview de M. François Mitterrand, Bernard Pivot, France 2, le 14 avril 1995.

Un grand stade François Mitterrand ?

Un stade François Mitterrand ? Ce 4 décembre 1995 quand Guy Drut, ministre de la Jeunesse et des Sports, annonce l'appellation retenue pour cet équipement destiné à la Coupe du monde de football 1998, le nom de « François Mitterrand » arrive en deuxième position, devancé par la proposition « stade de France » qui laisse dubitative une partie du pays.

Initialement prévu à Melun-Sénart, c'est à Saint-Denis qu'Édouard Balladur choisit en septembre 1993 de construire le grand stade, la France ayant été retenue à l'été 1992 par la FIFA pour accueillir la Coupe du monde de football de 1998. Le 2 mai 1995, sont donnés les premiers coups de pioche, alors que François Mitterrand est Président pendant quelques jours encore. Au mois de septembre suivant, Jacques Chirac a accédé à l'Élysée quand est posée la première pierre.

Sur le terrain du football

Ayant été le premier président de la République à assister aux finales de championnat de France de rugby, François Mitterrand ne manquait pas non plus une occasion de venir applaudir les footballeurs au Parc des Princes pour la Coupe de France. Dès 1927, sous la IIIe République, Gaston Doumergue institua le rituel républicain de la remise du trophée par le chef de l'État lors de la finale, remportée cette année-là par l'Olympique de Marseille. Ce même club s'imposait le 10 juin 1989, lorsque le président Mitterrand échangeait une bise avec l'attaquant Jean-Pierre Papin à qui il remettait la coupe.

N'ayant manqué aucune des quatorze éditions de la finale de la Coupe de France de football durant ses deux septennats, François Mitterrand s'est ainsi imposé comme le champion de ce rituel. La politique n'est jamais tenue éloignée par celui qui se campe en « président de tous les Français » : « Moi, je suis le seul tout à fait tranquille parmi vous. Parce que, moi, Nantes et Paris sont dans ma circonscription, donc je n'ai pas de préférence », s'amuse-t-il à déclarer en 1983 aux maires des deux villes, Michel Chauty et Jacques Chirac, dont les équipes s'affrontent en finale.

L'année précédente, le jeudi 8 juillet 1982 à Séville, la France vibrait et pleurait à chaudes larmes devant une partie tragique devenue mythique, la demi-finale de Coupe du monde France-Allemagne. Le défenseur Patrick Battiston était victime d'une sortie très violente du portier allemand et les Bleus perdaient par 4 à 2. Alors en visite en Hongrie, et invité à un dîner officiel à Budapest, le Président déroge ce soir-là quelque peu à ses obligations protocolaires. C'est ce que narre Jacques Attali : « Il me demanda de faire annuler le dîner sous prétexte d'aller écouter des violons dans un restaurant tzigane... où j'avais pris soin de faire installer des téléviseurs. Ce fut un petit scandale dans la Hongrie de Kádár. Nous soupâmes entourés de violoneux que nous écartions le plus possible des écrans. Michel Jobert, furieux de se voir imposer pareille excursion, tourna ostensiblement le dos au match pendant que François Mitterrand se passionnait pour cette rencontre. Quand un joueur français fut grièvement blessé par le gardien de but allemand, il fut le seul à garder son calme et nous intima l'ordre de ne pas protester devant les photographes qui nous mitraillaient[11]. » En France, l'émotion est forte, alimentant un ressentiment anti-allemand qui ne demande qu'à renaître. François Mitterrand et le chancelier allemand Helmut Schmidt s'emploient à calmer les esprits.

Au plus grand traumatisme de l'histoire du football français allait succéder, deux ans plus tard, la plus grande joie. Le 27 juin 1984, 22 h 30, la France est en liesse. Comme un 14 juillet. Comme un 10 mai 1981, diraient les socialistes. Présent lors de la finale de la coupe d'Europe de football organisée par la France, le président de la République remet la coupe à Michel Platini, capitaine des Bleus, après l'exploit des Tigana, Giresse et autres Bellone face à l'Espagne. Mitterrand n'a pas cherché à récupérer l'événement, n'étant pas présent lors du match d'ouverture. La victoire française à laquelle il assiste est tout

11. Jacques Attali, *C'était François Mitterrand, op. cit*, p. 82.

de même un soulagement, après la déroute politique subie, à la même période, lors des élections européennes du 17 juin.

À dire vrai, François Mitterrand se tient à l'écart du milieu du football, si éloigné du sien, sauf peut-être lorsqu'il s'agit de l'équipe d'Auxerre. Une préfecture de l'Yonne dont il connaît depuis longtemps le maire, Jean-Pierre Soissons, qu'il fait « ministre d'ouverture ». Quant à lui, maire de Château-Chinon de 1959 à 1981, Mitterrand y a sympathisé avec un entraîneur bourguignon, reconnaissable entre mille, répondant au nom de Guy Roux. C'est assez naturellement, à l'occasion de la clôture des Assises nationales des missions locales pour l'emploi à Auxerre, le 29 mai 1990, que le chef de l'État va visiter les installations de l'Association de la jeunesse auxerroise, club caractérisé par son esprit familial et provincial, alors même qu'il ne lui déplaît pas de se défaire d'une image trop parisienne.

9

PARIS, LA VILLE LUMIÈRE ET SA PART D'OMBRE

Amateur des promenades dans la nature, François Mitterrand est aussi un marcheur des villes, appréciant leurs quais et leurs rues, admirant leurs monuments et les devantures des libraires. Promeneur de Paris, flânant le long des quais et naviguant d'une rive à l'autre, l'homme ralentit le pas, levant la tête coiffée d'un feutre afin d'admirer un détail architectural. Il a ses lieux secrets, aimant à venir lire à l'ombre de l'Église du Dôme, dans le calme du jardin de l'Intendant longeant les Invalides.

La plus belle avenue du monde n'est pas toujours celle que l'on croit ; aux Champs-Élysées, il préfère l'axe naturel que constitue la Seine, à même de contrebalancer l'élément minéral, ne se lassant jamais du spectacle fluvial. « Seule ville du monde où coule un fleuve encadré par deux rangées de livres. [...] Que de livres ! Que de livres ! Il passe plus de livres dans les boîtes des quais qu'il ne coule d'eau sous les ponts de Paris », écrivait Blaise Cendras à propos des bouquinistes et de leurs emblématiques boîtes vertes, rivées aux berges dont elles contribuent tant au charme.

Ces livres sur Seine sont le produit d'une longue histoire débutée au mitan du XVIe siècle, alors que des marchands ambulants venaient y vendre calendriers et brochures. C'est au Pont-Neuf que se fixèrent par la suite les vendeurs de pamphlets, sous le regard inquisiteur de la police. En 1859, Napoléon III décida de sédentariser ces colporteurs. Mais ce n'est qu'en 1891 que les premières boîtes furent fixées aux parapets des quais de la Seine. Des caisses « vert wagon », couleur des stations de métro et des fontaines Wallace. Devenues une institution parisienne, celles-ci s'étirent rive gauche jusqu'au quai Voltaire, tout en faisant face à celles installées du pont Marie au pont des Arts. Le bruit et la pollution émanant des automobiles qui se multiplient dans les années 1930 n'en sont pas venus à bout, pas plus que les affres de la météo. Durant le second mandat présidentiel, les bords de Seine sur la rive gauche, depuis le quai de la Tournelle jusqu'au quai Malaquais, comptent 240 bouquinistes sur près de sept kilomètres.

Épris du toucher du vieux papier et du cuir des ouvrages anciens, le promeneur longe les étals des bouquinistes dont les boîtes à trésor regorgeant de littérature, de poésie, de numéros jaunis de revues et de gravures, font une singulière librairie à ciel ouvert. C'est durant les années d'après-guerre, alors que ses revenus commencent à le lui permettre, que François Mitterrand devient un bibliophile averti. Le voilà bientôt achetant des ouvrages, courant les magasins spécialisés du 6e arrondissement parisien, principalement chez le libraire Paul Derieux mais aussi chez Bernard Loliée, comme ce 13 décembre 1971 où il relate l'acquisition des éditions originales de René Leys de Victor Segalen et d'Amers de Saint-John Perse.

François Mitterrand sur les quais, une image iconique de l'âge d'or des vendeurs de livres, encore ancrée dans les mémoires par le film *Le promeneur du champ de Mars*. Cheminer sur les quais en sa compagnie ou faire une incursion chez l'un de ses libraires favoris est un privilège des plus enviés par les courtisans, quoique réservé à quelques intimes, amis de la première heure ou personnes ayant ses faveurs. Marcher est également une façon de donner du temps au temps, y compris lorsque le temps politique s'accélère. Plus que jamais, le rapport au temps est également un rapport de force. « Le jour où il a nommé Édouard Balladur, Premier ministre, il m'a dit « allons nous promener ». L'après-midi, nous sommes allés voir un de ses amis, malade, puis nous avons marché aux Invalides. Il m'a enseigné aussi sa formidable façon de jouer avec le temps. Avant je le croyais linéaire, lui sait le ralentir ou l'accélérer[1]... », relate en 1995 sa collaboratrice Anne Lauvergeon. Celle-ci fait partie des quelques proches dont s'entoure l'amateur éclairé, qui, boudant

1. Véronique Brocard, « Anne Lauvergeon. La femme du bureau d'à côté », *Libération*, 7 février 1995.

les ventes aux enchères, se déplace, de librairie en librairie afin de repérer puis d'acquérir ses ouvrages.

Chez les libraires du Quartier latin

« Tout à coup, un silence absolu, très particulier, se faisait dans la librairie et je savais, sans même lever les yeux, qu'il était là[2] », expliquait Paul Derieux, chez Gallimard, boulevard Raspail. « Il n'était pas un client comme les autres », se souvenait-on à la libraire Coulet, institution créée en 1937, sise en face du Pont-Neuf. « Il entrait seul. Ses gardes du corps restaient dehors. Et lorsque d'autres clients entraient, cela nous faisait une bonne publicité[3] », expliquait le propriétaire à propos de ces visites ayant lieu à la fréquence d'un samedi par mois.

« Mon Dieu que c'est cher ! » : telle était la lamentation que s'étaient habitués à entendre ces libraires parisiens, d'un François Mitterrand découvrant le prix d'un ouvrage. En bibliophile averti, il collectionnait les œuvres rares et donc coûteuses, dont il s'acquittait systématiquement du prix en liquide, à moins que son ami Roger-Patrice Pelat, qui l'accompagnait fréquemment, ne revienne régler la note. François Mitterrand fit des acquisitions particulièrement onéreuses, comme ce fut le cas en septembre 1985, avec ces 20 000 francs dépensés pour un exemplaire à tirage limité de *Notre Jeunesse*, narration de l'affaire Dreyfus par Charles Péguy. Un « record » battu dans le même établissement par l'achat, dans les derniers temps de sa vie, d'une édition en papier de 1940 de *Rives* de l'écrivain collaborationniste Lucien Rebatet, vendue 25 000 francs. François Mitterrand avait l'habitude de noter minutieusement les cotes et les dates d'achat de ses livres sur une petite fiche écrite à l'encre bleue, glissée à l'intérieur : « Maurice Barrès, la Colline inspirée éd. or. Je l'ai achetée 850 francs chez Loliée

2. Jérôme Dupuis, « Livres : les trésors de la collection Mitterrand », *L'Express*, 5 octobre 2018.

3. « Il n'était pas un client comme les autres », *Le Parisien, Île-de-France & Oise*, Paris, 7 janvier 2006.

en 1964. Le même était coté toujours chez Loliée 2 800 francs en janvier 1969. »

Dans sa quête d'éditions originales, il feuillette durant le moindre temps mort des catalogues comme celui de la librairie Les Arcades. Il en est ainsi jusqu'au Conseil des ministres, durant la cohabitation avec Jacques Chirac, histoire d'afficher son ennui autant que son mépris. « Tout livre en vitrine excite mon appétit[4] », écrivait François Mitterrand, dans *L'Abeille et l'Architecte*. Laurent Coulet, patron de la librairie Coulet et Faure, se souvient de visites fréquentes du Président : « Un client particulièrement charmant », qui « profitait quelquefois de ce moment pour semer ses gardes du corps et partir se promener (…) il ne restait pas plus de dix minutes[5] ».

Des bonnes adresses, l'homme en cumule dans chacun de ses territoires de prédilection, parmi lesquels la Nièvre occupe une place de choix. Ainsi, au matin du dimanche 10 mai 1981, alors que la France est appelée aux urnes, le libraire morvandeau Gérard Oberlé, installé au manoir de Pron, à Montigny-sur-Canne, a la surprise de voir arriver, à la première heure, le candidat à la présidentielle en personne. Sitôt après avoir voté à Château-Chinon, François Mitterrand avait, en effet, pris sa voiture et effectué trente kilomètres pour venir évoquer Pierre Loti et acquérir des ouvrages de Gustave Flaubert et Alphonse Daudet. Une anecdote à mettre en parallèle avec ce 8 mai 1988, soir de réélection à la présidence de la République, où, dans l'hélicoptère le reconduisant du Morvan vers la capitale, François Mitterrand plongé dans les *Mémoires* de Pierre-Victor de Besenval de Brünstatt suggère ainsi la distance, feinte ou réelle, qu'il instaure vis-à-vis du scrutin en cours. Une fois à l'Elysée, quelles que fussent les charges de son agenda, François Mitterrand sut toujours prendre le temps de flâner au gré de ses envies pour glaner des ouvrages. Des livres qui s'imposent à lui, se posent sur les étagères de ses résidences. Ainsi, sa vie durant, il constitua un fonds de 20 000 volumes, composé pour l'essentiel de

4. François Mitterrand, *L'Abeille et l'Architecte*, Paris, Flammarion, 1978, p. 198.

5. *Les Échos*, 12 octobre 2018.

romans, et non d'œuvres politiques, venant garnir les rayonnages de la rue de Bièvre ou de Latche. Une collection dont il fera don en 1990 à la bibliothèque de Nevers, n'en gardant qu'un millier parmi les plus précieux.

Lors de ces instants passés à feuilleter de vieux ouvrages, les plus habiles se prennent à lire entre les lignes. Ainsi Michel Charasse, lui vantant les mérites d'un ouvrage de Talleyrand, personnage honni par le Président. « Quand on est un homme d'honneur, on ne renie pas ses vœux », rétorque-t-il sèchement à son truculent ami, qui en tire des conclusions. « Talleyrand avait renié ses vœux d'évêque. J'ai songé alors au vœu du mariage[6]… »

Une connaissance des livres qu'il aime à partager avec les femmes. « Je vous attendrai à la librairie Le Divan, place Saint-Germain-des-Prés, à 19 heures », écrit, le 30 septembre 1963, le député de la Nièvre, à une jeune provinciale fraîchement arrivée à Paris. Il s'agit d'Anne Pingeot, vingt ans, à qui François Mitterrand, 46 ans, fixera tant d'autres rendez-vous empreints de littérature, notamment boulevard Raspail, devant Gallimard. Friand d'ouvrages, il les acquiert pour lui-même, mais aussi pour les offrir, notamment à Anne qui éprouve également un amour immodéré pour les livres.

Le Paris d'Anne et François

> « *Sur les quais et sous la pluie*
> *Au pied de l'Académie*
> *Bibliothèque Mazarine*
> *Le brouillard sur les vitrines*
> *Le chagrin et les autos*
> *Le pont des Arts en travaux…* »

Lorsqu'en 1980 résonnent les notes nostalgiques de cette chanson de Julien Clerc, celle-ci a assurément une tonalité particulière pour un couple dont les Français ne soupçonnent pas l'existence. À quelques centaines de mètres de la bibliothèque Mazarine, la rue

6. Michel Charasse, France Inter, 29 octobre 2016.

éponyme est un lieu de rendez-vous de ces amoureux clandestins : « Dîner rue Mazarine. Au Feu de Braise[7] », mentionne ainsi le socialiste le 3 août 1965 dans son *Journal pour Anne*. Située sur le quai Conti, la bibliothèque Mazarine, avec sa galerie de lecture aux murs ornés de boiseries et éclairée de grandes fenêtres, fut l'écrin d'échanges entre l'amoureux des livres qu'est François Mitterrand et la jeune étudiante dont il était épris.

Épris, il l'est également de Paris, lui qui aime à en faire découvrir les merveilles à sa jeune compagne de l'ombre, qu'il retrouve dès que possible : « J'ai un besoin fou de ton bras sous le mien, de nos rues Saint-Sulpice, de ta tête penchée près de la mienne[8] », écrivait l'homme politique à Anne Pingeot à l'été 1970, possible référence au n° 12 de la rue, celui de la librairie Jean-Claude Vrain, qu'il fréquente assidûment. C'est l'« intime joie des lieux, de nos lieux saints[9] », qu'il évoque pour elle, constellant ses lettres de références privées au 6e arrondissement, comme celles à la rue de Fleurus, débouchant sur le jardin du Luxembourg.

Un arrondissement dans lequel la jeune fille partage une chambre avec une amie, rue Saint-Placide. Précédemment, Anne Pingeot avait emménagé au 39 rue du Cherche-Midi, aux côtés de sa sœur Martine et de plusieurs amies. Celles-ci eurent quelquefois la surprise de reconnaître l'homme public venant quérir leur colocataire…

À son arrivée à Paris, à l'âge de 16 ans, ses parents l'avaient placée dans un foyer religieux, l'Abbaye-aux-Bois, ancien couvent de Bernardines situé dans le 7e arrondissement. À l'École nationale des métiers d'art, elle se forme à celui du vitrail, occupation convenable pour une jeune fille de bonne famille destinée à être une épouse cultivée. Une formation à laquelle elle donne une tournure plus personnelle, en choisissant de préparer son droit à Assas et de fréquenter l'école du Louvre. Des décisions sur lesquelles planent l'ombre de son mentor et amant, veillant sur ses études comme si elle était sa propre fille. Il travaille à ses côtés, préparant ses articles

7. François Mitterrand, *Journal pour Anne*, *op. cit.*, p. 490.
8. François Mitterrand, *Lettres à Anne*, *op. cit.*, p. 671.
9. *Ibid*, p. 982.

et interventions quand celle-ci révise ses concours, des après-midi entiers, sur une table du bistrot Au Père Otto. S'enquérant chaque jour de ses nouvelles, ce dernier guette ses apparitions, l'attend tel un jeune amoureux éperdu devant son vélo stationné près du Louvre où elle devient, en 1973, conservatrice au département des sculptures.

« Nous nous sommes vus à midi sous la pluie, à l'abri d'un porche de la rue Guynemer », écrit-il à Anne Pingeot, le 26 mars 1971[10]. Deux vies, deux mondes proches, deux sphères qui s'interpénètrent parfois dangereusement. Dix-huit minutes à pied séparent les deux femmes qui partagent l'essentiel de son existence, quand, désireuse de voler de ses propres ailes, la jeune fille utilise ses premiers salaires de conservatrice pour acquérir un petit appartement rue Jacob, à Saint-Germain-des-Prés. Les déplacements du député de la Nièvre vers cette adresse intriguent son entourage, dont Pierre Joxe : « J'ai compris qu'il fréquentait quelqu'un rue Jacob. Je le raccompagnais là souvent en sortant de l'Assemblée. Une fois, je suis tombé sur elle, mais je n'ai pas posé de question. On ne posait pas de questions à Mitterrand[11]... » L'homme politique a toujours su compartimenter sa vie, brouiller le temps et l'espace pour se prémunir de ceux qui voudraient le suivre de trop près. Et ce d'autant plus quand, en 1974, le destin du couple de l'ombre entre dans une nouvelle ère avec la naissance de Mazarine.

Mazarine et les lieux du grand secret

L'amour a ses raisons que la raison d'État ne connaît point... Pourtant, c'est au nom de cette dernière que François Mitterrand, parvenu à l'Élysée, va s'employer à cacher le secret qui lui tient le plus à cœur, à égalité avec celui de sa maladie. En 1981, l'homme politique âgé de 65 ans a deux petites-filles, Pascale et Justine, filles de son aîné Gilbert. Mais les Français ne doivent en aucun cas apprendre que le Président aux airs de grand-père rassurant est

10. *Lettres à Anne, op.cit.*, p. 760.

11. « Anne Pingeot, la clandestine », *Le Journal du dimanche*, 8 janvier 2011.

également le père d'une fillette de sept ans. C'est ainsi une vie du secret qui s'organise, entre le père et sa fille. En résultera un épuisant jeu de cache-cache pour sa maîtresse et sa « fille de l'ombre », que Mazarine Pingeot contera dans deux récits autobiographiques, *Bouche cousue* et *Bon petit soldat.*

Désormais, la garde rapprochée des hommes du GPSR conduit chaque jour l'enfant à l'école primaire de la rue Saint-Benoît, l'accompagnant en fin de semaine jusqu'au domaine présidentiel de Souzy-la-Briche. Lorsqu'un jour, celle-ci y fait une mauvaise chute de cheval et doit être conduite à l'hôpital du Val-de-Grâce où la présence de son président de père provoque l'incrédulité du personnel soignant.

Alors que le cinéma est un loisir qui compte pour tout adolescent, les sorties père-fille sont risquées. L'ami Robert Badinter invite à des projections privées de Gaumont, comme le fait André Rousselet, président-fondateur de Canal Plus. Ceux-ci font partie des très rares intimes mis dans la confidence, quand, à la fin des années 1970, certains ténors socialistes s'étonnaient de voir traîner un jouet sur la banquette arrière de la voiture de leur premier secrétaire.

Un secret de polichinelle pour le Tout-Paris. C'est aux éditions « Mazarine » que Françoise Giroud publie en 1984, *Le bon plaisir*, roman à clé narrant l'histoire de l'enfant caché d'un président de la République. Dès le début du mandat du chef de l'État, *Rivarol*, feuille d'extrême-droite, a voulu révéler l'existence de la petite fille qu'il menace même d'enlever. Le danger provient plus encore de Jean-Edern Hallier, jouant la partition du bouffon contre le roi. Convaincu que son soutien a été décisif dans l'élection du socialiste, il est rapidement déçu de ne pas être honoré par le nouveau pouvoir, dont il n'espérait rien de moins que l'obtention du ministère de la Culture ou de la direction d'une chaîne de télévision. Remonté, l'écrivain mégalomane et incontrôlable lâche ses coups : « *Tonton et Mazarine* », tel est le titre donné aux épreuves d'un ouvrage qu'il fait circuler auprès d'éditeurs parisiens qui le repoussent pour son ton outrancier. Ruiné, le polémiste se voit rétablir sur intervention de l'Élysée le téléphone qui lui a été coupé pour impayés... afin de le mettre sous écoute, comme l'est La Closerie des Lilas, établissement qu'il fréquente avec assiduité.

Dans les sous-sols des Invalides : secret-défiance

François Mitterrand aurait souhaité s'installer aux Invalides, en lieu et place de l'Élysée. Mais c'est un service bien moins avouable qui a pris place dans les sous-sols bunkérisés. C'est là que l'on procède aux écoutes téléphoniques, système organisé par les gendarmes de l'Élysée, avec pour but initial de protéger le double secret, celui de l'existence de sa fille et celui de la maladie. Portant atteinte à la vie privée des écoutés, la cellule tend l'oreille en surveillant en toute illégalité jusqu'à 150 personnes, tant journalistes, comme Edwy Plenel qui dérange le pouvoir par ses scoops en une du *Monde*, qu'artistes, comme Carole Bouquet. François Mitterrand, père prévenant et attentionné, est aussi un homme politique attentif à ce que le secret le concernant en reste un, quitte à violer les lois et les promesses du Premier ministre Pierre Mauroy sur la fin des écoutes illégales.

Au soir de sa vie, en mars 1993, le Président, bouillant d'une colère froide, répond à deux journalistes belges de la RTBF Jean-François Bastin et Hugues Le Paige, ayant obtenu l'autorisation de filmer les coulisses du palais. « L'Élysée n'écoute rien. Le système d'écoutes dépend du Premier ministre. Moi, personnellement, je n'en ai jamais lu une seule. » Avant d'ajouter, cinglant : « Si j'avais su que nous tomberions dans ces bas-fonds, je n'aurais pas accordé cet entretien », et d'éconduire ses interlocuteurs.

Mazarine poursuivra sa formation à Henri IV, un lycée dont l'effectif est déjà au complet et où une intervention de l'Élysée est nécessaire pour lui trouver une place. Le Président suit de près les études de sa fille, habituée du Quartier latin qu'elle arpente, à pied, ou parcourt à vélo comme n'importe quelle demoiselle de son âge. Fier d'elle et des études littéraires qui sont les siennes, le vieil homme se moque désormais des conventions et des précautions. Il ne craint plus de se montrer en compagnie de sa fille de moins en moins « cachée » autour de bonnes tables parisiennes. « De tout le temps où j'étais à l'Élysée, il me demandait des noms de restaurants pas trop ringards où il pouvait inviter sa fille, et le lendemain, j'avais le débriefing[12] », expliquait Laure Adler. Au restaurant, accompagné de Mazarine, il croise des journalistes qu'il lui arrive d'aller saluer, comme ce fut le cas de Serge July.

Mais c'est à l'âge de 20 ans que la jeune femme est née aux yeux du grand public. Afin de célébrer son succès au concours de Normale Sup, le Président l'emmène en compagnie de sa mère, Anne Pingeot et de Michel Charasse, dans l'un de ses restaurants de prédilection, le Divellec, situé rue Fabert dans le 7e arrondissement. C'est à la sortie de ce déjeuner qu'un photographe de *Paris Match* prend un cliché qui fera date, publié en une du numéro du 10 novembre 1994. « Mitterrand et sa fille, le bouleversant récit d'une double vie », titre le magazine, alors que la France entière découvre l'existence de Mazarine, sa frêle et juvénile silhouette s'affichant à côté de celle de son président de père. Mais tous les jardins secrets qu'il cultive ne sauraient être défrichés… Car la lourdeur des responsabilités à un contrepoids tout trouvé, la légèreté et la frivolité.

À Montmartre avec Dalida

Fidèle aux unes et aux autres de ses conquêtes qu'il fréquente assidûment, à sa façon, l'homme politique s'est façonné une vie privée faite de pas de côtés et de voies de traverse. Celles-ci prenant notamment la direction des hauteurs de Montmartre, au tournant des décennies 1970 et 1980. Silhouette hiératique et attitude impérieuse, le feutre vissé sur la tête et l'écharpe rouge nouée autour du cou, l'homme qui arpente la butte semble tout droit sorti d'une œuvre de Toulouse-Lautrec.

Dalida, il l'a rencontrée au début des années 1970, alors qu'elle se produit lors d'un rassemblement du Parti socialiste organisé à Marseille par Gaston Defferre. De là, naîtra une amitié, la star native du Caire acceptant de chanter à Château-Chinon à

12. « François Mitterrand, que reste-t-il de nos amours ? », documentaire de William Karel, Arte France, Roche Productions, 2015.

l'occasion de la célébration des vingt-cinq ans de mandat parlementaire du leader socialiste. Une amie… intime qui le reçoit pour de discrets rendez-vous montmartrois. Là, à quelques pas de la place du Tertre, dans la demeure du 11 bis de l'étroite rue d'Orchampt, il vient déjeuner de fruits de mer. Délaissant la grande maison qu'elle a faite construire à Neuilly sans jamais l'habiter, car éprise de l'ambiance de Montmartre, Dalida avait acquis en 1962 cet hôtel particulier de style 1900 aux allures de château, ayant appartenu à Louis-Ferdinand Céline. Depuis son balcon orienté plein sud, on y embrasse l'horizon parisien.

Une relation révélée par l'épouse du psychanalyste de Dalida, devenue l'amie de la chanteuse. Dans *Dalida, tu m'appelais petite sœur,* publié en 2007, Jacqueline Pitchal relate que la vedette était éprise de Mitterrand dès 1979. « Lorsqu'il ne vient pas en taxi, il vient en voiture et se gare rue Lepic. Il arrive souvent seul, sans chauffeur, ni garde du corps. Il prend beaucoup de risques lorsqu'il ne trouve pas de place et qu'il est obligé de faire le grand tour[13]… » Devenant l'égérie de la gauche, Dalida s'engage publiquement pour soutenir le socialiste lors de la campagne présidentielle de 1981. Celle qui accompagne les militants lors des distributions de tracts dans les rues de Montmartre, ouvre sa villa pour en faire un point de rassemblement des jeunes socialistes. Absente à Paris le 10 mai 1981, pour cause de concert à Abu Dhabi, on la trouvera en revanche assise au premier rang des fidèles, vêtue d'une robe fuchsia, lors de la cérémonie du Panthéon. Le surnom de « Panthère rose » était né, mais la liaison ne survivra pas, semble-t-il, à l'installation au pouvoir de l'homme politique. Sans lien de cause à effet, Dalida, atteinte de dépression chronique, se donnera la mort dans sa maison de Montmartre, en 1987, laissant à l'attention de ses proches ce message : « Pardonnez-moi, la vie m'est insupportable. »

13. *Paris Match,* 29 mars 2007.

Du Val de Grâce à l'hôpital Cochin

« Les médecins sont formels, je serai mort avant la fin de l'année, c'est quand même râlant[14] », affirme le Président à Jacques Attali, au cours d'un match de tennis à la fin de l'année 1981, suite au diagnostic du professeur Stein. De très rares proches sont alors mis dans la confidence, parmi lesquels le Premier ministre Pierre Mauroy. Avant que le Président ne se rétracte et démente la nouvelle quelque temps plus tard. « Les médecins se sont trompés », annonce-t-il. Mais déjà la rumeur enfle dans le petit milieu politico-journalistique parisien. Le 9 décembre 1981, la question de sa santé lui est posée sur TF1 par Michèle Cotta… Il l'élude habilement.

Les examens révélant cette affection ont eu lieu un mois plus tôt dans le plus grand secret. Le 7 novembre 1981, au retour d'un voyage à Cancún ponctué d'un discours ayant fait date, et au cours duquel le Président a montré quelques signes de faiblesse et s'est plaint de douleurs, François Mitterrand est conduit jusqu'au Val de Grâce par le docteur Gubler, dans sa propre DS, loin de toute escorte officielle qui aurait pu éveiller le soupçon. C'est sous le nom d'Albert Blot, beau-frère du général Thomas qui dirige l'hôpital, que François Mitterrand est admis. Communiqués quelques jours plus tard, les résultats sont sans appel : c'est un cancer métastasé.

Alors que son propre père est mort d'un cancer de la prostate, le Président s'accroche alors à l'espoir ténu d'une guérison. Secret d'État ou mensonge d'État, c'est pour François Mitterrand une nécessité de ne pas dévoiler ce talon d'Achille, d'autant plus lorsque la fin du mandat approche et que se joue sa réélection en 1988. Les Français apprendront que leur Président souffre d'un cancer de la prostate quatre ans plus tard, à sa sortie de l'hôpital Cochin, sur fond de vote du traité de Maastricht, le 16 septembre 1992.

14. « François Mitterrand, que reste-t-il de nos amours ? », documentaire de William Karel, Arte France, Roche Productions, 2015.

Rue de Bièvre, éternel repère

Durant deux septennats l'obscure rue de Bièvre s'est retrouvée sous le feu des projecteurs, perdant ainsi toute sa quiétude. Une barrière y interdit l'accès aux voitures, côté Maubert-Mutualité, alors qu'y vit toujours Danielle. Une rue, à laquelle le Président est venu faire symboliquement ses adieux, le 17 mai 1995, le jour même où il quittait l'Élysée, en venant déjeuner dans le restaurant de couscous où il avait ses habitudes. Le soir, il s'installait avenue Frédéric-Le-Play, dans l'appartement mis à sa disposition par l'État et dans lequel il vivra ses derniers mois. Mais toujours depuis ce refuge contraint, l'aiguille de sa boussole personnelle indique des lieux chers…

10

LIEUX DE MÉMOIRE(S)

« Cela fait trente ans que j'ai rendez-vous avec ce paysage, je n'y ai jamais manqué depuis 1946. C'est l'histoire d'une vie », explique-t-il au micro de TF1, en 1976, à propos de ce qui est devenu un rendez-vous entré dans la mémoire nationale : l'ascension de la roche de Solutré.

À l'origine, ils étaient une poignée à gravir cet escarpement, parmi lesquels son beau-frère, Roger Gouze, et quelques résistants, se retrouvant à Pâques, avant que l'événement ne soit décalé à la Pentecôte pour profiter d'une météo plus clémente. Un pèlerinage qui comporte ainsi une dimension personnelle, alors que la famille de Danielle est installée à Cluny. Ces hommes honorent une promesse faite à la fin de la guerre : chaque année, ils se retrouveront, ici, pour gravir la roche de Solutré, sommet dominant du haut de ses 315 mètres les vignobles du Mâconnais.

Habité par le sens du tragique, marque générationnelle d'un homme ayant vécu le Second conflit mondial, il a, plus que quiconque, le sens des symboles. Le rite devient progressivement une célébration de l'acte fondateur de la geste mitterrandienne, la Résistance, rappelant les liens indéfectibles qui l'y unissent, et plus encore lorsque son passé sera scruté.

« Solutré, c'est déjà le rite, le pensum de la Pentecôte, pas encore la foire aux disciples et aux courtisans[1] », explique *a posteriori* André Rousselet, relatant la première ascension à laquelle il participait, en 1956. D'amicale et familiale, la promenade se mue, en effet, peu à peu en acte politique et médiatique, où s'élargit le cercle des fidèles,

1. André Rousselet, *Á mi-parcours*, Kéro, Paris, 2015, p. 136.

alors que le personnage public gagne en notoriété. Mais quand en 1981, le socialiste devient chef de l'État, c'est une véritable cour qui l'enserre en ce lieu où il faut être, et parmi les premiers au sommet si possible, à l'image de Jack Lang. Face à ce Président décontracté autour duquel le protocole est simplifié, les bâtons de pèlerin se posent pour une conversation « à bâtons rompus » avec la presse, à l'affût de la moindre confidence.

Travaillant sa propre image, mettant en scène son personnage, l'homme politique nourrit un rapport singulier avec la photographie et ses auteurs. Des photographes présents quand, en 1987, par ce matin pluvieux de juin, c'est accompagné de son seul beau-frère Roger Gouze, et de son labrador Baltique, que François Mitterrand part gravir la roche dès neuf heures. Quelle meilleure façon de donner l'image d'un chef de l'État se situant au-dessus de la mêlée, le seul réellement indispensable ?

Quelques années après sa réélection, en 1992, c'est un homme fatigué qui se joue des journalistes qui l'attendent au sommet de Solutré. Le Président, qui a créé lui-même cet événement annuel, leur a joué un tour, étant parvenu à se hisser sur la roche voisine de Vergisson. « La farce tranquille[2] », selon le photographe de la presse locale, Jean-Paul Gollin, seul à être mis dans la confidence afin de prendre le cliché attestant de l'ascension. De bon enfant à ses débuts, l'ambiance est devenue plus lourde autour du vieil homme, si épuisé qu'en 1995 un 4x4 devait le conduire à mi-parcours. Le cinquantième anniversaire de cette procession se fera sans François Mitterrand, honorant la mémoire de celui qui disparaissait le 8 janvier 1996. Ainsi, au gré d'un demi-siècle d'ascensions rituelles, Solutré s'est-il imposé autour d'origines mythifiées, liées à un vœu formulé aux dures heures de la Résistance dans la région de Cluny.

2. *Le Journal de Saône-et-Loire*, 7 février 2016.

La célébration des hauts lieux de la Résistance

« Un Solutré maritime ? », c'est la suggestion de l'historien Patrick Gourlay à propos du site breton de Beg-an-Fry où transita François Mitterrand en février 1944, et devenu « un lieu de mémoire de la Mitterrandie en Bretagne[3] ». Le socialiste y vint à plusieurs reprises, notamment en tant que ministre de l'Intérieur, en 1954. En 1971, il célébrait dans *La Paille et le Grain* la beauté des lieux sans faire écho à son propre parcours. Il y effectue une nouvelle visite en 1978, après que les côtes bretonnes aient été souillées par la marée noire de l'Amoco Cadiz, et enfin comme Président, en 1985. Au cours de ce voyage officiel, il y retrouvera les résistants du réseau qui l'avaient aidé à débarquer, mettant ainsi en lumière son propre rôle dans l'armée des ombres.

Très tôt, c'est dans la Nièvre, terre à laquelle il fit le choix de s'ancrer politiquement que François Mitterrand ne manqua pas une occasion de célébrer le souvenir du maquis. Celui-ci s'incarne plus particulièrement à Dun-les-Places où 27 hommes ont été massacrés par les nazis, en juin 1944. Participant à la cérémonie commémorative dès 1948, il ne déroge pas à cette tradition en 1981. Fraîchement élu, il y effectue l'un de ses tout premiers déplacements officiels en province, le 26 juin, occasion de renouer avec le terrain, entre solennité présidentielle et proximité d'un élu local familier des lieux. En Morvan, les montagnes servirent de refuge aux jeunes gens décidés à défier Vichy. Le chef de l'État vient y inaugurer, le 26 juin 1983, le musée de la Résistance de Saint-Brisson.

Une politique mémorielle qui se décline à l'échelon national. C'est au Mont-Mouchet, que se rend le nouveau président de la République, dès le 5 juillet 1981. Au pied du mémorial, où repose un résistant inconnu, la commémoration des combats du maquis lui permet de lier l'histoire à son propre itinéraire au cours d'une apologie de la résistance intérieure qui se double de celle des valeurs humanistes. : « Je veux associer à ces remerciements celles

3. Patrick Gourlay, « Beg-an-Fry, un Solutré maritime ? », Presses de Sciences Po, *Vingtième Siècle. Revue d'histoire*, 2009, n° 102, pp. 145 à 157.

et ceux, nombreux encore, qui entretiennent vivante, ici, la flamme de la résistance auvergnate que les circonstances m'ont conduit à bien connaître, puisque j'ai passé dans votre région des moments importants de ma vie de clandestin[4]. »

Il en sera de même en d'autres lieux, comme le 6 septembre 1984, à Montmélian (Savoie) où, à l'occasion d'une visite à Chambéry, il salue la mémoire de sept jeunes résistants y ayant donné leur vie. Dans les Hautes-Alpes, le Président vient en 1986 commémorer la libération de Gap et fait un détour par le château de Montmaur. Il y dévoile une plaque en l'honneur du commandant Mauduit, fondateur de « La Chaîne ». Une façon au passage de rappeler sa propre action passée pour un chef de l'État accueilli par une haie d'honneur des anciens du réseau résistant. Dès 1949, François Mitterrand s'était intéressé à la postérité du commandant Mauduit, présidant alors un comité d'honneur destiné à exaucer le vœu de ce dernier, mort en déportation, d'être enterré à Montmaur. Au terme d'une souscription, cela sera chose faite le 9 octobre de cette année-là, la tombe étant placée sur la petite colline que domine la chapelle Sainte-Philomène.

La Résistance est à la fois une légitimation de l'action politique et une mythologie à laquelle il emprunte pour nourrir la sienne. C'est le cas lorsqu'en 1982 à Aubusson, il évoque son évasion du stalag, pour, comme on le suppose à l'époque, entrer sans plus attendre dans la Résistance. Le Président narre à cette occasion la « leçon personnelle » que constitua une marche « dans la forêt des environs de Bellegarde-en-Marche », et encore « les quelques 600 kilomètres [...] avec une boussole depuis la Thuringe jusqu'à la frontière suisse un peu plus tôt ». Le signe selon lui d'un sens de l'orientation assuré, qu'il soit géographique ou politique : « Je ne perdrai pas plus la direction de la boussole dans le maquis des mesures économiques, sociales, industrielles et culturelles[5]. » Une

4. Allocution de M. François Mitterrand, président de la République, à l'occasion de la commémoration du trente-septième anniversaire des combats du Mont-Mouchet en Auvergne, 5 juillet 1981.

5. Discours de M. François Mitterrand, président de la République, à l'hôtel de ville d'Aubusson, 3 mai 1982.

Résistance dont il célèbre encore habilement l'esprit en Corse, en 1993, à l'occasion du cinquantième anniversaire de la libération de l'île. Le premier département métropolitain libéré pendant la guerre voit ainsi son histoire pleinement intégrée à celle d'une Nation retrouvant sa pleine souveraineté grâce à l'appui de l'Armée des ombres. « Oui, la Résistance a joué le premier rôle dans la libération de la Corse mais comment lire, sans désarroi et sans souffrance, le long martyrologe corse. Comment, c'est impossible, citer les noms de ceux qui n'ont reculé devant aucun danger, qui ont été exécutés par l'ennemi ou qui, lui barrant les routes de l'Ouest, à un contre dix, sont tombés les armes à la main. Les qualités montrées au cours de ce combat illustrent, je peux le dire, le génie particulier corse. Par l'histoire, la géographie, la culture, vous portez en vous une indestructible identité qui a marqué elle-même, et qui reste attachée sans limite et sans rupture à notre histoire collective, celle de la France, notre patrie[6]. »

En avril 1994, il se rend au plateau des Glières pour le cinquantième anniversaire des combats au cours desquels une centaine de maquisards furent tués par des soldats allemands et des miliciens français, le 26 mars 1944. Charles de Gaulle lui-même y était venu rendre hommage aux victimes, dès novembre 1944, alors que la France n'avait pas encore recouvré la totalité de son territoire.

Du Vel d'Hiv à l'île d'Yeu, un passé qui ne passe pas

« Il n'y a rien de vrai dans tout ce qu'on raconte dans les journaux au sujet des *Mémoires*. Je n'ai d'ailleurs aucune envie d'en écrire. Tout ce qui m'est attribué à ce sujet est inexact », note à l'encre bleue le maréchal Pétain, reclus sur l'île d'Yeu, ce 16 décembre 1948. On ne sait précisément ce que fit François Mitterrand ce jour-là. Le jeune secrétaire d'État à la présidence du Conseil, chargé de l'information, était jusqu'au 30 novembre 1948 aux prises avec une grève des mineurs, épisode majeur du

6. Déplacement en Corse à l'occasion de la Commémoration du cinquantième anniversaire de la Libération de la Corse le 10 septembre 1993.

mouvement ouvrier français. Ce que l'on sait par contre, c'est qu'il achètera cette lettre autographe de Philippe Pétain.

À vingt-cinq kilomètres de la côte vendéenne, l'île d'Yeu est un confetti de terre où il arrive que le « vent mauvais » soulève d'énormes vagues. C'est au Fort de Pierre-Levée que le maréchal Pétain fut détenu de 1945 jusqu'à son décès, le 23 juillet 1951, à l'âge de 95 ans. « Philippe Pétain, maréchal de France », est-il inscrit sur la tombe blanche où il repose au cimetière de Port-Joinville, sur la côte nord de l'île. Un lieu oublié de tous, ou presque, car il a valeur de sanctuaire pour les nostalgiques qui s'y réunissent chaque été, à la date anniversaire de la mort du responsable de la collaboration, achevant de rendre bien encombrante la dépouille de celui qui fut à la fois l'homme de Verdun et de Vichy.

Encombrante fut également la découverte de l'habitude mitterrandienne de faire fleurir par le préfet de Vendée la tombe du maréchal, chaque 11 novembre, et ce depuis 1987. En ce jour de célébration de l'armistice de la Première guerre mondiale, le Président fait déposer une gerbe de fleurs sur la tombe des Maréchaux de la guerre 1914-1918. Parmi ceux-ci, l'Auvergnat Fayolle, né en 1852 au Puy-en-Velay, qui reçut en 1921 le titre honorifique de maréchal de France, avant de s'éteindre, sept ans plus tard, à l'âge de 76 ans. Le militaire dont le corps repose aux Invalides n'est autre que l'arrière-grand-père d'Anne Pingeot, un détail tout sauf insignifiant. Également honorés, les autres maréchaux entrés dans l'histoire ont pour patronymes Foch, Franchet d'Espèrey, Gallieni, Joffre, Lyautey, Maunoury et… Pétain. C'est ce que révèle Serge Klarsfeld, à l'été 1992, faisant référence à la jeunesse du Président, un demi-siècle plus tôt : « François Mitterrand est fidèle à lui-même, dans la mesure où il est entré à Vichy en avril 1942, avant d'entrer dans la Résistance […]. Il considère que Vichy est une parenthèse de l'Histoire. Il n'a pas vu un régime haïssable, un régime fasciste […]. Même s'il a eu un itinéraire honorable dans la Résistance, il ne veut pas renier le jeune homme qu'il a été et considère que le seul bourreau était nazi[7]. » Il est, en effet, délicat de rappeler que Philippe Pétain a

7. « L'insulte aux martyrs », *L'Humanité*, 13 novembre 1992.

été un grand général en 1914-1918 sans paraître absoudre celui qui, devenu maréchal, prit la tête du régime de Vichy, de 1940 à 1945. « La gloire de Verdun, la gloire payée par beaucoup de sang et de drames, ne peut pas être oubliée, ni les anciens combattants et d'autre part la honte de 1942 ne peut pas l'être davantage. [...] Je comprends très bien l'émotion de la communauté juive devant ce dépôt de gerbe, il faut que je gère cette contradiction de l'Histoire, il faudra sans doute la gérer autrement[8] », déclare le Président, après ce qui restera le dernier fleurissement, en novembre 1992.

Un hommage ayant suscité une forte réprobation, notamment celle des organisations juives, quelques mois seulement après le cinquantenaire de la rafle du Vélodrome d'Hiver. Un demi-siècle après les faits, François Mitterrand est, cette année-là, le premier président de la République à participer aux commémorations de ce qui fut la plus grande arrestation de Juifs dans le pays durant la Seconde Guerre mondiale. Au cours de ces funestes journées des 16 et 17 juillet 1942, 13 152 Juifs de France, enfants, femmes et hommes furent arrachés à leur vie quotidienne, rassemblés de force afin d'être déportés.

Il n'y prononce aucun discours. Mais selon le Président, la République n'est « pas comptable des actes de Vichy ». Une minoration des responsabilités qui vaut aussi à titre individuel. Doté d'une immense force de persuasion, François Mitterrand est parvenu à faire oublier la réalité de son parcours durant cette période, poussant le vice jusqu'à donner l'impression de l'avoir oubliée lui-même. Le 16 juillet 1942, alors que la rafle du Vel' d'Hiv frappait à Paris, François Mitterrand, alors âgé de 25 ans, était à Vichy. Une photographie, rendue publique par l'ouvrage de Pierre Péan, atteste qu'en octobre 1942, trois mois après cette opération d'arrestations, le jeune Charentais était reçu en audience par le maréchal Pétain à Vichy. Quelques mois plus tard, il s'engageait pleinement dans la Résistance.

Au lendemain de la guerre, le général de Gaulle était parvenu à installer le mythe d'une France majoritairement résistante, fondé

8. Interview de François Mitterrand, président de la République, à Radio J le 13 novembre 1992, et diffusée le 22 novembre 1992.

sur les deux piliers de l'amnistie et de l'amnésie. Un roman national falsificateur qui allait se perpétuer, malgré les coups de boutoir apportés par *La France de Vichy*, ouvrage publié par Robert Paxton en 1974, suivi en 1985 du film *Shoah* de Claude Lanzmann. Ces jalons posés, c'était à la trajectoire personnelle du président élu en 1981 que s'attaquait Pierre Péan, révélant au plus grand nombre que sa « *Jeunesse française* » avait été vichyste. Alors qu'approche, en 1994, la fin d'un mandat au terme duquel le chef de l'État ne se représentera pas, il devient plus aisé de s'intéresser à ce passé sans insulter l'avenir. Une redécouverte d'un pan de sa vie, à la fois marqué du sceau de l'infamie de la francisque de Vichy et auréolé de la gloire d'actes de bravoure dans la Résistance, rappelle que l'homme n'a pas coupé avec ses réseaux d'amis successifs.

Celui qui restera le dernier chef d'État à avoir traversé la Seconde Guerre mondiale ne reniera pas les liens amicaux nés au creux de cette période troublée, quitte à ce que cela puisse percer une faille dans son armure, jusqu'à fragiliser sa posture. Ce sera la révélation de son lien troublant avec René Bousquet, ancien secrétaire général de la police de Vichy.

René Bousquet, de Vichy à l'Élysée, en passant par Latche

C'est à Alger, entre 1943 et début 1944, que Jean-Paul Martin, ami de Mitterrand et collaborateur de Bousquet, lui fait semble-t-il savoir de la part de ce dernier qu'il est recherché par la Gestapo, et qu'il a donc tout intérêt à prolonger son séjour londonien. Un témoignage du résistant Philippe Dechartre en atteste[9]. Fidèle en amitié, et suspect de ne pas avoir totalement tourné la page de Vichy, à défaut de l'avoir arrachée, le ministre de l'Intérieur Mitterrand nomme en 1954 ce même Jean-Paul Martin, exclu de la fonction publique à la Libération et parti s'exiler en Suède, directeur-adjoint de cabinet. Promu officier de la Légion d'honneur et commandeur de l'ordre national du Mérite, ce dernier recevra

9. Éric Roussel, *François Mitterrand – De l'intime au politique*, Robert Laffont, 2016.

un dernier honneur, posthume, du président de la République, présent le 12 décembre 1986 lors de ses obsèques, devant son cercueil recouvert du drapeau tricolore.

Ce même Martin était présent à Latche aux côtés de René Bousquet durant la campagne pour l'élection présidentielle que menait François Mitterrand en 1965. Un cliché publié par Pierre Péan atteste de la présence de l'ancien secrétaire général de la police de Vichy, déjeunant dans la maison des Landes. Bousquet, qu'il n'aura de cesse de rencontrer, comme en ce 19 juillet 1971 : « Je déjeune à la banque d'Indochine, invité par René Bousquet, l'ancien ministre de l'Intérieur de 1941[10] », assume-t-il.

« C'était un type intéressant, mais je dois dire qu'à partir de 1978 des questions ont été posées par un personnage pas reluisant, l'ancien Commissaire aux affaires juives[11] », se justifie alors Mitterrand depuis l'Élysée, en septembre 1994... Mais René Bousquet était déjà mort, assassiné le 8 juin 1993.

Ce jour-là, c'est à son domicile du 34, avenue Raphaël, dans le 16e arrondissement de Paris, que quatre balles de revolver atteignent René Bousquet, alors qu'après d'interminables lenteurs, la procédure judiciaire était sur le point d'aboutir. Le tueur, Christian Didier, est un ancien chauffeur de célébrités, lui-même en mal de notoriété s'était déjà fait remarquer dans sa vaine tentative d'assassiner Klaus Barbie. Il écopera de dix ans de réclusion criminelle en novembre 1995, malgré les plaidoiries de ses avocats, parmi lesquels le jeune Arnaud Montebourg, demandant l'acquittement « au nom de l'Histoire ».

Un assassinat qui ravive les plaies, alors que les révélations sur le passé du Président ont abîmé son image et constitué autant de clous dans le cercueil du socialisme au pouvoir. À l'appui du cas Bousquet, il est indéniable que le récipiendaire de la francisque n° 2022, obtenue des mains de Pétain en 1943, entretenait une relation ambiguë avec la France des années de la collaboration. Mitterrand va devoir rendre des comptes, suite au livre de Pierre

10. François Mitterrand, *Lettres à Anne*, *op.cit.*, p. 821.

11. Interview de François Mitterrand par Jean-Pierre Elkabbach, France 2, 12 septembre 1994.

Péan *Une jeunesse française,* photographie du jeune Mitterrand et du maréchal Pétain à l'appui. L'ouvrage paraît avec l'imprimatur du chef de l'État vieillissant.

Oublier Vichy : un non-lieu de mémoire

Lors d'un voyage en Auvergne, les 5 et 6 juillet 1984, le Président fait successivement étape à Aurillac, Le Puy-en-Velay, Clermont-Ferrand, avant de terminer dans l'Allier par Montluçon et Moulins, laissant soigneusement à l'écart la ville de Vichy. La sélection des lieux par François Mitterrand passe parfois par l'omission, jetant un voile pudique de l'oubli sur des vallons obscurs de la mémoire.

À une quarantaine de kilomètres de la ville thermale, c'est à Riom qu'eut lieu, en 1942, le procès de ceux que l'on tenait alors pour responsables de la défaite de 1940, dont un certain Léon Blum. C'est, ici, que l'élu de la Nièvre a coutume de faire étape, ayant ses habitudes à l'hôtel Le Bel Horizon « ce troquet qui n'a vue sur rien[12] ! ». Une correspondance de trente-trois années où jamais n'est cité le nom de la commune de Vichy, alors que le *Journal pour Anne*, n'y fait que trois références pour la période 1964-1970, notamment en août 1964 un après-midi post-banquet à « bâiller sous les platanes du golf club de Vichy, en sirotant citron pressé et coca-cola[13] ».

Si dans les années 1960, l'homme politique fréquente encore la cité thermale et sa gare, il l'escamote soigneusement de son parcours présidentiel. C'est au prix de circonvolutions que l'élu, habituellement si fidèle à des rituels, réussira à contourner la ville, y compris lorsqu'il venait rendre visite à son ami, l'industriel Guy Ligier. Il en est ainsi à l'été 1982 où quelques jours après avoir été le témoin de mariage de Nathalie, fille de François de Grossouvre, le Président l'est à nouveau le 2 août pour la fille de Guy Ligier, Pascale, dont les noces ont lieu à Puy-Guillaume.

12. François Mitterrand, *Journal pour Anne, op.cit.,* p. 39.
13. *Ibid*, p. 49.

Une commune connue pour être depuis 1977 le fief électoral de Michel Charasse, élu plus mitterrandien que socialiste qui lui a dévoué son existence, et que François Mitterrand aime venir rencontrer. « Quittant en voiture Puy-Guillaume, François Mitterrand évitait de traverser Vichy, en venant du sud, pour se rendre à l'aéroport au nord de la station. Il passait de la rive droite à la rive gauche de l'Allier au pont de Saint-Yorre, traversait Hauterive et Bellerive pour arriver directement à l'aéroport de Vichy sur cette rive gauche[14] », raconte l'historien local Jean Débordes.

Alors que par métonymie Vichy est devenue synonyme de collaboration, on a localement souhaité tourner la page des années noires au plus vite. Dès le 20 novembre 1944, le conseil municipal signait un communiqué protestant contre l'association du nom de Vichy « à un régime condamné par l'ensemble de la population française » et revendiquant de redonner un « rayonnement conforme aux intérêts du thermalisme français » à « la reine des villes d'eaux ». C'est en puisant au souvenir de son apogée, au temps du Second Empire et de la Belle Époque, que la station thermale va reconstruire son image durant les décennies loin des affres de l'occupation et du pétainisme triomphant.

Mais si Mitterrand Président « oubliera » la ville thermale liée au nom de Pétain, il ne manifestera jamais non plus le souhait de se rendre en Haute-Marne, dans le village de Colombey-les-Deux-Églises, afin d'y honorer la mémoire du général de Gaulle.

Le dernier 8 mai de François Mitterrand

Dès son arrivée à l'Élysée, François Mitterrand a rétabli le caractère férié et commémoré du 8 mai, remis en cause en 1975 par son prédécesseur. Il est d'ailleurs réélu le 8 mai 1988. C'est un jour particulier que le 8 mai 1995, cinquantième anniversaire de la capitulation allemande de 1945 où, pour la première fois, deux chefs de l'État sont réunis, le sortant, François Mitterrand,

14. Jean Débordes, *Vichy, capitale à l'heure allemande,* Paris, éditions Jean-Cyrille Godefroy 1998.

visage émacié et teint jauni, le second, le président élu, Jacques Chirac. La fin d'un double septennat et le début d'un nouveau mandat, d'une nouvelle époque. L'occasion également d'afficher leur entente cordiale, conversant tout au long du défilé, au nez et à la barbe du Premier ministre Édouard Balladur, grand perdant de la présidentielle, ostensiblement mis à l'écart. Après Paris, c'est à Berlin que François Mitterrand prononce l'après-midi même un discours en forme de testament politique, celui d'un homme affaibli qui sait faire vibrer l'auditoire par sa célébration de l'amitié franco-allemande et de la construction européenne. La dernière prise de parole présidentielle internationale d'un homme qui soigne sa sortie, devant un chancelier Kohl ému et reconnaissant : « Je suis fier que ce soit, ici, avec vous. C'était bien le moins que je devais à l'Allemagne, que l'Histoire, la géographie et la culture ont indissolublement liée à la France[15]. »

De la France à l'Europe

Passées les premières années du septennat, on ne croit plus guère aux lendemains qui chantent. Socialiste et universaliste, le projet de 1981 est escamoté, le levier européen semblant devenir la voie du salut. Un grand dessein dont le Président se fait le conteur, alors que la construction européenne compte aussi des contempteurs, loin d'un unanimisme aussi lointain que favorable que l'on pouvait estimer communément partagé. Il ne manque pas de rappeler qu'alors jeune député, il était présent en 1948 au congrès de l'Europe à La Haye, aux côtés des pères fondateurs d'une Europe en devenir.

Si habile à tourner les pages du roman national français, de quelle narration transnationale François Mitterrand est-il porteur ? Celle de la Première Guerre mondiale, lui qui naquit en 1916, celle plus encore de la Seconde, lui qui fut soldat et prisonnier en Allemagne. Aussi, quel meilleur lieu symbolique pour incarner cette Europe en construction que Verdun, où régna le chaos de la guerre fratricide ?

15. Allocution de François Mitterrand, président de la République, Berlin le 8 mai 1995.

Verdun, cœur de l'Europe

Une photographie pour l'Histoire, telle est celle représentant ce 22 septembre 1984 Helmut Kohl et François Mitterrand. Pour la première fois, l'hymne allemand vient d'être joué à Verdun. Figés et solennels devant l'ossuaire de Douaumont, les deux hommes, main dans la main, prennent les morts à témoin. Au sein de son cloître, reposent les ossements de 130 000 soldats inconnus, français et allemands. L'évêque de Verdun, Monseigneur Ginisty, en décida ainsi, pour conserver le souvenir du désastre et du chaos. Malgré ce, Verdun et sa région sont à nouveau touchés, certes plus brièvement et moins lourdement, par le second conflit mondial.

Si le dirigeant allemand était à l'origine de la rencontre, ce geste fut pour lui, « une surprise totale » comme il en témoignera. Et pour cause, c'est le président Mitterrand qui en prit l'initiative, ce qu'il raconta en 1992 : « Instinctivement, je me souviens, je me suis tourné vers lui, je lui ai tendu la main. Sa main est venue en même temps[16]. » Une photographie mythique, empreinte d'une grande force émotionnelle, qui fera le tour du monde et restera gravée dans les mémoires, des deux côtés du Rhin.

Symbole fort de la réconciliation franco-allemande, cette rencontre l'est plus encore à l'aune des destins intimes des deux hommes, étroitement liés à cette terre de France si disputée. De l'hélicoptère qui les transporte, Kohl narre comment son père avait combattu à Verdun, durant le premier conflit mondial. Quant à François Mitterrand, il lui désigna l'endroit où il avait été blessé par un éclat d'obus en juin 1940. En effet, pour ce dernier, la ville résonnait dans son histoire personnelle, et ce d'une certaine façon depuis sa naissance, l'année de la bataille de Verdun, au lendemain du siège du fort de Vaux par les troupes françaises, le 25 octobre 1916. Une ville qui est encore et surtout celle où naquit son épouse Danielle, en 1924…

16. « Mitterrand et Kohl à Verdun : main dans la main devant l'histoire », AFP, 29 mai 2016.

Ce glissement européen est lisible dans le rituel républicain des vœux de fin d'année. En 1981, au terme d'une déclaration pour la première fois sous-titrée à l'attention des sourds et malentendants, François Mitterrand renoue avec la formule gaullienne « Vive la République ! Vive la France ! », délaissée par Georges Pompidou et Valéry Giscard d'Estaing. Dans cet exercice imposé durant lequel le Président doit incarner la Nation, un drapeau tricolore est placé à ses côtés lors de la cérémonie du nouvel an clôturant 1984. C'est au tour de la bannière européenne d'être ajoutée le 31 décembre 1988, alors que le chef de l'État a préféré Strasbourg à l'Élysée afin de présenter ses vœux pour l'année 1989. Des vœux placés sous le double signe du bicentenaire de la Révolution française à venir et de la construction européenne : « Parce que c'est à Strasbourg que Rouget de Lisle a, pour la première fois, chanté la Marseillaise – le chant de la patrie et de la République – parce que Strasbourg est la capitale de l'Europe et que, cette Europe, nous avons quatre ans, pas davantage, pour la construire, parce que Strasbourg vient de fêter son deuxième millénaire, et pour bien d'autres raisons qui font que Strasbourg est aimée des Français, je suis heureux de vous présenter, ce soir et de cette ville, mes vœux de nouvel an. Nulle part mieux qu'ici on ne se sent à la fois, Français et Européen, Européen Français[17]. »

Durant la première cohabitation, les déplacements à l'étranger permettent à François Mitterrand de renforcer sa stature internationale et de laisser le Premier ministre, Jacques Chirac, s'empêtrer dans les tracas du pays. La période 1988-1995, celle du second septennat, est marquée par des bouleversements internationaux majeurs, en particulier à l'Est. En 1989, hasard comme seule l'histoire en connaît, les célébrations du bicentenaire vont coïncider avec la chute du mur de Berlin, qui rebat les cartes de la géopolitique et de la diplomatie, à commencer par celle de l'Europe. Accompagnant les événements plus qu'impulsant une vision, le Président est avant tout animé du souci de préserver le rang de

17. Vœux du président de la République François Mitterrand, 31 décembre 1988, archives INA.

1 – À Jarnac, Yvonne, Joseph Mitterrand et leurs huit enfants dont François (en bas à droite, la main posée sur le genou maternel).

2 – François Mitterrand, étudiant en droit de 18 ans dans la manifestation du 1er février 1935 au Quartier latin contre l'exercice de médecins étrangers en France.

3 – François Mitterrand, arrivant au siège du Parti socialiste, cité Malesherbes, le 12 mai 1972.

4 – Pâques à Latche avec Danielle, à trois semaines du premier tour du scrutin présidentiel de 1974.

5 – À Château-Chinon dont il est maire, François Mitterrand regagne l'hôtel du Vieux Morvan après avoir voté au premier tour de la présidentielle de mai 1974.

6 – L'ascension de la roche de Solutré, un rituel mitterrandien comme ce 14 mai 1989.

7 – François Mitterrand et son Premier ministre Michel Rocard à l'Elysée en mai 1989.

8 – Candidat à sa propre succession, le président Mitterrand inaugure la Pyramide du Louvre en mars 1988.

crédits photos : Gamma

la France, inquiet de la déliquescence de l'URSS et partisan de donner du temps au temps quant au processus de réunification allemande qu'il ne souhaite en rien hâter, redoutant la création d'un pays de 80 millions d'habitants, à l'image de la formule de François Mauriac : « J'aime tellement l'Allemagne que je suis ravi qu'il y en ait deux… »

« Au-delà de l'Europe de Yalta qui achève de se défaire sous nos yeux, ne perdons pas de vue l'Europe qui se bâtit[18] », déclare le Président, à l'automne 1991. En ligne de mire, l'échéance de la réalisation du marché intérieur unique, fixée au 31 décembre 1992. Force est de constater que, sans le poids politique de François Mitterrand, les Français auraient très probablement dit non à Maastricht, c'est-à-dire à l'union politique et à l'instauration de la monnaie unique. Cette Europe souffre d'un cruel déficit d'incarnation, à l'exception peut-être de la personnalité de Simone Veil, dont la présidence du Parlement en 1979 était venue couronner un parcours d'exception, des ténèbres d'Auschwitz aux ors du ministère de la Santé.

Pour ce référendum programmé le 20 septembre 1992, le camp du « oui » est donné largement gagnant dans les sondages fleurissant avec le printemps, avant de s'effondrer jusqu'à être donné battu à la fin du mois d'août. Les partisans du non, les gaullistes souverainistes Charles Pasqua et Philippe Séguin en tête, semblent tenir leur victoire. C'était sans compter sur le président de la République en personne, se dressant en « héraut du oui ». Une semaine avant le référendum, à sa sortie de l'hôpital Cochin, le 16 septembre, un bulletin de santé officiel précise que le chef de l'État est atteint d'un cancer de la prostate. Un mal ancien, peut-être opportunément révélé, venant ajouter à la dimension tragique savamment orchestrée par un François Mitterrand prédisant un « drame national » en cas d'échec du référendum. Le 21 septembre, 51 % des Français se prononcent en faveur du « oui ». 51 % seulement serait-on tenté d'écrire, d'où la nécessité pour le Président d'incarner le rassemblement.

18. Entretien de François Mitterrand au magazine *L'Expansion*, 17 octobre 1991.

Lieux communs et symboles nationaux

« François Mitterrand aimait profondément la France. François Mitterrand regardait la France, il ne regardait pas son miroir. On a dit qu'il avait le sens du temps, il avait surtout le sens de l'Histoire[19] », selon Bertrand Delanoë. L'Histoire, un miroir de lui-même ? Mesurant l'épaisseur de la longue durée, alors que lui importe sa propre survivance, par l'acte politique et par l'écrit, il vit aussi le moindre des temps courts arraché à la mort. Sa façon d'habiter à la fois le temps et l'Histoire, au-delà de sa propre existence.

Célébrer la France, c'est aussi distinguer des sites patrimoniaux emblématiques de son histoire, comme peut l'être le Mont-Saint-Michel. C'est en 1983 qu'il se rend pour la première fois sur cet îlot rocheux, haut lieu de la chrétienté, pour y déguster la fameuse omelette de la mère Poulard. Lorsque, réélu, il y revient cinq ans plus tard, un dicton local est inventé pour l'occasion : « Omelette tu mangeras, Président tu resteras. » Parmi tant d'autres sites remarquables, citons le château de Chambord, dans le Loir-et-Cher, qu'il découvre, chemin faisant, en mars 1964 où il recevra le chancelier allemand Helmut Kohl, en 1987.

Succédant à Valéry Giscard d'Estaing, qui a initialement voulu dépoussiérer la fonction présidentielle, notamment en n'hésitant pas à s'inviter à dîner chez les Français, le socialiste a dû trouver son style, souverain mais mettant en scène sa simplicité, notamment dans le cadre de Latche, résidence landaise où la tribu Mitterrand est réunie autour du *pater familias*. Chaque chef d'État doit, en effet, établir sa propre relation avec les Français, selon un subtil dosage de distance et de proximité qui lui est propre. Se pose la question de la connaissance en profondeur du peuple et de la relation établie par le Président avec celui-ci, dont font partie les rites républicains comme celui de la fête nationale.

19. « La France envahie par la nostalgie Mitterrand », *Le Journal du dimanche*, 9 janvier 2011.

Les quatorze « 14 juillet » de François Mitterrand

« L'Élysée, c'est mon bureau, mais ce travail je le dois aux Français », déclare le président de la République, apportant une tonalité personnelle à l'interview télévisée donnée à l'occasion de son premier 14 juillet. Un an plus tard, en 1982, c'est aux questions sociales liées à l'inflation et au chômage qu'il est confronté. Cette année-là, François Mitterrand peut affirmer la singularité de sa présidence, en organisant un défilé « nocturne », après des cérémonies matinales situées en rade de Toulon, soit une innovation protocolaire symbolique. Mais alors que Valéry Giscard d'Estaing avait, entre 1974 et 1981, déplacé le défilé dans Paris, François Mitterrand l'arrime définitivement aux Champs-Élysées. Il a accepté qu'au lendemain de la fête nationale de 1983 et de son défilé, la chanteuse pacifiste américaine Joan Baez donne un concert gratuit place de la Concorde, au pied de l'Obélisque. Marquant le bicentenaire de la Révolution, le 14 juillet 1989 est une édition à nulle autre pareille. Sur les Champs-Élysées, le défilé nocturne intitulé La Marseillaise est chorégraphié par Jean-Paul Goude qui met en scène 6 000 artistes et figurants. Cette « grande parade des tribus planétaires », voit la dimension patriotique de la Révolution céder la place à un humanisme internationaliste.

Quatorze fêtes nationales se succèdent ainsi jusqu'à la dernière, qu'il préside le 14 juillet 1994, marquée par l'accueil du chancelier Helmut Kohl et de soldats allemands défilant sur les Champs-Élysées. Une première depuis la fin de la Seconde Guerre mondiale, symbole fort de la réconciliation franco-allemande.

Un lien entre les Français et les présidents successifs qu'analysait l'ancien Premier ministre, Jean-Pierre Raffarin : « Chacun appréhende le peuple français à sa manière. La force de Giscard est sa vision, « deux Français sur trois », l'approche est cohérente mais peut apparaître élitiste. Celle de Mitterrand est historique et provinciale. Celle de Chirac est plus personnelle que collective.

Benoît XVI disait que « chaque personne est nécessaire », ce pourrait être du Chirac. Au fond, Giscard voit des intelligences, Mitterrand, des histoires, Chirac, des personnes[20]. »

Le Salon de l'agriculture, devenu au fil du temps une étape incontournable pour tout homme politique qui se respecte, illustre cette relation particulière avec les Français. Pourtant, l'événement ne se voyait pas conférer l'importance qu'il allait acquérir durant les années de la présidence Chirac. En 1981, le candidat socialiste vient y tâter le pouls du monde agricole. Président, il n'y mettra pas les pieds, laissant ce soin aux ministres de l'Agriculture. Celui qui le fut de 1972 à 1974, Jacques Chirac, devenu Premier ministre de cohabitation de 1986 à 1988, ne perd pas une occasion d'y venir, prenant plaisir à déambuler dans les allées au milieu des Français pour goûter aux spécialités du terroir et venant « au cul des vaches », limousines de préférence. Cela ne veut pas dire que François Mitterrand méprisait les événements populaires, notamment ceux du registre sportif. C'est d'un chef de l'État souriant et heureux d'être-là, tranchant avec le personnage intimidant qu'il redoutait de rencontrer, dont se souvient le skieur vedette Franck Piccard, qui reçoit la Légion d'honneur des mains du Président, à Val-d'Isère, au pied de la face de Bellevarde, le 1er juin 1989. Cette présence préfigure un événement d'une large audience internationale : l'ouverture des jeux Olympiques d'Albertville, le 18 février 1992. Une cérémonie officielle appréciée par le chef de l'État qui fait alors le tour de la Halle olympique, accompagné d'une fillette à qui il donne la main. Quelques années plus tôt, il n'avait pas non plus boudé son plaisir à l'occasion d'une étape du Tour de France.

En Vercors, quand le Président fait étape sur le Tour de France

« Nous suivons la même politique, nous gardons les mêmes objectifs, mais nous allons passer d'une étape de plaine à une étape

20. Jean-Pierre Raffarin, *L'Express*, 19 décembre 2018.

de montagne[21]. » C'est ainsi au registre du Tour de France que François Mitterrand puise sa métaphore lors d'une conférence de presse le 9 juin 1982. Ayant installé de la distance entre lui et le commun des mortels, le Président sait aussi mettre en scène sa proximité avec les Français lors de ses déplacements en province ou à l'occasion des manifestations sportives nationales populaires et médiatiques.

« On ne guérit jamais vraiment du Tour de France », écrivait Antoine Blondin, ami de l'homme politique. Tout jeune, François Mitterrand était féru de cyclisme, sport le plus populaire du pays. Adolescent âgé de 13-14 ans, il assistait durant ses vacances dans les Flandres à des arrivées d'étape de la Grande Boucle. Une passion, qui l'anime encore lorsque, jeune adulte, il monte à Paris en 1934, rêvant, comme il le reconnaîtra « d'assister aux Six Jours, où des équipes de deux coureurs, que les journalistes sportifs appelaient les écureuils, se disputaient primes, victoire et gloire[22] ».

À chaque mois de juillet, c'est l'épreuve reine, celle qui a survécu à deux guerres, celle qui illumine les chefs-lieux de canton, qui sort les villages de leur torpeur et dévoile les châteaux et clochers de la France profonde. Le Tour de France, un spectacle télévisuel apprécié aussi pour ce qu'il égrène de la beauté du patrimoine naturel et architectural des régions traversées par le peloton, glorifiant l'histoire et la géographie nationales.

François Mitterrand affectionne particulièrement cette épreuve, comme en attestait l'un de ses proches, le Pyrénéen Jean Glavany : « Un jour, lors d'un déjeuner avec les maires, Marillier l'avait mis au défi d'écrire les noms de tous les vainqueurs du Tour depuis la Seconde Guerre mondiale… Il ne lui en a pas manqué un seul[23]. » Richard Marillier, ancien résistant, écrivain et élu de la Nièvre était l'un de ses amis, et c'est en sa qualité de directeur adjoint délégué du Tour de France qu'il l'accueillera sur la course.

21. Catherine Nay, Les sept Mitterrand, Grasset, 1988, p. 59.

22. Interview de F. Mitterrand, 1974, *in* Patrick Clastres, « Générations athlétiques et éducations corporelles. L'autre acculturation politique des présidents de la Vᵉ République », *Histoire@Politique*, 2014, n° 23.

23. « Le Tour du France : les Présidents fous de la petite reine », *Le Parisien magazine,* 3 juillet 2015.

Alors que sa popularité est loin d'atteindre des sommets, celui-ci décide à l'été 1985 de se rendre sur le Tour. Dix ans plus tôt, le 20 juillet 1975, Valéry Giscard d'Estaing avait remis sur les Champs-Élysées le maillot du vainqueur au Français Bernard Thévenet. C'est sur l'étape de montagne reliant Morzine et Lans-en-Vercors que François Mitterrand a choisi de faire une apparition, ce 10 juillet 1985. Ayant atterri dans un hélicoptère de la République dans un champ situé près de Saint-Quentin-sur-Isère, le chef de l'État se place parmi les spectateurs en bord de route, dans le lacet d'un col. Prenant lui-même des photographies, il immortalise le passage du peloton et de son maillot jaune, Bernard Hinault, que la foule soutient comme un seul homme.

Une image populaire distillée par le Président, quand, le jour même, à l'autre bout du monde, le Rainbow Warrior, navire amiral des militants de Greenpeace, est coulé à Auckland par les services secrets français. Un attentat diligenté par le ministre de la Défense, Charles Hernu, afin d'empêcher les écologistes de perturber des essais nucléaires français à Mururoa, dans le Pacifique.

11

LA VIE DE CHÂTEAUX

« Je souhaite que la providence veille sur la France. Au revoir », tels sont les mots par lesquels Valéry Giscard d'Estaing prend congé des Français, lors de sa dernière allocution le 19 mai 1981, à 20 heures, laissant une chaise vide à l'antenne. Cette ambiance crispée se retrouve le jour de la passation de pouvoir, quand la Citroën SM gris anthracite dépose François Mitterrand devant le tapis rouge, alors que son prédécesseur l'attend en haut des marches. Au terme d'un tête-à-tête froid et distant, Valéry Giscard d'Estaing quitte les lieux à pied, les quelques pas qu'il s'offre rue de Bénouville étant accompagnés de sifflets de militants socialistes.

Le nouveau chef de l'État découvre alors un palais dont le premier étage a été vidé. L'un des membres de son équipe trouve dans un coffre-fort ouvert la moitié d'un billet de 500 francs déchiré. En ces heures, c'est la lutte des places pour les collaborateurs désireux de se faire attribuer le bureau dont l'emplacement affirmera le rang auprès du chef de l'État. Où s'installer ? La question vaut pour ce dernier. Reprendre le bureau du Général contre lequel a ferraillé l'homme du « coup d'état permanent » ? Tel est, en effet, le choix que fait François Mitterrand, autant pour la centralité que pour le symbole.

C'est une histoire terriblement tumultueuse que celle de ce palais. Construit au début du XVIIIe siècle, sous le règne de Louis XV, l'hôtel du comte d'Évreux, rue du Faubourg Saint-Honoré, est un manifeste de l'opulence de son propriétaire. La demeure est ensuite acquise par Louis XV qui l'offre à sa favorite, Jeanne Poisson, marquise de Pompadour. Après moult péripéties, l'édifice fut plus encore un hôtel très particulier, lorsqu'aux premières années du

XIXe siècle, il devient quelque temps une salle de danse et de jeux. En 1805, il est racheté par Murat, l'époux de Caroline, sœur de Napoléon, avant que le maréchal de France n'accède trois ans plus tard à la couronne de Naples. Alors baptisé Élysée-Napoléon, le palais voit l'Empereur y séjourner à plusieurs reprises, et c'est dans le salon d'argent que se déroule son abdication, le 21 juin 1815. Après la Restauration et la monarchie de Juillet, son neveu, Louis-Napoléon Bonaparte, élu président de la République en 1848, réside dans ce que l'on nomme désormais « l'Élysée national ». Après la défaite de Sedan en 1870, provoquant la chute du Second Empire, l'édifice retrouve dès 1874 sa vocation de résidence présidentielle avec Mac Mahon.

À l'exemple de de Gaulle, les chefs d'État ont souvent entretenu un rapport complexe avec l'Élysée, synonyme pour eux d'enfermement. François Mitterrand, en réalité, n'en fut guère prisonnier, n'ayant jamais réellement emménagé dans les appartements personnels. Si de Gaulle avait envisagé de transférer le palais au fort de Vincennes, le socialiste avait, quant à lui, avoué sa préférence pour les Invalides, dont selon lui « le bâtiment incarne mieux l'histoire de France[1]. »

Voulue par de Gaulle, l'élection du chef de l'État au suffrage universel lui confère une légitimité forte en 1965, ainsi qu'à ses successeurs. Comme le met en évidence l'ouvrage d'Ernst Kantorowicz, *Les Deux Corps du roi,* le monarque est doté d'une double nature, humaine et souveraine, habitant un corps terrestre et mortel tout en incarnant un corps politique immortel. Il personnifie la collectivité, par-delà ses choix politiques, et ce plus encore que dans les autres démocraties d'Europe, où « deux corps » séparés se partagent la représentation, d'un côté un monarque ou un président dénué de pouvoirs, de l'autre un Premier ministre.

« Le style François Ier » titre en une *L'Express*, le 25 septembre 1981, légendant une photographie du Président posant en majesté dans son fauteuil élyséen. C'est plus précisément dans le bureau du général de Gaulle, initiateur des institutions de la Ve République qu'il a tant critiqué, qu'il s'est installé. Son pouvoir s'exerce selon

1. *Paris Match*, 18 janvier 1996.

une logique verticale. C'est une « présidence jupitérienne » selon l'expression forgée par le communicant Jacques Pilhan pour faire de Mitterrand un chef de l'État en surplomb, inaccessible et dont les prises de parole sont marquées du sceau de la rareté et de l'arythmie. Maître du temps, Mitterrand assume ses fonctions de façon souveraine, entouré de courtisans. Un phénomène de cour, voire de cours au pluriel, tant l'homme compartimente ses amis et affidés. Un art du pouvoir qu'il semble avoir hérité des monarques, comme l'art d'aimer, alors que nombreuses sont ses favorites…

Scènes de vie à l'Élysée

C'est un homme seul, installé dans un fauteuil Louis XVI sur une estrade, au beau milieu de la salle des fêtes de l'Élysée. Impérial, le modèle pose pour que soit réalisée une statue de lui-même, qu'il souhaite en bronze. Demeurant impénétrable, insaisissable même, il lit *France Presse*, travaille, reçoit parfois son Premier ministre Pierre Mauroy. François Mitterrand aspire à ce que son entrée à l'Élysée soit gravée dans le marbre. « Il voulait marquer l'histoire, comme les rois, les empereurs romains, en ayant son buste[2] », confie le sculpteur Daniel Druet, choisi pour le modeler. L'artiste est doté de solides références, récompensé du premier prix du concours d'art monumental et ayant œuvré à la réalisation de la réplique de cire de François Mitterrand au musée Grévin. S'étirant sur trois mois, huit séances d'une heure se succèdent, à la manière d'un face-à-face, scruté par un photographe de l'agence Magnum. Alors que son sujet lui échappe, le sculpteur renonce. Un an et demi plus tard, Druet se présente à nouveau devant le Président, seulement muni de terre et d'une tige vide afin de réaliser un nouveau buste, après avoir pris soin de détruire le premier. L'expérience créatrice prendra fin le 18 octobre 1983 sur un goût d'inachevé, la statue proposée n'étant guère du goût du locataire de l'Élysée qui n'a pas réussi à imposer ses vues à l'artiste.

2. « 20 h 30 Le samedi », France 2, 21 septembre 2019.

Si les temps de pose ne sont pas son fort, le Président s'octroie des temps de pause. Son quotidien s'égaye parfois de la visite d'une fillette. « Papa, un jour, me raconte que la ligne de l'Élysée est à peu de chose près celle des boucheries Bernard. Souvent des faux numéros. Il répond que non, il n'est pas boucher[3] », s'amusait à relater sa fille Mazarine.

Gauche caviar ou France des terroirs ?

Durant ses deux septennats, le socialiste ne descend que très peu jusqu'aux cuisines du palais, voire pas du tout, selon la journaliste Véronique André, auteur de *Cuisine à l'Élysée* : « En quatorze ans de présidence, il ne connaît ni la brigade, ni même le nom de son chef cuisinier[4]. » À tort ou à raison, le nom Mitterrand reste associé à l'expression « gauche caviar ». Celui-ci avait-il des goûts de luxe ? Amateur des mets tels les fruits de mer, les truffes, il l'est aussi de produits du terroir, qu'il n'hésite pas à aller faire quérir là où ils sont élaborés. Ce que confirme dans l'ouvrage *Frais de palais*, l'ancien député socialiste René Dosière, auteur de révélations forcément croustillantes. « Mitterrand pouvait ainsi affréter un avion pour qu'on aille lui chercher des produits gastronomiques régionaux[5]. »

S'il apprécie le caviar, le Président a une dilection pour le homard, les huîtres, de Bretagne ou de Zélande. Une sélection de produits de la mer à laquelle s'ajoutent les coquilles Saint-Jacques, le saumon fumé et bien entendu la chaudrée charentaise, une soupe de poissons. François Mitterrand se délecte aussi de plats robustes et terriens parmi lesquels la cagouille charentaise, mêlant ail, persil, chair à saucisse, escargots et vin rouge. Il faut également mentionner les rognons de veau et le foie gras poêlé… Au rayon des pâtisseries, ce sont les tartes aux fruits de saison qu'il préfère. Quant au

3. Mazarine Pingeot, *Bouche cousue*, Julliard, 2005, p. 88.

4. Anne-Laure Mignon, « Les lubies culinaires des présidents », *Le Figaro Madame*, 29 juin 2018.

5. *Le Parisien*, 4 novembre 2019.

vin, originaire d'une région viticole, il prise le sancerre rouge, issu de la rive gauche de la Loire. Mais celui qui se définit comme Aquitain de cœur, apprécie plus encore le Saint-Estèphe, château Haut-Marbuzet.

À dire vrai, ce Président si à l'aise sous les ors de la République ne goûte pourtant guère à la vie de palais, de ce palais du moins, synonyme de privation de liberté, notamment culinaire. Aussi, ne perd-il jamais une occasion de s'en échapper à l'heure du dîner. « C'est un palais qui n'apprécie guère la cuisine de l'Élysée. Préférant les bistrots et les écaillers, la cuisine du château, si raffinée, était pour lui un supplice[6] », expliquait Jacques Attali, aux premières loges de son bureau faisant antichambre à celui du Président.

Quand François Mitterrand passe à table

Amateur de gastronomie en perpétuel déplacement, l'homme politique a collectionné les adresses gourmandes, tant à Paris qu'en province. En atteste, par exemple, son *Journal pour Anne*, truffé dans la deuxième partie des années 1960 de collages de cartes de visite et menus de restaurants, qu'il s'agisse de l'hôtel du Périgord à Sauveterre-sur-Dronne ou de celui du Palais Cardinal à Saint-Emilion. Citons encore l'établissement Sainte-Foy à Conques, en Aveyron ou de l'« ancien hôtel Cambefort » à Aurillac, qualifié de « typiquement auvergnat[7] », soit une valeur ajoutée aux yeux de la Clermontoise qui partage sa vie.

Dans l'une des capitales de la gastronomie qu'est Lyon, François Mitterrand s'arrête à La Tassée, un bouchon situé aux environs de la place Bellecour. Une institution fondée en 1951 par Roger Borgeot où Valéry Giscard d'Estaing s'attable un jour de 1974 à l'issue d'un Conseil des ministres décentralisé. Mitterrand appréciait aussi aller chez la Mère Brazier. Dans son fief de la Nièvre évidemment, il a sa table au Vieux Morvan, mais

6. Jacques Attali, *C'était François Mitterrand*, *op.cit.*, p. 75.
7. François Mitterrand, *Journal pour Anne*, lieu, Gallimard, date, p. 31.

ne dédaigne pas à fréquenter des établissements plus rustiques comme le café-restaurant « Aux fins chasseurs »…

Mais c'est bien entendu dans la capitale qu'il a ses repaires. Contre toute attente, François Mitterrand ne manqua pas de revenir chez Lipp, occupant sa place fétiche située sous les bouteilles de spiritueux. Il y fut même parfois vu avec une jeune fille, Mazarine, dont seul le microcosme connaissait l'existence. Celle-ci fut photographiée à la sortie du Divellec, aux Invalides, où il se délectait de homard à la presse, de langoustes et d'huîtres. Autre port d'attache pour cet homme au goût prononcé pour le poisson, « La Cagouille », restaurant situé près de Montparnasse, dans le 14e arrondissement.

Dans la rue de Bièvre qui était la sienne, avait pris place en 1965, au numéro 30, un restaurant algérien. Mitterrand fit deux présents au patron de l'établissement, Mohand Nacef : un plateau en cuivre, que lui avait offert le roi du Maroc Hassan II, ainsi que l'un de ses chapeaux noirs, cadeaux qui furent accrochés aux murs des deux petites salles. « C'était un homme très simple et discret. On l'entendait à peine parler. Il n'avait pas de table attitrée. Il venait parfois avec sa femme et ses fils ou avec des ministres. Le jour où il a quitté l'Élysée, il a déjeuné, ici, avec toute sa famille[8] », se rappelait le propriétaire, n'ayant pas cessé de proposer à sa clientèle le « couscous du président »…

Un président de la République à Versailles

Un an après son élection, en juin 1982, le président Mitterrand renoue avec une grandeur toute « gaullienne », très sensible à l'esthétique monarchique, lorsqu'il convie les dirigeants des grandes puissances au « G7 », sommet des sept pays les plus industrialisés dans le cadre fastueux du château de Versailles.

Ces 5 et 6 juin 1982 marquent l'entrée du président François Mitterrand dans la cour des grands de ce monde autant que le retour

8. « François Mitterrand hante toujours la rue de Bièvre », *Le Parisien*, 10 mai 2011.

en France de ce sommet international. En effet, le 15 novembre 1975, c'est au château de Rambouillet, élégant mais pas trop clinquant, que Valéry Giscard d'Estaing avait invité en France durant trois jours ses homologues du G6, formé des pays les plus riches du monde (États-Unis, Japon, Grande-Bretagne, Allemagne et Italie) alors que l'économie mondiale était plombée par la crise pétrolière. Avec l'entrée du Canada en 1976, la réunion se transformera en G7, se tenant désormais à une fréquence annuelle.

À l'occasion du premier sommet international de son mandat, le Président a déployé les fastes de la République, empruntant à la pompe de la monarchie. Accueil au Grand Trianon, suivi d'un dîner dans la galerie des Glaces, la grandeur de Versailles doit éblouir les hôtes parmi lesquels l'Américain Ronald Reagan, la Britannique Margaret Thatcher et l'Allemand Helmut Schmidt, alors qu'à l'occasion du sommet, une chambre a été aménagée au château pour le Président.

Aux réactions s'indignant de l'essence monarchique des lieux, François Mitterrand répond fermement : « Je ne vois pas pourquoi la République s'installerait nécessairement dans les endroits où ni l'art, ni l'histoire ni le confort n'ont été réunis[9]. » Dès 1963, et sur les conseils d'André Malraux, le château de Versailles fut réaménagé par de Gaulle. Afin de suggérer une impression prestigieuse de la France, le Grand Trianon fut ainsi restauré dans le but de recevoir les hôtes de marque de la République.

Le 14 juillet 1989, à l'occasion du 200e anniversaire de la Révolution française, le président Mitterrand n'était pas peu fier de recevoir à nouveau les membres du G7, tels Margaret Thatcher ou George Bush, mais cette fois dans le cadre de la pyramide du Louvre, sa propre trace dans l'histoire. Le chef de l'État n'en avait pas pour autant délaissé le château de Versailles, choisi en 1986 pour abriter le premier sommet de la Francophonie réunissant quarante pays. Une cité royale où le Président eut l'occasion de revenir dans l'exercice de ses fonctions, en 1989, ou encore en 1995, à la fin de son septennat, afin d'inaugurer le musée des Grandes heures du Parlement.

9. « Sommets internationaux : quand la France offre la vie de château à ses hôtes, *Le Parisien*, 2 septembre 2016.

Chambord, Fontainebleau, Rambouillet et Marly-le-Roi, lieux de chasses et de réceptions présidentielles

Chambord, un château au milieu de la forêt, comme une renaissance éternelle, édifié à partir de 1519 sous la houlette de François Ier, avec Léonard de Vinci pour architecte inspirateur. Majestueux trésor bâti de tuffeau, pierre blanche typique de la vallée de la Loire et surmonté d'un toit d'ardoise, cette prouesse architecturale se compose de 426 pièces, 282 cheminées et 77 escaliers, au cœur d'un écrin de verdure que constitue un parc de 980 hectares.

À Chambord, de Gaulle venait, sans tirer. Il n'en était pas de même pour Pompidou et Giscard d'Estaing, férus de chasse. Quant à François Mitterrand, il n'en était pas adepte et la tenait même en mépris. En 1977, dans *L'Abeille et l'Architecte*, c'est avant tout les forêts entourant ces châteaux qui retenaient son attention : « Selon l'humeur, c'est Rambouillet que je préfère, quand ce n'est pas une autre, toutes les autres, Chantilly ou Fontainebleau[10]. » D'apparence politiquement incorrectes pour un socialiste, les chasses présidentielles n'en sont pas pour autant fermées. Le secrétaire d'État à l'Environnement dans le gouvernement Mauroy, Alain Bombard, l'apprend à ses dépens, lui qui, ayant déclaré vouloir y mettre un terme et interdire la chasse à courre, est conduit à la démission dès mai 1981. Dans l'entourage de François Mitterrand, les voix de Michel Charasse et d'André Rousselet l'incitent à perpétuer la tradition, alors que son frère Philippe est une fine gâchette. Le Président sait, plus que quiconque, que la chasse est une affaire d'État et s'intéresse à l'instrument de relations publiques que constitue sa pratique pour une élite triée sur le volet. Aussi confie-t-il dès 1981 la fonction de président du comité des chasses présidentielles à François de Grossouvre, membre du premier cercle, dont les airs de hobereau feront merveille à Chambord.

Lieu de rencontres informelles où hommes d'État étrangers, altesses comme Caroline de Monaco et encore dirigeants d'entreprise

10. François Mitterrand, *L'Abeille et l'Architecte*, *op.cit.*, p. 295.

comme Serge Dassault, côtoient les ministres de la Défense, Charles Hernu, et de l'Intérieur, Gaston Defferre, les chasses présidentielles deviennent le lieu où il faut être. Les listes d'invités qui y sont reçus d'octobre à décembre sont soumises au chef de l'État qui y porte un œil attentif.

François Mitterrand, qui apprécie Chambord, joyau architectural hérité de la monarchie, le met à profit pour y recevoir le 28 mars 1987 le chancelier allemand Helmut Kohl, à l'occasion d'un sommet franco-allemand consacré à la défense nucléaire. En 1991, sur fond de guerre d'Irak, c'est au tour du président américain George Bush d'y être convié.

Fontainebleau est également un site propice à des réceptions officielles de prestige. Au cœur d'une forêt, il s'agit bien d'un lieu de prédilection des monarques qui occupèrent le château durant sept siècles. Napoléon en avait fait sa résidence. Il en parlait comme de « la vraie demeure des rois, la maison des siècles ». Restauré à l'initiative d'André Malraux, ministre de la Culture du général de Gaulle, le domaine de Fontainebleau est classé au patrimoine mondial de l'Unesco, en 1981. C'est là, à une soixantaine de kilomètres au sud-est de Paris que, les 25 et 26 juin 1984, le Conseil des chefs d'État et de gouvernement de la Communauté économique européenne, présidé par François Mitterrand, réunit, entre autres, Helmut Kohl et Margaret Thatcher pour une photo de famille au pied du célèbre escalier en forme de fer-à-cheval.

Il faut encore évoquer Rambouillet, édifié dans sa plus grande partie au XVIIIe siècle par le comte de Toulouse. Un château habité ensuite par le duc de Penthièvre, devenant résidence royale sous Louis XVI. Ceint de murs, c'est un immense parc de 5 000 hectares, soit la moitié de Paris, situé tout près de la capitale, survivance monarchique devenue la plus importante des chasses de la République. Valéry Giscard d'Estaing venait y passer des week-ends cynégétiques, y invitant des chefs d'État africains le remerciant en retour de somptueux safaris. Il n'en fut pas de même de Mitterrand qui ne vint jamais y chasser. Mais c'est un tout autre aspect que donne à la résidence le chef d'État, en 1987. Au mois de juillet de cette année-là, il transforme une partie du château en hôpital, après le grave accident dont ont été victimes en Espagne son fils Gilbert et ses deux petites-filles, Justine et Pascale, âgées de 6 et 9 ans, la plus jeune étant grièvement blessée à la tête. Depuis 1993, est installée dans le parc du château la « Barque solaire », œuvre du sculpteur d'origine tchèque Karel Zlin. Énigmatique, le visage de l'homme guidant la gondole se reconnaît pourtant : c'est bien celui de « Mitterrand l'Égyptien »…

Parfois qualifié de « château de poche », Marly-le-Roi fut bâti pour Louis XIV, désireux d'un lieu de réception dans un cadre plus modeste que celui qui s'édifie alors à Versailles. Situé à une quinzaine de kilomètres de Paris, le pavillon a pris place dans le cadre verdoyant du giboyeux vallon de Marly. Demeuré un haut lieu des chasses, devenues présidentielles, Marly est particulièrement apprécié par Valéry Giscard d'Estaing. Son successeur y séjourna lors de visites éclairs, quand à l'hiver 1987-1988, il s'y rendait en hélicoptère à l'issue du Conseil des ministres pour y préparer sa future candidature à une réélection. N'en ignorant pas l'histoire, le Président sait qu'y furent abrités les globes de Coronelli qui lui sont chers et qu'il fera répliquer à son bon goût. Le château est pour lui un lieu associé à la réception d'hôtes de marque, la Première ministre du Royaume-Uni, Margaret Thatcher, y étant accueillie en janvier 1984.

Brégançon, pas son fort

Au cœur d'un cadre naturel sublime, rehaussé par des pins maritimes plongeant vers les eaux turquoise de la Méditerranée, se niche, perché sur son promontoire rocheux, le fort de Brégançon, sur la commune de Bormes-les-Mimosas, dans le Var, lieu de villégiature des présidents de la République française.

Par le décret du 5 janvier 1968, de Gaulle avait fait de cette construction médiévale la résidence estivale officielle du président de la République. Pourtant, le Général, qui n'en apprécie guère les lits, trop courts, et les moustiques, trop nombreux, n'y a lui-même passé qu'une nuit, celle du 25 août 1964, alors qu'il était venu célébrer les vingt ans du débarquement de Provence. Homme affichant une austérité volontiers ostentatoire, de Gaulle préfère se reposer dans ses terres champenoises, à la Boisserie. Cela ne l'empêche pas de lancer des travaux, faisant de la forteresse varoise de Brégançon, à l'abri de ses robustes murailles, un Élysée d'été dont profitera Georges Pompidou, dès le mois d'août 1969.

À chaque président de la Vᵉ République ses usages. Fraîchement élu, Georges Pompidou investit les lieux à l'été 1969. Il y organise des conférences de presse estivales, cigarette aux lèvres. Rompant avec l'austérité gaullienne, Pompidou n'hésite pas à prendre des bains de soleil ni à sortir au volant de sa voiture. Son successeur Valéry Giscard d'Estaing se montrera également à son aise derrière ses murs épais, goûtant lui aussi aux joies de la baignade. VGE sera l'hôte le plus assidu du fort, mettant en scène ses apparitions, à Pentecôte et durant l'hiver, mais aussi ses invitations, la plus fameuse étant celle, le 7 juin 1976, de son Premier ministre Jacques Chirac, humilié d'être à la même table que le professeur de ski du Président.

L'ancienne forteresse militaire a pris des allures de bâtisse bourgeoise provençale, entourée d'un vaste jardin planté d'oliviers, de pins et de cyprès qu'égayent encore lauriers et, bien entendu, mimosas. Une fois passé le hall d'honneur, à l'abri des pierres épaisses, l'empreinte provençale demeure marquée par les murs blancs et les carrelages en terre cuite. Élégants, mais sobres, ces intérieurs contrastent avec le ciel empyrée des plafonds élyséens. Dans le salon dit « de la chapelle » aux formes circulaires, les boiseries blanches rehaussées de baguettes dorées et ornées de motifs sculptés sont entrecoupées de fenêtres formant autant d'échappées belles sur la mer. Les amateurs d'art moderne qu'étaient Georges et Claude Pompidou y ont installé un mobilier contemporain fait d'acier, de cuir et de plexiglas, conçu par le designer Pierre Paulin. C'est une autre « Première dame », Anémone Giscard d'Estaing qui, en 1975, appose sa touche à la décoration, en agençant les lieux autour d'un mobilier de style Louis XVI aux tons vert pomme et rose ancien dans le « salon vert », destiné aux réceptions. Hors de toute ostentation donc, le vrai luxe, ici, est constitué par la vue sur la Méditerranée. Celle-ci est imprenable au premier étage, depuis la tour où est installée la pièce maîtresse qu'est le bureau du Président.

Dans la tour ouest, son appartement comprend une chambre avec vue, où s'offre le panorama des flots encerclant l'île de Porquerolles.

La forte empreinte du classicisme du septennat giscardien ajoute au fait que François Mitterrand ne goûte que peu cette résidence comme hors du temps, où il dit se sentir enfermé. Il y convie pourtant parfois sa famille, comme en atteste cette photographie en compagnie de son fils Gilbert le 15 avril 1995. C'est alors déjà le temps de quitter Brégançon, décor digne d'une carte postale pour recevoir des dirigeants étrangers. Loin du cadre formel qu'ordonne le palais de l'Élysée aux rencontres protocolaires, le nid d'aigle varois peut être propice à couver le secret des rendez-vous entre dirigeants. Ainsi, ayant appris que le Premier ministre irlandais n'avait pas encore trouvé un lieu de villégiature pour la période estivale, François Mitterrand convia en 1984 à Brégançon Garret FitzGerald et sa famille, sur fond de rude bras de fer agricole avec l'Angleterre quant aux quotas de production laitière.

Onze mois après le cliché historique des dirigeants Kohl et Mitterrand main dans la main à Verdun, le chancelier de la République fédérale d'Allemagne y est reçu le 24 août 1985. Ce rendez-vous, consacré à la construction européenne, affirme plus encore la dimension de petit « camp David » à la française de Brégançon, outil diplomatique tout autant que support permettant de mettre en scène les vacances studieuses des locataires de l'Élysée. À la faveur de la cohabitation, le chef de l'État réarme également le fort dans le domaine de la politique intérieure. Le 1er janvier 1987, il y reçoit, avec un plaisir non dissimulé, une délégation de cheminots dont la grève a traversé les fêtes de fin d'année, destinée à faire plier le gouvernement Chirac désireux de modifier les évolutions de carrière à la SNCF.

Il est des places symboliques de la République où le Président doit s'inscrire pour enraciner son mandat. Brégançon en fait partie, alors même que François Mitterrand préfère les lieux qu'il a lui-même promus. Peu attiré par la résidence varoise, il jette par contre son dévolu sur un autre site présent dans l'escarcelle de l'Élysée, le château de Souzy-la-Briche. Une perle rare que cette résidence à l'abri des regards indiscrets, située au sud de la capitale.

Derrière les murs du silence

Ceinte d'une grande muraille, elle est probablement la plus secrète des résidences de la République. Ses hôtes y pénètrent, non par le trop voyant portail principal, mais, hors de portée de tout regard, par une entrée située au fond du parc. Souzy-la-Briche, entre Étampes et Arpajon, dans le sud de l'Essonne, est une propriété de 15 hectares sise dans un immense domaine de 300 hectares. Un écrin doté d'un vaste et superbe parc que parcourt un canal de 250 mètres de long. Plus surprenant encore, une chapelle du XIIe siècle située sur une île au milieu d'un lac, qui abrite les tombes de Jean-Jacques Simon, de son épouse Renée et… de leur chien Poppy. Capitaine durant la Première Guerre mondiale, le banquier fut élu maire de Souzy-la-Briche, avant d'être destitué en raison de sa judaïté par le régime de Vichy.

En 1972, dépourvu d'héritier, le riche propriétaire lègue à l'État la belle bâtisse du XIXe siècle aux façades claires rehaussées de toits d'ardoises. Il lie ainsi à jamais par testament le destin de la propriété à celui de la République par l'interdiction de vente qui y est mentionné. Un héritage destiné plus précisément « au personnage le plus important de France », « ou au chef de l'Europe », une formulation volontairement floue ; Jean-Jacques Simon, échaudé par la Seconde Guerre mondiale, n'étant pas assuré du devenir des institutions françaises. Une énonciation qui semblait écrite pour François Mitterrand, se glissant en 1981 dans les habits du « châtelain », impulsant une nouvelle naissance à cette propriété où Valéry Giscard d'Estaing ne vint qu'une fois.

Aussi Souzy-la-Briche est-il quelque peu défraîchi lorsque François Mitterrand y jette son dévolu. Niché au cœur de la campagne francilienne, ce havre de paix et de discrétion va, en effet, abriter les fins de semaines de la deuxième famille du Président, qui aime y parcourir le parc, se promenant au bord de l'étang ou le long de la Renarde, la rivière qui traverse le domaine, et se plaît à admirer les fleurs de la roseraie.

« Treize ans de bonheur », ainsi Anne Pingeot résume-t-elle les deux septennats durant lesquels elle séjourne à Souzy, elle s'y sentit à son aise, entre arbres fruitiers et potagers dont elle obtint l'installation afin de profiter d'une saine nourriture. Nourriture spirituelle également pour le Président qui, à l'intérieur de la maison de maître, parcourt les rayonnages de la bibliothèque du rez-de-chaussée, une pièce jouxtant un grand salon qu'il fait orner de boiseries.

Il peut également profiter de sa fille, pratiquant avec elle le tennis de table et lui accordant des moments complices, comme ce jour où, pastichant la série télévisée Dallas, « il est JR avec son chapeau de cow-boy[11] » alors que sa fille interprète l'héroïne Sue Ellen. La petite Mazarine, dont les Français ignorent tout de l'existence, joue même avec quelques enfants du cru, les habitants du village n'ébruitant pas le secret d'État.

Mazarine monte aussi à poney, suivie à pied par ses parents. Une passion équine qui ne se démentira pas. Un peu plus grande, la jeune fille monte The Best, double-poney, cadeau de son père, ainsi qu'Hector, un cheval blanc offert par Robert Badinter. Un autre hôte rejoint en 1993 l'écurie : un étalon, présent officiel du président du Turkménistan Saparmyrat Nyýazow à son homologue français. « Gend Jim » est le nom de ce superbe Akhal-Téké. C'est la trace de cet équidé qui devait conduire plus tard sur la piste de Mazarine…

Passionné de chevaux, Jean-Louis Gouraud découvre l'existence de ce cadeau d'État dans un article du *Monde* daté de novembre 1993 et se met en quête de retrouver sa trace. « Qui a vu l'étalon turkmène de Mitterrand ? » titre *Libération* le 23 avril 1994 sous la plume de Jean-Pierre Perrin, entraînant la presse à sa suite. Remontant la piste, c'est bien à Souzy-en-Briche que le journaliste localise l'équidé. S'ensuit un scandale médiatique : conservé par François Mitterrand lui-même pour l'usage de sa fille Mazarine, le cheval est dressé à Souzy-la-Briche, par François Gros, écuyer personnel de celle-ci.

Dans l'urgence, le Président fait déplacer l'encombrant « Gend Jim » jusqu'à la caserne de la garde républicaine, aux Célestins, à Paris, détournant ainsi la presse de la résidence. Car, en suivant

11. Mazarine Pingeot, *Bouche cousue*, Julliard, 2005, p. 211.

la piste du cheval jusqu'à Souzy, un secret plus enfoui encore par François Mitterrand, deux décennies durant, a été découvert. Celui-ci ne sera révélé au grand public qu'en novembre 1994 : l'existence de Mazarine. Mais pour l'heure, alors que le petit milieu politico-journalistique de la capitale est prompt à bruisser de rumeurs, il importe d'être précautionneux, fut-ce aux frais de la République.

11 quai Branly

Le 11 quai Branly, est un lieu insoupçonnable du pouvoir. Situé sur les rives de la Seine, le palais de l'Alma construit en 1861, vingt ans avant la Tour Eiffel qui se trouve à quelques pas, allait abriter les écuries militaires. Mais en 1881, le site quitte le giron de l'armée pour le civil, devenant alors une dépendance de l'Élysée. Sur près de 1 500 m^2, s'étirent un bâtiment principal et trois ailes bordant une vaste cour intérieure nommée « de la Maréchalerie ». À côté de services de l'État, et depuis les années de présidence du général de Gaulle, d'heureux élus se répartissent 5 000 m^2 d'habitation aménagés en soixante-trois logements de fonction. À moins de cinq minutes en automobile du palais, les plus proches collaborateurs des présidents y sont logés dans une ambiance feutrée et sécurisée. C'est dans ce cadre que l'un des secrets les mieux gardés de la Ve République va être abrité.

Convoqué à l'Élysée par de Grossouvre, sur les conseils de Charles Hernu, au printemps 1982, Christian Prouteau, chef du GIGN, est chargé de la protection du chef de l'État. Le Groupe de sécurité de la présidence de la République (GSPR) vient de naître. Le gendarme est évidemment mis dans la confidence du « grand secret ».

Dès 1983, François de Grossouvre, devenu le « ministre de la vie privée » du Président dont il hébergeait déjà les amours clandestines dans sa propriété de l'Allier, le persuade de loger sa seconde famille quai Branly pour des raisons de sécurité. Jusqu'alors, Anne Pingeot a souhaité conserver son appartement rue Jacob, d'où elle gagne chaque matin le musée d'Orsay à vélo, contraignant les fonctionnaires de police à se mettre, eux aussi, au deux-roues. Mais cette résidence est décidément bien trop difficile à sécuriser, une autre solution doit être trouvée ; elle le sera par François de Grossouvre, sur les bords de la Seine, derrière la lourde porte cochère du palais de l'Alma, dans ce très huppé 7e arrondissement parisien.

Désormais, Anne Pingeot et sa fille résideront à l'étage, dans un vaste appartement mis à la disposition par la République, au-dessous de celui de François de Grossouvre, qui y vit depuis mai 1981. Et pas n'importe où, puisqu'il occupe le plus beau logement, d'une surface de 300 m^2. L'élégant aux allures d'éminence grise a lui-même quelques connaissances pratiques en matière de double vie, lui qui y réside avec sa maîtresse, Nicole, présentée comme sa gouvernante…

Un mort au palais

« Presque tous les hommes ressemblent à ces grands palais déserts dont le propriétaire n'habite que quelques pièces ; et il ne pénètre jamais dans les ailes condamnées », écrivait François Mauriac dans son *Journal*. Si François Mitterrand a laissé la possibilité à son ami, délaissé dès les premières années du mandat, de conserver un bureau à l'Élysée, il ne l'a pas moins relégué aux oubliettes. Grossouvre, l'amateur d'intrigues, a bu jusqu'à la lie le calice des poisons florentins de la vie de palais. Toujours admiratif du Président, dont les photographies tapissent son bel appartement de fonction, il nourrit aussi de plus en plus d'amertume à son encontre. « Le secret de ma relation avec lui se tient là-dessous[12] », explique le disgracié à Raphaëlle Bacqué, martelant le plancher de son appartement d'un coup de canne. Une énigmatique allusion que la journaliste ne pourra décoder qu'en novembre 1994, lorsque la France apprend le secret Mazarine, comprenant qu'il désignait les occupantes du logement du dessous. Mais lorsque l'existence de la seconde famille sera révélée par *Paris Match*, Grossouvre aura déjà mis fin à ses jours.

12. « La vengeance de François de Grossouvre », *Paris Match*, 30 avril 2010.

Favori tombé en disgrâce, Grossouvre ne supporte plus la concurrence de Roger-Patrice Pelat, son rival en amitié, plus riche et plus ancien dans les réseaux mitterrandiens. Le 7 avril 1994, l'homme est retrouvé mort d'une balle dans la tête, dans son bureau de l'Élysée. L'enquête conclut à un suicide. Son fantôme, entouré de mystère et d'opacité, continuera de planer sur le palais. Paru en 1994, l'ouvrage de Jean Montaldo, *Mitterrand et les 40 voleurs...* s'écoule à plus d'un million d'exemplaires, toutes éditions confondues. Le livre soutient notamment l'idée que le conseiller de François Mitterrand, aurait été assassiné.

Si rien ne permet de l'affirmer, ce décès est pour le moins gênant pour le pouvoir. L'appartement de fonction reçoit alors une visite des plus secrètes du GSPR destinée à exfiltrer la maîtresse du défunt tout autant qu'à chercher des documents compromettants. François de Grossouvre, qui affirmait écrire des mémoires explosifs, était en possession des statuts de la maison de Gordes qu'il avait refusé de transmettre au maître des archives, ce Michel Charasse, qu'il détestait cordialement, bien que celui-ci lui ait présenté Nicole, devenue sa maîtresse de l'ombre.

Quatre jours après le drame, c'est à Moulins, dans l'Allier, dans l'Allier, qu'ont lieu les obsèques. Alors que la famille a fait savoir que sa présence n'était pas souhaitée, le Président s'y rend tout de même. Vers 10 h 40, le visage impénétrable, il entre dans l'édifice, flanqué de Pierre Joxe, pour venir prendre place auprès de la veuve et de ses six enfants. Installé au premier rang dans l'église Saint-Pierre, le fauteuil du chef de l'État est d'une couleur rouge sang... Ce même François Mitterrand prononçait un an plus tôt l'éloge funèbre de son ancien Premier ministre, Pierre Bérégovoy.

Souvent, en fin de journée, le Président marchait avec François de Grossouvre vers l'Alma, semblant raccompagner son vieil ami. En réalité, il y est lui-même installé, auprès d'Anne et de Mazarine. Plus qu'un appartement de la seconde famille, le logement du quai Branly est aussi le sien. Pour préserver le secret, l'adresse a été enregistrée au nom de Laurence Soudet, indéfectible amie d'Anne et depuis longtemps proche conseillère du socialiste.

Chaque soir ou presque, François Mitterrand vient y dormir, protégé par les hommes du GSPR. Au cœur du second septennat, ces allées et venues du convoi présidentiel intriguent et parviennent dans les premières années 1990 jusqu'aux oreilles des paparazzis Pascal Rostaing et Bruno Mouron. Les deux photographes comprennent vite que François Mitterrand y réside, même si l'amour secret qu'ils imaginent mettre au jour se nommerait… Édith Cresson. Repéré par le GSPR pour sa présence suspecte, le duo loue un appartement de l'autre côté du pont de l'Alma. Mais, alors que la vue est masquée par le feuillage des arbres, ceux-ci envisagent d'utiliser du sulfate de cuivre pour les défolier. Par crainte que ce stratagème soit repéré en laissant une trace bleue sur les troncs, ils y renoncent, ainsi qu'à la possibilité de prendre des clichés[13]. Une nouvelle fois, le secret sera sauf.

Mazarine est donc une enfant qui grandit « cachée », vivant avec sa mère Anne Pingeot et son Président de père, dans le vaste logement de cette discrète annexe de l'Elysée, jouant ou faisant du vélo dans la cour avec des enfants de hauts fonctionnaires. À l'abri des regards et des oreilles indiscrètes, mère et fille ne sont pourtant pas forcément à l'aise à l'Alma. « On a été obligées d'y déménager pour des raisons de sécurité. Mais ni moi ni elle n'avons aimé le quai Branly. C'était un logement de fonction un peu mort, comme une prison. Je déteste les trucs de fonction. C'est très difficile de s'y sentir chez soi. On a toujours été là-bas de passage. On n'a rien investi, on est venues avec nos valises et on est reparties avec[14] », confiera Mazarine Pingeot. Un lieu où elle ne souhaitera pas retourner, lorsque, clin d'œil de l'histoire, l'opportunité de s'y installer est proposée deux décennies plus tard à son compagnon, l'ex-ambassadeur Didier le Bret, comme il le relate ici : « Nous étions sur les listes de Daesh, et on nous a proposé le même appartement, au 2e étage, dans lequel Mazarine avait vécu. Ce fut sans appel[15]. »

13. *L'Obs*, n° 2804, 2 août 2018, p. 28.

14. « Mazarine Pingeot : « Mon père n'était pas un homme d'argent », *Journal du Dimanche*, 25 octobre 2015.

15. « Le 11 quai Branly », *Le Figaro magazine*, 27 juillet 2018.

QUATRIÈME PARTIE

LES TERRITOIRES DE L'INTIME

12
LES LANDES, HAVRE DE PAIX

Charentais d'origine, c'est tout naturellement à l'île de Ré que François Mitterrand, accompagné de Danielle et de leurs deux enfants, respectivement âgés de deux ans et cinq mois, vont passer le mois d'août 1949. Une villégiature gâchée par le temps et par les incessants allers-retours à Paris auxquels est contraint le ministre des Anciens combattants. L'expérience ne sera pas renouvelée l'année suivante. Christine, sœur de Danielle, les invite à rejoindre Hossegor. C'est le coup de foudre pour François Mitterrand qui s'éprend « de la douceur, de la couleur des cieux, des odeurs » locales.

Située au sud de la côte landaise, la cité balnéaire d'Hossegor, dont l'essor remonte à la fin du XIXe siècle, demeure très en vogue après-guerre dans la bonne société. En front de mer et en bord de lac, de splendides villas ont été édifiées. D'inspiration architecturale régionaliste, des maisons basco-landaises ont vu le jour. François Mitterrand y fait à son tour bâtir une belle maison de vacances, dotée d'un vaste patio permettant de profiter de la végétation qui l'entoure, tant à Hossegor les villas se fondent dans les pins, à la manière d'une cité-jardin, alors que d'autres sont en prise directe sur le golf, l'un des atouts de la ville.

« La station des sports élégants », c'est l'image que s'emploie à renvoyer, dès les années 1930, la cité à la mode de la Côte d'argent, attirant une clientèle fortunée autour de son Sporting Casino. Un vieux cliché montre ainsi François Mitterrand posant aux côtés de Jacques Chaban-Delmas, maire de Bordeaux et grand résistant qu'il respecte, vêtus en tennismen, mais également de… Valéry Giscard d'Estaing, qui y passe lui aussi ses vacances.

Mais s'il est un lieu cher à François Mitterrand, c'est bien le golf auquel il n'a de cesse de s'adonner avec ses amis Georges Dayan ou André Rousselet, son partenaire de green favori.

Un homme de courts et de clubs

Gagner coûte que coûte est un trait de caractère distinctif, datant de sa prime jeunesse. « Quand nous jouions au ping-pong, François était trop mauvais perdant[1] », relatait l'une de ses anciennes amies, Gisèle, à propos de leur été 1935. « Ce devait être en 1947, je devais avoir huit, neuf ans, Mitterrand, ami de mon oncle Georges Dayan, en avait « trente et un ». C'était un soir après dîner, on avait trouvé un ping-pong ouvert au Quartier latin, on était allé au Ludo, rue de la Sorbonne, où il y avait une table. Je menais, il avait les doigts accrochés au manche de sa raquette, il est arrivé à me battre 21-19, devant ma famille éplorée, non que j'aie perdu, mais de voir un adulte avoir autant de hargne. Mon père avait dit : "Un homme qui fait ça est capable de tout[2]…" » Ce que confirmera, des décennies plus tard, sa fille Mazarine. Pour « le tennis et le ping-pong, papa ne lâche jamais prise […] Le jour où je gagne, il est furieux et fier, plus furieux que fier[3] ». Des anecdotes révélatrices de la personnalité de battant de François Mitterrand qui ne laisse rien au hasard, pas même ses loisirs.

Le politique joue également au tennis, une photographie le montrant, ministre de l'Intérieur, confronté à la crise algérienne, disputant sur la terre battue de Roland-Garros en septembre 1954 un quart de finale du double-messieurs du championnat de France des journalistes[4]. Un hobby qu'il pratiquera dans les années 1970 avec Jacques Attali, ce sport chic étant également

1. *Paris Match*, n° 2435, 25 janvier 1996.
2. Pierre Bénichou, On va s'gêner, Europe 1, 12 décembre 2012.
3. Mazarine Pingeot, *Bouche cousue*, Julliard, 2005, p. 106.
4. Patrick Clastres, « Générations athlétiques et éducations corporelles. L'autre acculturation politique des présidents de la Ve République », *Histoire@Politique*, 2014, n° 23.

une occasion de sociabilité, comme peut l'être le golf, pour son entregent.

Ce dernier sport est une affaire sérieuse pour François Mitterrand, qui aime à s'entourer de bons joueurs et prend des cours. C'est en 1958 qu'il commence à le pratiquer à Marly avec André Rousselet qui devient alors l'un de ses hommes de confiance. Fréquentant les clubs de la région parisienne, qu'il s'agisse du Saint-Cloud Country-Club ou du Racing Club de France à Versailles, François Mitterrand tisse toujours sa toile, en agrégeant de nouveaux noms à ses réseaux. À la belle saison, c'est sur le green d'Hossegor qu'il pratique le plus souvent. « J'ai joué au golf ce matin avec le directeur du service politique de l'AFP[5] », écrit-il ainsi le 1er septembre 1965, le jour même où il signe l'achat de Latche chez le notaire de Soustons.

Bien des années plus tard, c'est à Hossegor qu'il se lie à Laurent Raillard. Le landais devient son professeur de golf officieux pendant les deux septennats, les deux hommes se rejoignant les lundis et jeudis matin sur des greens de la région parisienne. C'est au cours de l'une de ces parties, en 1989, que le « professeur » Raillard, en remerciement pour ses bons et loyaux services, se voit proposer d'être embauché pour un emploi fictif chez Elf.

Ayant depuis les années 1970 remisé ses clubs de golf, sport jugé trop élitiste pour un socialiste par les communicants, François Mitterrand renoue avec cette pratique au mitan de la décennie suivante, sans délaisser le tennis. Mais déjà âgé de 65 ans lorsqu'il accède à l'Élysée, il ne peut guère afficher l'image de président sportif mise en avant par son prédécesseur, d'autant qu'il ne goûte guère aux plaisirs des sports d'hiver, quand les exploits de Valéry Giscard d'Estaing sur les pistes de Courchevel étaient immortalisés par les photographes…

5. François Mitterrand, *Journal pour Anne, op.cit.*, p. 367.

Golf d'Aquitaine

Construit en 1930, le golf d'Hossegor a joué un rôle important dans l'essor de la station, désireuse d'attirer un public élitiste. Au début de la décennie 1960, c'est en pratiquant le golf que le parlementaire se rapproche d'un industriel auvergnat, Pierre Pingeot, une rencontre qui changera son existence. Les Mitterrand voisinent avec la famille Pingeot, leurs résidences de vacances étant séparées d'à peine 500 mètres et à l'issue des parties de golf, on prend l'apéritif l'un chez l'autre. Le père de Pierre Pingeot est l'heureux propriétaire d'une belle maison des années 1920, avenue du Tour du Lac, située à deux pas de la plage des Chênes-lièges. Celle-ci est doublée d'une maison en bois au bout du parc que Pierre Pingeot aime à occuper. L'industriel de Clermont-Ferrand est lui aussi passionné de golf, qu'il pratique à Charade, près du circuit automobile qu'il a créé, et évidemment à Hossegor où se joue l'Attila Cup, à laquelle participent alors François Mitterrand et André Rousselet. Toute la famille Pingeot est ici réunie autour des plaisirs de la mer et des retrouvailles.

La naissance d'un amour secret

« Lorsque mon père a ramené François Mitterrand et André Rousselet, je n'avais que 14 ans, cela m'a laissé une impression ineffaçable. Deux personnages que je verrai toute ma vie[6] », explique Anne Pingeot. Une première rencontre qui fera date, alors que l'homme politique a déjà beaucoup vécu, aimé, trompé, mais pas divorcé…

Les années passent et la jeune Anne quitte Clermont-Ferrand pour entreprendre ses études à Paris. « Madame, je ne vous dévisage pas, je vous envisage », la réplique de son ami Edgar Faure à une femme se sentant déshabillée par ses œillades pourrait convenir à

6. Interview d'Anne Pingeot par Jean-Noël Jeanneney, « A voix nue », France Culture, octobre 2016.

François Mitterrand qui regarde désormais la jeune fille tout autrement. En 1963, c'est une romance cachée de 32 années qui débute entre François Mitterrand, 47 ans, et Anne Pingeot 20 seulement, dont les Landes demeurent un écrin privilégié.

Seize petits kilomètres de routes de forêt sépareront bientôt la résidence des Pingeot de la bergerie de Latche qu'acquiert François Mitterrand, en 1965. « Laqui », ainsi nomme-t-il la propriété qu'il avait promise un temps à la jeune Anne, afin d'y vivre en sa compagnie. Cette désillusion est un tournant dans leur relation. « Latche, ça a été un coup irréparable. C'était un endroit de rendez-vous, une maison abandonnée dans la forêt, près d'Hossegor, où l'on se retrouvait tout le temps, et où il avait dit, « ce sera notre maison ». Et c'est devenu la maison familiale officielle. Et là, ce n'était plus après[7] ». C'est, en effet, l'expression « “notre” maison landaise[8] » qu'emploie en septembre 1964 François Mitterrand lorsqu'il s'adresse à sa maîtresse.

Une station balnéaire que toutefois l'élu de la Nièvre ne quitte pas sans un pincement au cœur. En témoigne cette visite à son ancienne villa, en 1975, dix ans après l'avoir vendue, comme il l'écrit à Anne : « J'ai flâné sur mon ancien terrain. La maison était close. J'ai tâté les arbres que j'y ai plantés, respiré les houx d'Espagne et le romarin. Presque rien n'avait changé. » Avant de poursuivre, plus équivoque : « Je suis monté sur la butte d'où je t'avais regardée, allant vers la mer, en arrière de votre petite troupe familiale, image que j'ai conservée. Tu avais deux petites nattes plutôt couettes, tu marchais comme la déesse aux sandales et je t'aimais déjà[9]. »

Latche, une résidence pas si secondaire…

C'est dans l'arrière-pays que ce terrien trouve le refuge qui lui convient, réminiscence de l'enfance à Touvent, auprès de ses

7. *Ibid.*
8. François Mitterrand, *Journal pour Anne, op.cit.*, p. 1964.
9. François Mitterrand, *Lettres à Anne, op.cit.*, p. 1079.

grands-parents. Au gré de ses promenades sylvestres, il tombe sous le charme de cette propriété, située au creux d'une forêt de pins, sur la commune de Soustons. Pour y parvenir, il faut quitter la route menant à Azur et emprunter une piste de terre défoncée pour accéder à la clairière s'ouvrant sur ce lieu-dit.

En gascon, « Latche », signifie le lac, ou « la nappe d'eau sur la couche d'alios ». Il fait l'acquisition de cette propriété landaise, ce qui fut loin d'être une simple formalité, en 1965, année d'élection présidentielle. Si la vente est négociée au mois de juin, le propriétaire, le baron Etchegoyen de Messanges, se rétracte lorsqu'en septembre suivant François Mitterrand ose défier le général de Gaulle. Le temps fera son œuvre et leur affaire.

Latche est une maison de gemmeurs du XVIIIe siècle. Le pin, surnommé ici « l'arbre d'or », est une ressource économique cruciale, notamment grâce à la récolte de la résine ou gemmage. Plus grande forêt de France, les Landes de Gascogne voient s'élever des rangées de pins à l'infini, cathédrales naturelles parsemées de chênes plus que centenaires plantés à l'époque de Napoléon III sur ce territoire marécageux. Afin d'aller plus vite et voir plus loin, les bergers évoluaient sur des échasses, remplissant leurs pots de résine en entaillant l'écorce. Cernée d'arbres, la bergerie de garluche, grès ferrugineux des Landes, offre un cadre charmant et bucolique où domine un parfum de résine. Chaque année, à la Toussaint, le nouveau maître des lieux plante des arbres, avec une préférence pour les chênes, mais aussi des châtaigniers.

Avec sa bergerie attenante devenant son bureau, la construction, à laquelle s'ajoutent bientôt deux chalets, est entourée d'un airial, terrain couvert de pelouse et piqueté d'arbres. Ce pré carré est bien modeste aux yeux de son nouveau maître, avec seulement 1 000 m^2 de terrain. Mais, patiemment, il va étendre sa propriété forestière, jusqu'à détenir 45 hectares, entre fougères et pins, constituant ainsi un vaste domaine propice à abriter ses promenades.

Le leader de l'opposition cite souvent Latche dans ses ouvrages, *La Paille et le Grain*, paru en 1975, et *L'Abeille et l'Architecte*, trois ans plus tard. Une ambassade à la campagne propice aux cartes postales relayées par la presse. Articles et photographies qui lui sont consacrés par les nombreux journalistes reçus doivent témoigner de la simplicité des goûts du premier secrétaire du Parti socialiste. Les lieux se prêtent aux longs repas et conversations entre amis, suivis de promenades dans les bois et de lectures. Ici, se détachent encore et toujours des livres, un petit pavillon-bibliothèque leur est dédié, recelant environ 1 500 ouvrages que son épouse Danielle prend soin de répertorier et de classer.

L'Aquitaine, terre d'amitiés politiques

Chaque lieu mitterrandien, fut-il intime, est étroitement lié à la politique. Parmi les amis landais, respectant sa quiétude à Latche, le maire de Moliets, Michel Destouesse. Cet ancien prisonnier de la Seconde Guerre mondiale eut aussi un rôle de guide, quant à ses acquisitions immobilières à Lacanau, puis à Latche. À son tour, le socialiste se fait conseiller, quand il déniche une maison à Moliets pour ses amis de Résistance Ginette et Jean Munier. Ceux-ci l'acquièrent après un séjour professionnel outre-mer, et sont dès lors conviés chaque année à participer aux célébrations de Noël à Latche. D'autres invités sont des plus inattendus, parmi lesquels le chanteur Pascal Danel. L'interprète des « Neiges du Kilimandjaro », qui s'était produit en 1973 au cours d'un de ses meetings, est devenu un intime, reçu dans la propriété.

Dans ce cadre bucolique, amitié et politique s'entremêlent, comme en témoignait Jean-Paul Salvan, militant socialiste à Rodez : « Je connaissais Mitterrand depuis les années 1950, par hasard, il louait une maison voisine du terrain de mes parents à Hossegor. J'étais devenu un ami de sa femme et une connaissance de Mitterrand. Je les ai vus tous les étés[10]. » Créant et représentant, dès 1965, la Convention des Institutions républicaines dans l'Aveyron, l'architecte de profession accompagne un jour d'été 1973 à Latche un autre socialiste de son département, le jeune Bertrand Delanoë, alors âgé de 23 ans. Laissons à celui-ci le soin de narrer cette rencontre : « C'est un Mitterrand affable qui m'accueille. Nous nous baladons dans sa propriété. Il me teste. Me parle des

10. Entretien avec Jean-Paul Salvan, 8 juillet 2006.

arbres, des reptiles de la région. Il vérifie mes connaissances sur le sujet. Elles sont quasi nulles. Sa curiosité est sans cesse en éveil. La terre, l'agriculture dans l'Aveyron, les gens, le temps qui passe, tout l'inspire. Je m'attendais à un échange exclusivement politique, mais c'est un dialogue plus large qui se noue avec un Mitterrand à la fois érudit, contemplatif, séducteur et attentif. J'observe pourtant que rien de ce qui touche à sa famille politique ne lui échappe. Les rapports de force, les batailles locales, les "jeunes pousses" qui croient en lui et dont je fais alors partie[11]. »

Ce sont de vaillants mousquetaires qui appartiennent à cette garde rapprochée locale dont s'entoure l'ambitieux politique. On y compte depuis les années 1960 le Palois André Labarrère, mais aussi de plus jeunes, tel le Girondin Philippe Madrelle. Accédant à la fonction de président du Conseil régional d'Aquitaine, en 1981, il entraîne Gilbert Mitterrand dans son sillage.

Après une candidature comme suppléant aux législatives 1973 en Saône-et-Loire, le fils du leader socialiste choisit de s'ancrer en Gironde dont il est élu conseiller régional et député en 1981. Mais le véritable régional de l'étape par excellence n'est autre qu'Henri Emmanuelli. Le natif d'Eaux-Bonnes, dans les Pyrénées-Atlantiques, devient en 1978 député de la troisième circonscription des Landes, avant d'être ministre du gouvernement Mauroy. Souvent invité à partager la tablée familiale, l'homme, très tôt orphelin de père, confessera une relation affective, quasi filiale, tissée avec le Président dans le havre landais : « Il était avec ses amis personnels avec lesquels il partageait le culte du pin, de la forêt, des grands espaces. » Décédé en 2017, Henri Emmanuelli aimait décrire la façon dont François Mitterrand se métamorphosait dès son arrivée à Latche : « À Paris, dans son bureau, il était le président de la République un peu rigide, reprenait Henri Emmanuelli. Mais dans sa bergerie, ce n'était plus le même homme. À Latche, c'était tranquille et bon enfant. Il y était heureux, il s'en délectait. Il était très fier de ses plantations de pins, de chênes, de ses deux ânesses[12]. »

11. « Mitterrand raconté par... », *L'Obs*, 8 janvier 2016.
12. « Mitterrand y est toujours chez lui », *Sud Ouest*, 10 mai 2001.

Le théâtre des deux ânes

La propriété landaise sert de décor à la mise en scène de la villégiature du socialiste. Dites-moi comment vous passez vos vacances et je vous dirai quel politique vous êtes. En représentation permanente, l'homme, qui construit patiemment sa légende, a évidemment compris tout l'intérêt qu'il pouvait tirer d'une telle propriété, pendant dans un style plus populaire du domaine de la Boisserie du général de Gaulle.

Inévitablement, pour les visiteurs, vient le moment de la promenade sous les arbres, ce dont témoignait encore le neveu de son ami de toujours Georges Dayan, le journaliste Pierre Bénichou, au lendemain de Noël 1970 : « On disait encore "Latch" en ce temps-là. Et non pas "Latché", comme les ploucs, qui ont fini par imposer leur prononciation fautive. Il n'y avait pas de car de gendarmes ni de voitures de police banalisées sur les chemins environnants : un vrai jeu de piste entre les pins des Landes pour trouver la bergerie que les Mitterrand venaient d'aménager. » Jeune marié en partance pour Biarritz, le journaliste découvre alors cette maison qu'il dépeint comme « semblable à celle de la rue de Bièvre : petite, biscornue, étriquée », avant de poursuivre : « C'est lui, pantalon de velours marron et vieux gilet de laine de même couleur, qui m'ouvre la porte, avenant, souriant, distant. Il a pris sa canne et, sans me laisser le temps de souffler, m'entraîne à présent vers une allée embrumée. « Alors, ce mariage, c'était bien ? [Il n'écoute pas la réponse.] Les arbres, vous n'y connaissez rien. Comme votre oncle, hein ! La nature, ça n'existe pas, c'est ça ? » Numéro habituel[13]. » Le numéro sur les arbres, comme une langue de bois, avant d'entrer dans le vif des sujets…

Les habitants de Soustons sont habitués à la présence de l'occupant de Latche, venant au volant de sa Rodéo qu'il conduit « distraitement », selon les témoins, pour acheter les journaux. Dans le village voisin d'Azur, il a ses habitudes à la bien nommée auberge du Soleil, tenue par Yvonne Bédat. Ladite « Nénette » aura

13. Pierre Bénichou, « Leçon de politique », *Le Nouvel Obs*, 6 janvier 2011.

même l'honneur d'être invitée à cuisiner du foie gras aux pommes à l'Élysée à l'occasion de la réception de la reine du Danemark. Un voisin, Marcel Dupin, que le Président aimait à écouter conter l'incendie de 1949 dans les Landes où la vie des métayers, fut décoré du Mérite agricole. D'autres habitants se souviennent encore de l'omelette aux asperges servie à Latche, à ceux qui avaient « planté le mai », coutume du 1er mai dans les campagnes du Sud-Ouest consistant à installer un pin décoré devant la résidence d'un élu que l'on veut honorer. Mais après la victoire de 1981, les Soustonnais voient les mesures de sécurité se renforcer de manière drastique.

Une ambassade présidentielle

Pour François Mitterrand Président, Latche demeure un havre de paix dont la dimension politique prend évidemment plus de sens encore. Ce que confirme, le temps d'un déjeuner au mois d'août 1981, la visite surprise de l'ancien secrétaire d'État de Richard Nixon, Henry Kissinger. Celui qui tient désormais un rôle de conseiller officieux est venu entretenir le chef de l'État français des relations entre Américains et Soviétiques. Si au cours de ce premier repos estival, le Président avait pu voir sa quiétude troublée par les incendies, et plus encore par les badauds venus en nombre afin de l'apercevoir ou de l'épier, les déconvenues seraient bien différentes un an plus tard.

L'été 1982 est, en effet, dominé par le poids des dossiers budgétaires alors qu'enfle l'inflation. Le Président reçoit ainsi le Premier ministre, Pierre Mauroy, le 20 août, cheminant ensemble dans la même direction, vers l'océan. Au début du mois, le 2 août, écrevisses et foie gras étaient servis avec leur bonne parole par le couple présidentiel à huit représentants des médias. Une semaine plus tard, le chef de l'État quitte Latche pour se rendre rue des Rosiers, où six personnes ont trouvé la mort, le 9 août 1982. La terrible fusillade est survenue dans le restaurant de Jo Goldenberg, dont il est un habitué. « Je suis l'ami de la communauté juive de France », vient-il affirmer sur place, incarnant à l'égard des Juifs éprouvés, la posture compassionnelle de la Nation. Si quelques sifflets se voulaient réprobateurs à l'égard de ses propos sur le caractère injuste de l'intervention israélienne au Liban, François Mitterrand tenait à se démarquer de l'attitude de son prédécesseur, et surtout de la bévue du Premier ministre, Raymond Barre, s'illustrant après l'attentat rue Copernic, le 3 octobre 1980, en évoquant la mort de « Français innocents qui traversaient la rue », alors que l'« attentat odieux voulait frapper les israélites qui se rendaient à la synagogue ».

Prenant un caractère officiel, la vocation de lieu de réception de Latche s'est indéniablement renforcée. Cette résidence privée, propice à prendre du temps et de la distance, permet de tisser des liens humains utiles à la politique étrangère. Parmi les invités de marque, on relève Shimon Peres, ministre des Affaires étrangères israélien, en 1983, puis le Premier ministre espagnol Felipe Gonzalez. En 1990, c'est au tour du partenaire politique et ami Helmut Kohl. Un an plus tard, un autre grand de ce monde est également convié dans cette ambassade provinciale du pouvoir mitterrandien. Mikhaïl Gorbatchev, vient, en effet, le 30 octobre 1991, à Latche. Au cours du déjeuner auquel il prend part ce jour-là, le caractère initial de résidence familiale de Latche refait surface de manière cocasse. En effet, alors que toute la tribu Mitterrand est rassemblée aux côtés du dirigeant russe, jaillit soudain un petit diable d'un pot de moutarde « piégé », l'œuvre des deux petites filles d'un Président quelque peu gêné, et réprobateur à leur égard. Sacrifiant à la traditionnelle promenade en forêt, le Soviétique se voit réserver à Soustons un accueil typiquement landais par bergers échassiers et musiciens traditionnels. Une façon pour le dirigeant français de se rattraper de ses atermoiements de l'été précédent, à l'heure d'apporter un soutien clair à l'homme de la perestroïka menacé par un coup d'État.

Inlassablement, les reportages photographiques ou télévisuels à Latche ont leurs personnages récurrents : ses chiens, ainsi que les ânes qu'il rappelle à l'ordre ou qu'il nourrit. Battu en 1974, le candidat à la présidentielle soigne plus que jamais son image. L'allié des communistes adresse aux Français des cartes postales, celles d'un homme calme et sage venant se ressourcer dans sa propriété des Landes, auprès de ses chers animaux. C'est un morceau de bravoure que ce reportage de « 30 millions d'amis » tourné en 1977 et intitulé « Les amis de François Mitterrand », sur fond de notes de piano en guise de musique d'ambiance. Une séquence d'anthologie télévisuelle durant laquelle, onze minutes durant, l'homme politique est montré auprès de « ses animaux favoris », à savoir les chiens Julie, « son nom de pedigree, une chienne labrador, belle et fidèle » mais aussi Titus, « un basset artésien, l'une des plus vieilles races françaises ». Les autres acteurs principaux sont les deux ânes, la grise Noisette et son compagnon Marron. Aimant ces animaux « attachants » et « entêtés » à qui il vient apporter du grain, l'homme en décrit la personnalité, tout en semblant réciter un numéro longuement éprouvé. « Je crois qu'ils veulent que l'on fasse attention à eux, ils veulent être aimés, et comme le dirait la psychanalyse, ont besoin d'être reconnus », déclare-t-il, alors que le téléspectateur mal intentionné y verrait un portrait en creux.

Du grain à moudre, il en donne aussi aux médias, plantant le décor et campant son personnage de terrien. C'est le cas, notamment, quand il revient opportunément de nourrir ses ânes, une écuelle à la main, alors qu'un journaliste attendu arrive à Latche, à l'instar de Franz-Olivier Giesbert, décrivant dans *Le vieil homme et la mort*, ce président à l'allure de « paysan à la retraite ». Inlassablement édifiée, c'est la figure paisible d'un homme de terroir qui est renvoyée de Latche. Cultivant cette image d'homme authentique et rassurant, le Président intervient depuis sa résidence landaise où il a célébré, à son habitude, la nouvelle année, lors du journal télévisé, le 2 janvier 1983. Les Landes où il partageait avec Henri Emmanuelli un rite local contesté. « Pas de réveillon sans ortolans[14] », avait fait savoir l'ancien chef de l'État avant de partir pour l'Égypte, affirme Georges-Marc Benamou, dans *Le Dernier Mitterrand*, précisant que les oiseaux auraient été au menu du 31 décembre 1995, quelques jours avant sa mort, en dépit des dénégations de certains convives.

14. En France, l'espèce a disparu de 17 départements en 30 ans, entre 1960 et 1990, devenant une espèce protégée en 1999. Pour certains gourmets, la tradition veut qu'après avoir été engraissé, l'ortolan soit noyé dans de l'armagnac, rôti et réduit dans la bouche, lentement, sans presque mâcher. Ajoutant au parfum d'interdit, les consommateurs d'ortolans se mettent une serviette sur la tête pour mieux concentrer les fumets qu'ils accompagnent d'un verre de vin rouge.

Au gré de ces images publiques, les Français associent Latche au Président qui a forgé cet ancrage landais autant que sa représentation. Car l'attachement à « Latch » comme le prononcent les Soustonnais, fut tout aussi sincère que savamment mis en scène. Diego Goldberg, photographe argentin qui suit fréquemment François Mitterrand peut en témoigner, lui, qui, tout en discrétion, est parvenu à tisser une relation de confiance avec lui. « À Latche, lors d'un déjeuner en famille, il était surpris que je ne fasse pas de photos. Il me fait un geste, me demandant pourquoi. Et moi rien. C'était un petit jeu du chat et de la souris[15]. » Le politique sait en venir à ses fins. À l'hiver 1995, c'est d'une autre séance photo à Latche pour *Paris Match*, dont témoigne Pascal Rostaing, à l'occasion de Noël : « On a fait des photos façon paparazzi, avec de fausses planques au fond du jardin[16]. » Une image qu'entend maîtriser le politique qui dit « ne pas aimer la représentation », mais se pose pourtant en homme de la terre. On verra aussi le Président promener son labrador Baltique sur les plages landaises et leurs dunes de sable s'ouvrant sur l'Atlantique.

C'est une habile mise en scène que celle de ces vacances semi-officielles, insistant sur la complicité du couple qu'il forme avec Danielle. Une image à double détente, destinée à se montrer plus proche des Français en dévoilant une part d'intimité, mais également un paravent permettant d'en cacher une autre, celle de ses autres vacances, celle de son autre famille.

Escapades gersoises et périgourdines

De Latche, voire de Paris, chaque année, le 18 août, à l'occasion de l'anniversaire de son petit-fils Adrien, fils de Jean-Christophe et Élisabeth Mitterrand, le président de la République met un point d'honneur à venir à Nogaro, dans le Gers, où est située la maison familiale de sa belle-fille. À l'occasion de ses

15. Documentaire La garde rapprochée de François Mitterrand, Céline Destève, 2009.

16. *Ibid.*

déplacements, François Mitterrand prolongeait le plaisir en allant saluer Charles Samarran, ancien directeur national des Archives de France et membre de l'Institut, qu'il ira encore visiter à l'hôpital de Nogaro peu avant sa mort, à l'âge de 103 ans. Il arrive aussi au Président de faire un saut au festival Jazz in Marciac, ou encore de se distraire d'une course landaise dans les arènes d'Estang.

En Dordogne, le président de la République vint peu, même s'il se déplaça à Bergerac en octobre 1984 et à Périgueux en 1990 pour célébrer le cinquantenaire de la découverte de la grotte de Lascaux. Il n'en est pas de même pour l'homme François Mitterrand, souvent venu en visite privée. Maurice Faure, député radical qui était son ami depuis la IVe République le recevait, l'attendant souvent à l'aérodrome de Périgueux ou à sa descente d'hélicoptère pour le conduire chez lui. Nul besoin d'attendre le week-end, c'est souvent le mercredi en début d'après-midi, une fois passé le Conseil des ministres, que le Président arrive à Saint-Pierre-de-Chignac. C'est dans la grande ferme périgourdine de son vieux complice Maurice Faure, qu'il vient se ressourcer et déjeuner. Député du Lot voisin depuis 1953, il possède dans sa Dordogne natale une belle exploitation de 80 hectares comptant une centaine de vaches. François Mitterrand apprécie particulièrement l'élu du canton de Montcuq, cet homme de la terre, convivial et simple, qui lui a tendu la main à l'époque de l'Observatoire, quand tant d'autres lui tournaient le dos. Dans la grande salle à manger de la bâtisse rustique, le chef de l'État se délecte de plats invariables : pâté de foie, omelette aux truffes, filet de bœuf ou poulets aux morilles. Vient ensuite l'heure de la promenade, dix kilomètres de parcours sur les chemins creux à travers champs et forêts devenus depuis « le chemin du président ». Un itinéraire qui conduisait François Mitterrand à revenir tout naturellement à quelques dizaines de kilomètres seulement de Touvent et des lieux de son enfance en Dordogne…

13

EN « TERRES DU MILIEU » : BERRY, LIMOUSIN ET AUVERGNE

Mitterrand, homme du Centre ? Il l'est, en effet, et profondément, par les liens qui l'unissent au Berry, cœur géographique de la France auquel le rattachent ses racines paternelles. Mitterrand signifie en berrichon « terres du milieu »…

« Il n'y a de Mitterrand que du Berry, c'est un nom du terroir », écrira François Mitterrand. Attesté aux environs de l'an 1600, c'est un ancrage séculaire que celui de la famille Mitterrand en cette province, plus particulièrement à Bourges où ce patronyme demeure courant. Dans cette ville, ses grands-parents vivaient quai d'Auron, non loin du moulin de Chappe. L'homme politique en garde peu de souvenirs, quand, dit-on, tout jeune enfant, il aurait chaussé les patins pour glisser sur la glace de l'Auron par un hiver particulièrement frileux. S'il connut son grand-père, Gilbert Théodose, accueilli en 1920 par son fils à Jarnac, pour y vivre ses derniers instants, le petit-fils François n'eut de sa grand-mère, décédée prématurément en 1897, à l'âge de 49 ans, que le souvenir du prénom de Pétronille.

François Mitterrand revint souvent dans le Cher. En tant que militant et responsable du Parti socialiste, notamment à Blet, à l'occasion de la fête de la Rose en juin 1974, peu après sa défaite dans la course élyséenne. Ce fut plus souvent le cas encore à Bourges, comme en avril 1981, au cours d'une nouvelle campagne présidentielle. Devenu chef de l'État, il eut toujours une attention particulière pour la ville de ses aïeux. Il y fit ainsi un déplacement privé non annoncé en février 1985, où, accompagné de François de Grossouvre, il visita la cathédrale avant de se rendre à l'abbaye de Noirlac, située à Bruère-Allichamps, ainsi qu'au château d'Ainay-le-Vieil.

Comme à l'accoutumée, sincérité et habileté politique se mêlent au moment où le Président évoque cette ascendance, le 24 mars 1995 lors de son dernier déplacement à Bourges où il inaugure l'hôpital de la ville : « Beaucoup de liens m'attachent à Bourges, qui ne sont pas ceux du souvenir direct, mais ceux de la tradition. J'ai connu la maison de mon grand-père, quai d'Auron, et j'ai pu relever à travers les recherches qui ont été faites, que depuis le XVIe siècle, tous mes ancêtres, du côté de ma famille maternelle, étaient berruyers et, à la fois, vignerons : je suppose que les vignes devaient pousser jusqu'au faubourg, à l'époque. Et donc, c'est une très forte tradition dont mon père m'a beaucoup entretenu, même si personnellement je n'ai connu le Berry qu'en voyageur et en touriste[1]. »

En candidat, aussi, car la politique n'est jamais loin. Mitterrand est très proche de Roger Fajardie, maire de La Groutte, grand connaisseur de la carte électorale et son homme de confiance au PS à l'heure de distribuer les investitures. Le 31 août 1987, le Président venait assister à ses obsèques, dans son village. Quelques mois plus tôt, le maire Bernard Jamet avait invité le chef de l'État à venir sur ses terres à Drevant, en Boischaut, entre Cher et Indre. Ce jour d'octobre 1986, l'hélicoptère de la République se pose au stade où l'attendaient Fajardie, le député du Cher Alain Calmat, ainsi que le maire du village. Au menu, servi à la salle communale, brochet, pêché par le premier édile lui-même, filet de bœuf, fromage et tarte aux pommes, un repas goûteux mais sans fioritures arrosé de sancerre rouge et blanc que Mitterrand apprécie. C'est une journée de détente que s'offre le premier des Français, visitant la chapelle Sainte-Agathe et la maison-école d'Épineuil, au cœur du pays du Grand Meaulnes, avant de se promener le long du canal de Berry et de flâner au musée de Magnette, à Audes, d'où il regagna la capitale.

1. Déclaration de François Mitterrand, président de la République, Bourges le 24 mars 1995.

Ici, au cœur de la France, il se sent chez lui, au pays de ses ancêtres. Car, il faut remonter encore dans le temps pour évoquer l'arrière-grand-père paternel, Charles, menuisier puis éclusier sur le canal de Berry auprès duquel il vivait. Un lieu où François Mitterrand reviendra pour voir la maison de Roueron, habitée par cet aïeul, né en 1810 à Bourges. Menuisier dans une première vie, il prit ensuite part aux travaux d'aménagement du canal, construit à partir de 1808. Une voie de circulation empruntée par de petites embarcations chargées de marchandises, qui contribua à l'essor industriel de Montluçon et à la prospérité de la région.

C'est donc dans cette demeure que naquit, le 12 juin 1844, le grand-père de François Mitterrand, Gilbert Théodose Mitterrand, comme le relate aujourd'hui à Magnette une plaque apposée au mur du bâtiment par le musée du canal de Berry. Un lieu dédié à l'époque où menuisiers, charpentiers de bateaux et éclusiers formaient le peuple du canal. Sans doute se souvint-il à cet instant de ce décret du 3 janvier 1955 signé par le président du Conseil, Pierre Mendès-France et par ses ministres des Travaux publics et du Transport, Jacques Chaban-Delmas, des Finances, Edgar Faure, de l'Agriculture, Roger Houdet, sans oublier celui de l'Intérieur, un certain… François Mitterrand. Celui-ci actait le déclassement du canal de Berry, surpassé par le développement des transports ferroviaire et routier.

En son temps, Gilbert Théodose, le grand-père, fit le choix de la modernité, devenant chef de district à la compagnie des chemins de fer Paris-Orléans. Au gré de ses déplacements, François Mitterrand eut l'occasion de revenir sur les traces de ses grands-parents paternels, à Romorantin, dans le Loir-et-Cher. Gilbert Théodose Mitterrand et Pétronille Zulma, née Laroche, y vécurent dans les années 1884-1895, rue du Guidault puis rue de la Sirène, alors que le premier y travaillait à la construction du chemin de fer. Ainsi, en visite en mai 1987, le Président se vit-il remettre un présent relatif à ce passé, si précieux à ses yeux : une photographie de sa grand-mère Pétronille prise par l'un des amis de son grand-père.

Le Limousin, terre paternelle

Alors que la famille est installée à Limoges, Théodose Mitterrand démissionne de son emploi de cheminot, devenant alors chef de voirie. « Mon enfance a été bercée par les récits de l'enfance de mon père qui est né dans votre ville, où mon grand-père était agent voyer de la ville (on disait comme cela à l'époque)[2] », conte le Président, en visite à Limoges en 1993. Cent ans plus tôt, en 1893 exactement, ce même Théodose faisait entrer son fils Joseph à la compagnie Paris-Orléans. Au sortir du service militaire et de brillantes études dans une institution privée de Blois, celui-ci avait pourtant manifesté le désir de devenir journaliste, mais le choix paternel s'imposait, vu comme gage de sécurité.

Une carrière commençant au bas de l'échelle, comme le socialiste ne manquerait pas une opportunité de le rappeler. « Mon père était cheminot. Famille bourgeoise, mais sans fortune. Chaque génération a dû refaire son chemin. Cela trempe. Mon père était un homme de caractère. Il possédait une bonne culture, acquise après son baccalauréat. Il aurait pu aspirer à des études plus poussées. Il n'en avait pas les moyens financiers. Il est donc entré dans les chemins de fer à la compagnie PO-Midi, à la fin de l'autre siècle. Un jour que j'étais dans une petite ville de Gironde, le maire, un ancien cheminot, chargé de classer les pièces de la SNCF, héritière des anciennes compagnies privées, a retrouvé la fiche de paie de mon père. Il me l'a donnée. Elle est sur la cheminée de mon bureau de l'Élysée. Non pas pour l'exhiber. Mais j'y tiens. Regardez… Ça commence par : « 1898. 8 janvier 1898. Homme d'équipe ». À Tours. Traitement : 3 francs ; Ensuite : « Facteur, facteur intérimaire, intérimaire, contrôleur receveur, employé principal – avec augmentation –, sous-chef de gare, contrôleur – de je ne sais quoi –, chef de gare ». Il finira sa carrière comme chef de gare à Angoulême. C'est curieux, ces détails, la minutie administrative… Mon père

2. Allocution du président de la République François Mitterrand, Limoges, 24 septembre 1993.

n'en était pas moins par sa famille, son éducation, ses façons d'être, un bourgeois[3]. »

Sur les chemins de la Creuse

C'est dans le sud de la Creuse, à Bellegarde-en-Marche, que les hasards de la vie clandestine l'ont amené à se rendre durant la guerre. « Chez Livet », tel est le nom donné à cette grande bâtisse de granit entourée de châtaigniers devenue la résidence secondaire de son ami Jean Védrine. Tombé gravement malade en camp de prisonniers, ce dernier vint à son retour passer sa convalescence chez un ami, dont il tomba amoureux de la sœur. Fils d'employé de Chemin de fer, comme l'était au départ le propre père de François Mitterrand, les deux hommes ont partagé leur « jeunesse française », prisonniers, fonctionnaires à Vichy au Commissariat aux prisonniers, tous deux décorés de la Francisque avant de s'engager dans la Résistance. Ils en conservent le tutoiement et de forts souvenirs. Ainsi du Président, lors d'une visite officielle à Aubusson, en mai 1982 : « J'irai dans une maison où je suis allé chez des amis pendant la guerre, et je me souviens qu'une nuit, arrivé assez tard, par les moyens du bord, par le train, mais cela n'allait pas bien vite, puis en plein hiver, avec de la neige qui montait quelquefois jusqu'aux genoux, je suis allé à pied à Bellegarde-en-Marche. Ce n'était pas un record du monde, cela fait 12 kilomètres, je crois, mais disons que l'on commence à bien sentir un pays lorsqu'on y a marché comme cela le soir, lorsqu'on y a frôlé les bois, les horizons perdus dans le brouillard de neige qui existait à l'époque[4]. »

C'est justement en Limousin qu'en mai 1982, un an après son élection, le Président fait un déplacement, accompagné d'une grande ferveur populaire. À Neuvic, en Corrèze, il rencontre Jacques Chirac, député du département, maire de Paris et leader de l'opposition RPR. Les deux hommes sont venus inaugurer le

3. Entretien avec Marguerite Duras, *L'Autre Journal*, 12 mars 1986.

4. Discours du président de la République à l'hôtel de ville d'Aubusson, mai 1982.

musée départemental de la Résistance Henri Queuille, dans la ville qui vit naître en 1884 cet éternel ministre de la IIIe République, devenu maire dès 1912. Mitterrand est un homme à la mémoire longue, se souvenant qu'il doit au « président Queuille » d'avoir été candidat après-guerre dans la Nièvre et ministre dans ses gouvernements. Une occasion trop évidente pour le chef de l'État de célébrer la Résistance à travers le parcours de l'élu corrézien : « Henri Queuille, homme politique, déjà éminent, qui s'était engagé pendant la Première Guerre mondiale, n'a pas hésité sur le chemin à suivre, lors de la Seconde Guerre mondiale alors qu'il aurait pu être sollicité par la facilité et la compromission : il a rejoint Londres, la France libre, le général de Gaulle. Plusieurs de nos camarades et de nos compagnons de l'époque qui se trouvent dans cette salle, toutes opinions politiques mêlées, vivent en cet instant l'émouvant souvenir des heures où ils étaient les soldats d'un même combat. [...] Je veux dire le plaisir que j'ai de retrouver comme cela, à travers la distance plusieurs d'entre ceux qui furent mes amis de 1942, 43, 44, qui ne sont pas tous des amis politiques d'aujourd'hui. Certains le sont bien entendu[5]... » C'est vers les Auvergnats que se tourne plus particulièrement son regard.

L'Auvergne, un jardin secret

Assurément, elle était d'abord un jardin secret. Alors que l'élection de 1969 s'est achevée par une opposition entre deux hommes de même bord, Pompidou et Poher, celle de 1974 donne lieu à une confrontation entre la droite libérale, représentée par Valéry Giscard d'Estaing, et l'Union de la gauche, incarnée comme en 1965 par François Mitterrand. Cette fois, le face-à-face de l'entre-deux-tours de l'élection présidentielle sera télévisé, diffusé en direct devant les Français et arbitré par Alain Duhamel. Les flèches de VGE atteignent leur cible : « Vous êtes l'homme du passif », et le plus fameux encore, « Vous n'avez pas le monopole du cœur ».

5. Allocution de François Mitterrand, président de la République, mairie de Neuvic, 4 mai 1982.

D'autres, plus empoisonnées encore, visent à l'atteindre dans son intimité, lorsqu'il évoque Clermont-Ferrand : « Une ville que vous connaissez bien qui vous connaît bien. » Une allusion aussi sibylline que perfide que seuls les initiés comprennent. François Mitterrand, sur lequel la caméra fait un plan de coupe, bat des cils ; il ne s'attendait pas à ce coup bas. À quatre reprises durant le débat, Valéry Giscard d'Estaing, l'homme de Chamalières, cite la préfecture du Puy-de-Dôme afin de démontrer qu'un vote populaire s'est affirmé en sa faveur dans cette ville ouvrière et socialiste. Un coup à double détente ciblant également la double vie de son adversaire, que l'ancien ministre de l'Économie cherche à déstabiliser. Danielle Mitterrand n'a jamais eu, en effet, le « monopole du cœur » du leader de la gauche et le centriste n'ignore en rien la liaison de son adversaire avec une fille de la famille Pingeot, bien connue à Clermont-Ferrand. Quittant sa province pour Paris à l'orée des années 1960, la jeune Anne Pingeot a alors 18 ans quand elle fait plus ample connaissance avec le leader socialiste bien plus âgé.

« La pire des choses pour une femme, c'est de devoir porter des lunettes et de passer son baccalauréat… », a coutume d'énoncer le grand-père maternel d'Anne Pingeot, le général Paul André Marie Chaudessole, né en 1889 décédé en 1966. Baccalauréat en poche, Anne Pingeot, montée à Paris, réside d'abord dans un foyer de jeunes filles, tenu par des religieuses. Éprise de culture, celle-ci consacre ses soirées à l'étude, mais aussi au bridge, voire aux rallyes réservés à la bonne société. Au grand dam de l'homme mûr qu'elle fréquente, jaloux de ses rencontres avec de jeunes gens de son âge. Alors que s'enlacent leurs destinées, elle sera sa fontaine de jouvence. Leur liaison va rester secrète, y compris dans les premières années pour la famille de la jeune fille : « Je meurs d'envie de t'appeler à Clermont, savoir si ton voyage a été bon, t'entendre… Je ne le fais pas, par discipline (imposée)[6] », lui écrit-il ainsi en 1971.

6. François Mitterrand, *Lettres à Anne, op.cit.*, p. 901.

Les Pingeot, une famille bourgeoise auvergnate

C'est une famille d'industriels bien connue à Clermont-Ferrand que les Pingeot. Fils d'Émilien Pingeot, commis d'agent de change tôt disparu, le jeune Lucien Frédéric Henri Pingeot voit une partie de son éducation assurée par des parents de sa mère, certes éloignés, la famille Michelin. Lorsqu'Henri Pingeot s'unira avec Gabrielle Chambriard, fille d'un grand industriel de Brioude, Marcel Michelin sera son témoin de mariage. Apprenant à travailler à la Manufacture, il fonde en 1921 « Pingeot et Cie Gergovia », usine installée rue de Châteaudun. Il fabrique pour Michelin des pièces telles que des crics, valves et autres détendeurs, jusqu'à être à l'origine d'une invention qui allait faire un tabac. Las des imperfections des briquets à essence, le fumeur invétéré qu'est Henri Pingeot créa en 1935 un modèle à gaz liquide qui allait connaître un franc succès. À la même époque, l'entrepreneur adhère au Parti social français (PSF). Clin d'œil de l'histoire, le jeune étudiant Mitterrand appartient également à cette mouvance dans la capitale. Dans l'agitation de l'époque, les usines clermontoises, Michelin, mais aussi Pingeot ne manquent pas d'être occupées lors des grèves de mai-juin 1936.

Ayant vendu son brevet, Henri Pingeot fait prospérer ses affaires. Homme installé, il habite une villa, au 74, rue Blatin à Clermont-Ferrand et possède une résidence secondaire dans la verdoyante commune d'Orcines. En 1947, à la mort, à l'âge de 65 ans, de ce père de six enfants, l'entreprise Pingeot-Bardin n'est pas menacée de péricliter. Trois des fils, ingénieurs, Henri, Pierre et André, vont s'y investir. C'est Pierre qui prendra les rênes de l'usine paternelle, fabriquant des détendeurs pour bouteilles de gaz. Ayant réussi dans les affaires, l'homme conclut un beau mariage, convolant en justes noces avec Thérèse Chaudesolle pour fonder une famille de cinq enfants, trois filles et deux garçons. Centralien dans une famille de polytechniciens, Pierre Pingeot devient un notable, devenu président de l'Automobile club d'Auvergne et membre éminent du Rotary Club local.

À Clermont-Ferrand, la famille occupe un très bel hôtel particulier, rue de l'Oratoire, cette magnifique demeure étant un ancien couvent du XVIIIe siècle. C'est à ce « 10 rue de l'Oratoire » que François Mitterrand écrit à sa « petite arverne » dès 1963 ou 1964. Celle-ci ne gardera pas d'attaches à Clermont-Ferrand, la société Pingeot-Bardin sera vendue en 1985 au terme d'une période de difficultés, tout comme le seront les demeures familiales de son grand-père, rue Blatin, et de ses parents, rue de l'Oratoire. « Je fais un tour rue de l'Oratoire, je sonne. Je rêve. J'aime ces lieux de ton enfance. Tout m'y émeut », écrit-il à Anne de Clermont-Ferrand le 13 décembre 1971.

Du côté maternel, la mère d'Anne, Thérèse, est la fille du général Paul André Marie Chaudessolle, marié en 1914 à Clermont-Ferrand avec Jeanne Fayolle. Née dans cette même ville en 1883, celle-ci était la fille d'un maréchal de France. C'est ainsi dans le culte de la gloire militaire qu'est élevée Thérèse, épouse Pingeot, comme le seront ses propres enfants, dont Anne, petite-fille de héros de la Grande Guerre.

C'est aussi cette jeunesse vécue dans une famille bourgeoise et conservatrice qui retint l'attention de François Mitterrand, intrigué par cette demoiselle si jeune ayant quelque chose d'un autre temps et dont la profondeur de la culture contraste avec celle de sa classe d'âge. Ce que celle-ci confirme : « L'une des raisons de notre entente, c'est que dans ma famille, il y avait une ou deux générations de retard. C'était la province, très réactionnaire, de droite, pas évoluée. J'ai eu une formation en ce sens et au fond, cela rejoignait l'enfance de François Mitterrand, qui avait eu la même bourgeoisie, peut-être un peu plus ouverte[7]. »

C'est en effet une famille des plus conventionnelles où il ne saurait être question d'avoir un enfant hors mariage, un enfant du péché… Pourtant, Mazarine Pingeot, naît à la clinique Urbain V

7. Anne Pingeot, A voix nue, Jean-Noël Jeanneney, France Culture, octobre 2016, 1/5.

d'Avignon, le 18 décembre 1974. Le nourrisson va passer une partie de son temps à Saulzet où son arrière-grand-mère possède une maison faisant office de résidence d'été. Le candidat à la présidentielle y vient lui-même parfois, rendre visite à sa compagne de l'ombre et à l'enfant du secret. Mais plus que Clermont-Ferrand, c'est Anne qui est son point d'ancrage. Car au triple scandale de l'homme plus âgé, marié et qui plus est, de gauche, l'enfant naturel est la goutte d'eau qui fait déborder le vase. De ce fait, suite à la naissance de Mazarine, il n'est plus invité à entrer dans la maison familiale de l'Oratoire, attendant Anne sur le palier, ou l'envoyant quérir par un chauffeur.

En 1974, c'est bien le vrai régional de l'étape qui est élu, avec 424 599 voix d'avance sur François Mitterrand, soit l'écart le plus faible de la Ve République. Valéry Giscard d'Estaing entre au palais de l'Élysée, le 27 mai 1974. Le socialiste, éternel opposant, ne dépose pas les armes ; en 1981 s'ouvre l'acte II du duel au sommet de l'élection présidentielle entre Valéry Giscard d'Estaing et François Mitterrand. Le premier occupe à Chanonat, le château de Varvasse, manoir aux tourelles recouvertes de toits d'ardoise lui conférant des airs austères. Le 9 mai 1981, inquiet, le Président signale à la gendarmerie qu'un hélicoptère s'est posé près de son château. C'est « chez les Pingeot[8] ». Son adversaire, François Mitterrand vient se ressourcer dans la propriété familiale, auprès de sa maîtresse.

Élu, François Mitterrand reçoit un accueil chaleureux trois ans plus tard lors de sa visite à Clermont-Ferrand, le 5 juillet 1984. Le lendemain, *La Montagne* relève de savoureuses scènes vécues de ce Président au contact de la vraie France, accueilli au son de la bourrée auvergnate et faisant une halte sous la statue de Vercingétorix, place de Jaude. Déambulant jusqu'à l'hôtel de ville, il « ne négligeait pas de saluer un groupe de punks bon teint dont les gardes du corps avaient calmé un peu les vociférations avant qu'il n'arrive à sa hauteur ». De vociférations, il en est encore question, avec « ce bambin en pleurs, affolé par la cohue, que

8. Patrice Duhamel, Jacques Santamaria, *L'Élysée : Histoire, secrets, mystères*, Paris, Plon, 2017.

sa mère tenait à bout de bras au-dessus des barrières, et qui se débattait désespérément alors que François Mitterrand lui tapotait affectueusement la joue ». Une visite présidentielle qui se poursuivait dans l'Allier, qu'il connaissait également fort bien pour y séjourner régulièrement.

Dans l'Allier, chez François de Grossouvre

Se hâter lentement, soupeser le poids des heures et goûter à la saveur des jours, tout en accomplissant ses obligations professionnelles, telle semble être la philosophie de François Mitterrand, si désireux de « donner du temps au temps », de ne pas se faire dicter son propre tempo, qu'il ne porte jamais de montre au poignet. Ce à quoi les persifleurs ajoutent qu'il est également dépourvu de portefeuille. Dès le début de son ascension politique, il vit aux frais de la République dont il occupe des ministères successifs. De là peut-être provient le fait qu'il n'aura jamais le réflexe de régler une addition au restaurant. « Il disait : “On s'arrangera.” En réalité, c'était tout arrangé[9] », se plaît à rappeler Catherine Nay, évoquant sa pingrerie. C'est ainsi un curieux rapport à l'argent, d'apparence distante, mais parfois empreint d'avidité, alors qu'il sera, dès les années 1950, toujours entouré de riches bienfaiteurs.

C'est en 1959, au Berkeley, restaurant situé près de l'Élysée que Françoise Giroud, qui a convié Grossouvre à un déjeuner pour le remercier de sa contribution au financement de *L'Express*, lui présente François Mitterrand. Entre le politicien au creux de la vague, car encore aux prises avec l'affaire de l'Observatoire, et le médecin de formation, le courant passe immédiatement. Très bel homme, à l'allure un rien surannée, François de Grossouvre a fait bonne fortune en se mariant avec Claude Berger, héritière d'une grande famille de sucriers. C'est un ami cher que celui-ci, devançant toujours Mitterrand pour régler l'addition au restaurant et acceptant de contribuer au financement de la campagne présidentielle de 1965, comme il le fera à nouveau en 1974.

9. Propos de Catherine Nay, France 5, 8 novembre 2019.

Parfois, François de Grossouvre se fait également chauffeur, conduisant son grand homme et avalant les kilomètres autant que les plats du terroir, d'auberge en restaurant. Attablés autour d'un petit salé aux lentilles, les deux hommes devisent de leurs guerres de 40 et rivalisent quant à leurs bonnes fortunes féminines, inépuisable sujet pour ces deux séducteurs impénitents. L'élu de la Nièvre exige parfois, avant d'atteindre l'Allier, un détour par Château-Chinon, qui n'est distante que de 80 kilomètres de la gentilhommière que détient Grossouvre près de Lusigny. Car c'est là une parfaite base arrière pour François Mitterrand, prenant alors ses habitudes chez un ami qui se rengorge de l'honneur qui lui est fait.

Grâce à la fortune de son épouse, Grossouvre vit en hobereau dans sa propriété de l'Allier, La Trevesse. À l'écart de la bâtisse principale du XVIIIe siècle, édifiée tout en longueur, se trouvent des écuries ainsi qu'un petit pavillon isolé. Celui-ci devient « la maison de François ». Il faut dire qu'il s'y est tout de suite senti à l'aise : piscine, tennis, marche en forêt, et lieux propices au secret de sa vie très privée. Et plus encore à partir de la naissance de Mazarine, en 1974, dont le Bourbonnais est honoré de devenir le parrain. Ainsi, c'est un couple en promenade, François Mitterrand, tête coiffée d'une casquette, écharpe rouge et mains dans les poches, en compagnie de sa jeune maîtresse Anne Pingeot, que montre une photographie de 1981, année où l'homme politique accède à l'Élysée. De ces diverses attaches, naît une relation intime avec l'Auvergne, havre de la fidélité et des amitiés politiques du dirigeant socialiste.

Un Président fidèle à ses amis politiques

De la visite au mont Mouchet du nouveau président de la République, le 5 juillet 1981, d'aucuns verront l'expression de sa gratitude à l'Auvergne où ses soutiens sont solides. Une région où il se « sent bien » comme il le déclare lors d'un déplacement dans les départements du Cantal, de la Haute-Loire, du Puy-de-Dôme et de l'Allier, les 5 et 6 juillet 1984. Une région dont il n'aura de cesse de louer « la qualité d'accueil, la discrétion de l'amitié et la chaleur des sentiments ».

Valz-sous-Châteauneuf est le nom de cette petite commune du Puy-de-Dôme qui, en mai 1981, votera à 95 % pour François Mitterrand. Un score remarqué par le nouveau Président qui invitera 46 des 48 habitants du village à la *garden-party* de l'Élysée, le 14 juillet 1986. Il leur rendra à son tour visite, le 23 février 1987.

C'est ainsi de très longue date qu'il tient ses amitiés, scellées à jamais dans les lieux et les circonstances qui les ont vus naître. C'est un « amour fraternel acquis à vie » qu'évoque à propos de François Mitterrand, Ginette Munier, la Résistante auvergnate devenue Landaise, se souvenant des diners et fêtes de Noël à Latche. « Nous allions rarement à l'Élysée, chacun son métier ! », précisait-elle au journal *La Montagne*. Résistant fut également Gabriel Montpied, maire de Clermont-Ferrand entre 1944 et 1973, qui fit partie des soutiens et amis s'agrégeant au gré des étapes que constituèrent les campagnes présidentielles et la prise du Parti socialiste. Parmi ceux qui soutinrent son ascension politique, citons Gilbert Belin, maire de Brassac-les-Mines et sénateur du Puy-de-Dôme, mais encore Louis Eyraud, maire de Brioude. Les plus emblématiques de ses partisans furent peut-être « les mousquetaires d'Auvergne ». Ainsi surnommait-on les trois députés SFIO Arsène Boulay, Fernand Sauzzede et Joseph Planeix. D'anciens résistants connus pour être bons vivants qui eurent également en commun d'avoir un assistant parlementaire nommé Michel Charasse. Né en 1941 à Chamalières, il sera à l'origine, avec Joseph Planeix, d'un nouveau rituel mitterrandien.

Au rendez-vous du lac Chauvet

Peut-être pas le plus beau, certes pas le plus touristique, mais c'était celui qu'ils avaient choisi. Au cœur du Sancy, le lac Chauvet est situé sur la commune de Picherande, dans le Puy-de-Dôme. En 1976, lors d'un repas entre amis politiques, François Mitterrand interroge chacun des convives sur sa destination de vacances. Le député du Puy-de-Dôme et pêcheur à la ligne Joseph Planeix évoque alors ce plan d'eau. « Qu'est-ce que c'est que le lac Chauvet ? », interroge le leader socialiste. « Le lac Chauvet, on ne peut pas en parler si on n'y est pas allé. Si ça vous intéresse, je vous y invite ! » Un faire-part verbal auquel Mitterrand s'empresse de répondre favorablement. Et durant 19 ans, de 1976 à 1995, chaque premier samedi du mois d'août, il sera fidèle au rendez-vous devenu rituel. Il y est entouré de son premier cercle d'amis politiques auvergnats, parmi lesquels Michel Charasse, fidèle parmi les fidèles, en bras de chemise et bretelles.

Un groupe amical matriciel réuni autour de Joseph Planeix (1915-1993), maire de Parent et conseiller général, député de 1962 à 1978, dont font partie Marcel Bony (1926-2010), maire de Murat-le-Quaire de 1965 à mars 1995, ainsi que Jean-Paul Baquet, futur député. C'est à l'été 1980 qu'est prononcé le serment du lac Chauvet : celui de se battre jusqu'à la victoire. Le petit cercle informel constitué autour de Mitterrand après le congrès d'Épinay s'engage à mener à bien le combat jusqu'à ce que soit gagnée la présidentielle. Mais la politique n'est pas le seul objet des conversations amicales qui courent aussi sur les thèmes de la terre, de ses paysans et de ses produits, ou encore de la littérature.

« On n'était pas là pour faire de la figuration, on était entre nous, c'était pas Solutré[10] », expliquait Michel Charasse, la presse n'étant pas conviée, à l'exception de journalistes de *La Montagne* faisant parfois une incursion jusqu'au lac. Au menu de la journée, pêche, repas traditionnel dans la maison du gardien, que l'on fait ouvrir pour l'occasion, composé de charcuterie, omble chevalier du lac, chou farci suivi de fromage et d'un « nègre blanc », sorte de charlotte au chocolat en guise de dessert. À l'issue de l'une de ces agapes, le chef Le Nègre, venant à chaque fois se mettre aux fourneaux, se voit récompensé pour sa cuisine paysanne robuste de la plus surprenante des manières. Sur le champ, le Président, avec la démesure qui le caractérise quand il aime, l'invite à enfiler une veste, afin de lui remettre l'ordre national du Mérite.

Une promenade digestive et contemplative d'une durée rituelle de 45 minutes s'ensuit autour du lac. « Regardez-comme c'est

10. Michel Charasse, émission Guide Privé, Clermont-Première, 15 février 2000.

beau », s'exclame le Président, admirant la forêt de hêtres, comme la vue sur le puy de Sancy. Le leader de la gauche, que l'on a pu voir ciré jaune et bob marron sur la tête, marche, son chien à ses côtés.

À ce cérémonial simple, il faut ajouter une dimension politique aux allures de serment : parvenir à l'élection présidentielle. Une parenthèse estivale qui se poursuivra, jusqu'en août 1995, six mois avant son décès. En fin politique, le socialiste ne manquait pas de venir au lac en faisant un crochet à Montboudif pour un hommage à son prédécesseur, Georges Pompidou, se rendant sous le préau de l'école où celui-ci jouait enfant.

D'autres rendez-vous auvergnats sont organisés au fil de l'année, au plaisir des mets. Il y avait « en hiver la potée d'André Gay », « le cochon chez Jean-Paul Bacquet, à Coudes, ou à Puy-Guillaume, chez Michel Charasse[11] ». Précisément, c'est depuis cette commune qu'à quelques semaines de l'élection de 1988, il battra le rappel de ses troupes auvergnates : « Réunissez nos amis à Puy-Guillaume, la discussion portera sur ma candidature à la présidentielle[12]. »

À l'image de ce lieu « chauve et déboisé » occupé par ce lac de cratère, l'Auvergne est le cœur fantasmé d'une France millénaire liée au mythe de Vercingétorix. Pour le Président épris de nature et de paysages préservés, la région ne pouvait qu'offrir de beaux atours, constellée de « volcans à forteresse », le géographe et écrivain de la terre auvergnate du début du XXe siècle Lucien Gachon, décrivant ces pitons, hérissés de constructions médiévales, qui semblent avoir attendu, des millénaires durant, qu'on les coiffe de monuments défensifs.

C'est aussi une région centrale, associant géographie politique et imaginaire collectif, alors qu'il est lui-même implanté dans la Nièvre, département contigu au Massif central, à laquelle il est important de pouvoir montrer ses attaches, quand d'autres restent bien plus dissimulées…

11. « Le havre de l'amitié et de la fidélité », *La Montagne,* 8 janvier 2016.
12. *Ibid.*

14

DES CAUSSES ET DES CÉVENNES À LA PROVENCE

« La chute lente du Ventoux sur la plaine de Carpentras, la tête ronde du Beuvray, la Loire laquée de Saint-Benoît, la roche de Solutré, la solitude de l'Aigoual, sont pour moi des points de repères plus importants que la date des élections législatives », écrivait Mitterrand à propos des Cévennes dans *Ma part de vérité,* paru en 1969.

Deux ans plus tôt, Charles Salzmann lui était présenté à sa demande, intrigué par ce communicant capable de prodiguer des conseils sur la base d'études électorales. Mais si Salzmann intéresse Mitterrand au plus haut point, c'est aussi parce qu'il sait que celui-ci a acquis une bâtisse en Lozère. C'est là, dans le hameau de Massevaques, sur le flanc nord de l'Aigoual, que le socialiste lui fait bientôt la surprise d'une visite : « Un soir de ce même été, vers 19 heures, on sonne à la porte de la cuisine de ma maison cévenole, où nous nous apprêtions à dîner. C'était François Mitterrand. « Je passais par là avec quelques amis. Je me suis souvenu que vous y aviez votre maison. J'ai souhaité vous dire bonjour… j'espère que je ne vous dérange pas. » En fait, il avait voulu voir comment je vivais et ainsi mieux apprécier qui j'étais. Ce qu'il vit de ma vie simple, élémentaire, dans ces merveilleuses Cévennes, un des endroits les plus beaux du monde, dut lui plaire ; Toujours est-il qu'il prit ensuite l'habitude d'y venir passer quelques jours, presque chaque année, et même bien après être devenu président de la République[1]. »

1. Charles Salzmann, *Le bruit de la main gauche*, Paris, Robert Laffont, 1996, p. 25.

Ici, la pierre type l'architecture des maisons, mas et châteaux. C'est une ancienne *clède*, petit bâti traditionnel destiné à entreposer les châtaignes, qui servira de gîte à Mitterrand. Une dépendance lui permettant d'avoir son indépendance, comme lorsqu'il est reçu dans la propriété de François de Grossouvre. « Le dernier jour à Massevaques était un jour si beau[2] », écrit-il, en guise de survivance de leur séjour commun, à Anne Pingeot, le 18 août 1973. Comme il l'apprend l'année suivante à son hôte, sa jeune compagne, est enceinte et c'est bientôt à trois que viendra la famille.

Cabrillac, Rousses, Gatuzières, mais aussi, plus surprenant, Le Pompidou[3], les environs n'ont bientôt plus de secret pour le socialiste. Car d'année en année, il viendra au rendez-vous de l'amitié et de la fidélité, au cœur du Parc national des Cévennes. Une pause de ressourcement où il profite des plaisirs de la marche, démarche chez lui autant physique qu'intellectuelle. L'automne venu, il y aime la cueillette de fruits rouges ou de cèpes. Très vite, il y prend des habitudes, devenant des rituels. Ainsi, du déjeuner à l'auberge des Vassels. Les coups de fil sont passés chez Madame Martin, seule habitante du hameau à posséder une ligne téléphonique. La simplicité locale lui sied, à l'image de cette résidence rustique bâtie de pierre et à la charpente de bois. Couché dans les herbes hautes, la tête couverte d'un bob vert, c'est un François Mitterrand détendu et souriant, regardant tendrement sa maîtresse le photographiant, dont témoigne ce cliché d'une escapade en Lozère, à Massevaques, en 1978.

« Croyez-moi, c'est une partie de la France à laquelle je tiens », lance le chef de l'État à propos des Cévennes, lors d'un discours officiel prononcé à Florac. Un message d'amour à cette terre belle et rebelle, ayant forgé le caractère de ses habitants. Peu dispendieux en paroles superflues, ainsi sont les Cévenols. Ici, en effet, on a le culte du secret et on l'a fièrement prouvé, encore quelques décennies auparavant, durant la guerre. Charles Salzmann en sait

2. François Mitterrand, *Lettres à Anne*, op.cit., p. 1034.

3. Rien à voir avec le deuxième président de la Ve République… Le Pompidou est une commune située au cœur des Cévennes, à la limite du Gard, à mi-chemin entre Florac et Saint-Jean-du-Gard, à 800 mètres d'altitude.

quelque chose, lui qui y trouva refuge, du temps où occupant et régime de Vichy pourchassaient les juifs.

Devenu président, il s'emploie à ne rien changer à ses habitudes cévenoles, et ce, dans la mesure du possible, quand il arrive désormais précédé de voitures de sécurité, attendant l'hélicoptère de l'Élysée. Un véhicule de transmission des communications posté sur les hauteurs du village complète le dispositif, qui se veut tout de même empreint de simplicité et de discrétion, à l'image de ce qu'il vient toujours chercher ici. Cela n'affecte en rien son attitude, imperturbable, alors qu'il va toujours saluer le berger voisin, qu'il invitera à une réception officielle à l'Élysée. Tant de menus souvenirs ont été laissés aux habitants de cette terre que la mémoire a cheminé, elle aussi, ancrant dans la toponymie orale les noms de « pré » ou de « rocher » de Mitterrand, tandis qu'un itinéraire de randonnée portant son nom était créé.

Un peu partout en Cévennes, François Mitterrand a ses repères, et même ses « repaires » où il séjourne régulièrement. En Lozère, il apprécie de déjeuner dans la commune de Vébron, au restaurant Chez Ponge. Lorsqu'il est côté gardois, il s'arrête à Tornac, aux Demeures du Ranquet.

C'est un discret et pratique point de chute que constituent les Cévennes, à la croisée des chemins de meetings et autres obligations politiques, alors que sa deuxième famille s'agrandit. Au début de l'année 1975, Mazarine n'étant âgée que de quelques mois, c'est à Salindres, dans le Gard, que sa mère prend ses quartiers, chez sa sœur aînée, Martine. Elle et son mari lui sont d'un grand soutien. La jeune mère et sa fille sont parfois rejointes par François Mitterrand qui a coutume d'atterrir à l'aéroport de Nîmes-Garons lorsqu'il gagne le Midi.

La préfecture gardoise est une ville qu'il connaît bien. Une décennie durant, entre 1967 et 1977, il vient visiter son frère d'armes rencontré dans la Résistance, Georges Dayan, qui loge rue Colbert. Parachuté par Mitterrand dans le Gard, il y fut député de 1967 à 1968, puis maire socialiste de Caveirac, de 1971 à 1977. Georges Dayan autour duquel éclosent de jeunes talents, comme Georgina Dufoix dont le père a été conseiller municipal SFIO à Nîmes.

Le 10 mai 1981, la liesse est indescriptible à Nîmes. « Devant les colonnes de l'ancien théâtre, un bal était improvisé. Ça klaxonnait dans les voitures et on embrassait des gens qu'on n'avait jamais vus[4] », relatait Edmond Fabre, alors secrétaire fédéral du PS gardois. Mais l'ombre d'un habitué du siège du parti de la rue de la Madeleine, plane sur cette soirée… Il s'agit bien évidemment de celle de Georges Dayan, décédé le 28 mai 1979, avec lequel François Mitterrand ne peut partager son triomphe.

Afin de saluer la mémoire du défunt, c'est en chef de l'État qu'il se rend le 25 juin 1982 à Caveirac et qu'il inaugure, à Nîmes, l'avenue Georges Dayan, accompagné du maire communiste Émile Jourdan. Nîmes où on verra à nouveau le Président en 1985 et surtout en octobre 1988, marchant, chaussé de bottes, aux côtés du maire Jean Bousquet, dans les rues muées en canaux par de tragiques inondations.

S'il a ses habitudes à Nîmes la romaine, les liens sont plus distendus avec Montpellier la médiévale. La ville-préfecture de l'Hérault est dirigée par Georges Frêche, un baron local bien imprévisible et rétif à toute discipline collective. « Frêche, vous ne serez jamais maire de Montpellier », lui avait pourtant asséné Mitterrand alors que celui-ci, dans le contexte du congrès d'Épinay en 1971, refusait le poste de secrétaire national aux libertés publiques, pour privilégier un enracinement local. Elu député en 1973, il réussissait à devenir premier édile le 20 mars 1977, face au maire sortant, François Delmas. En mars 1985, le Président s'était déplacé à Montpellier afin que le maire Georges Frêche lui présente les travaux d'Antigone, nouveau quartier de la ville conçu par l'architecte Ricardo Bofill. Ce qui n'empêchera pas Frêche d'égratigner le Président en exercice dans son livre paru en 1990, *La France ligotée,* dont il dit se tenir à distance en raison de son amitié avec René Bousquet.

Le chef de l'État entretient de bien meilleures relations avec Gérard Saumade, rival héraultais de l'homme fort de Montpellier. Il viendra, à plusieurs reprises, rencontrer le maire de Saint-Mathieu-de-Tréviers et conseiller général (1973), puis président

4. *Midi Libre Gard*, 9 mai 2011.

du Conseil général de l'Hérault à partir de 1979. Saumade avait rejoint Mitterrand dès 1964 au sein de la Convention des institutions républicaines (CIR) qui s'intégrait au Parti socialiste lors du congrès d'Épinay, en 1971. Au pied du pic Saint-Loup, dont il fera l'ascension, François Mitterrand viendra à plusieurs reprises, dont l'une restée fameuse, en 1988…

Sur les pentes du pic Saint-Loup avec Michel Rocard

Le temps est des plus maussades ce mardi 19 avril 1988 dans la Haute Vallée de l'Hérault. C'est avant un meeting à Montpellier de l'entre-deux-tours à la présidentielle que le chef de l'État a décidé de faire l'ascension du pic Saint-Loup qu'il aime tant. Il a convié son ancien ministre de l'Agriculture Rocard à l'accompagner. Était-ce une mesquinerie de plus de la part de Mitterrand ? Prévenu à la dernière minute, Rocard est conduit en tenue de ville sur les lieux où il apprend qu'il va prendre part à une marche. Au pied levé, Gérard Saumade, participant également à l'escapade dans la garrigue qui est la sienne, lui a trouvé cet équipement que Rocard part enfiler dans un petit hôtel voisin. La presse est présente. C'est le choc des photos. D'un côté, Mitterrand, en pèlerin de Solutré, élégant tel un gentleman-farmer portant un blouson de toile gris rehaussé par une écharpe rouge, un pantalon de velours clair et des Pataugas aux pieds. De l'autre, Rocard, coiffé d'une casquette trop grande, vêtu d'un pardessus trop long et chaussé de godillots de montagne aux épais lacets rouges. Portant le tout par-dessus un costume cravate, le maire de Conflans-Sainte-Honorine semble tout droit sorti d'un Poulbot. Le brouillard ne permettra d'ailleurs pas de faire l'ascension des 600 mètres du pic ; mais là n'est pas l'essentiel. Affichant une indifférence méprisante à l'égard de son invité de dernière minute, le Président s'éclipse avec celui-ci après un quart d'heure de marche sur les chemins pierreux entourés de vignes, laissant sur place la suite d'élus et de journalistes. Mitterrand a choisi son lieu et son heure pour proposer la fonction de Premier ministre à son frère ennemi socialiste. Le soir même, sous un chapiteau inondé par les fortes pluies, Michel Rocard fait sa première apparition en meeting, à l'espace Richter de Montpellier, aux côtés du président sortant. Le lendemain, la photographie du pic Saint-Loup du journaliste de l'AFP Patrick Herzog fait la une de tous les journaux, celle d'un curieux attelage formé d'un chef de l'État sûr de lui, vague sourire aux lèvres, accompagné d'un Rocard affichant une sympathie plus naïve et vêtu de bric et de broc.

Mitterrand aimait à retrouver son ami héraultais « Chez Capion », à Gignac, pour y goûter sa spécialité de croquettes. C'est encore en compagnie de Gérard Saumade qu'il partage un survol de Sète en hélicoptère alors que François Mitterrand récite des vers de Paul Valéry en surplomb du cimetière marin où l'homme de lettres est enterré. À l'officier qui s'inquiétait du retard pris avec ce détour, il avait alors rétorqué : « Valéry vaut bien ça ! » Gérard Saumade fut reçu à l'Élysée, notamment après la déroute électorale des socialistes aux législatives de 1993 où, candidat entré en dissidence, il battit Georges Frêche, investi par le PS, au premier tour sur la IVe circonscription. « De cette nuit atroce de défaite pour notre camp, vous savoir vainqueur restera comme le plus beau moment[5] », lui aurait alors glissé le Président, partageant la même détestation du maire socialiste de Montpellier. Celle-ci était pour le moins réciproque, le président de Languedoc Roussillon osant le crime de lèse-mémoire socialiste en ne donnant à l'Hôtel de Région, le nom de François Mitterrand, qu'à une pièce réduite au point de pouvoir être qualifiée de placard à balais : « Des grandes salles pour les grands. Une petite salle pour Mitterrand, parce que c'est un petit homme politique[6] », se justifiait l'élu, décédé en 2010.

Lorsqu'il se rend dans la région, Mitterrand se fait parfois énigmatique sur le but précis de ses visites. Ainsi, au lendemain

5. « Gérard Saumade, rival de Frêche, ami de Mitterrand », *Midi Libre,* Hérault, 8 janvier 2012.

6. Pierre Daum, « En Languedoc-Roussillon, Frêche fait son chefaillon », *Libération,* 27 juillet 2004.

d'un meeting dans le sud de l'Aveyron, à Saint-Affrique, en 1978, où le dirigeant socialiste demandait aux militants qui le raccompagnaient à l'aéroport de Montpellier de le déposer à Madières, village des Gorges de la Vis à cheval sur l'Hérault et le Gard, au pied du Larzac. « Ce jour-là, il y avait du givre. Mitterrand a dit : « Laissez-moi là », c'était en pleine campagne. On s'interrogeait et on est partis sans poser de questions[7] », témoignait l'élu local Alain Fauconnier qui ne connaissait pas alors l'existence d'une certaine Anne Pingeot…

À quelques dizaines de kilomètres de là, adossé aux contreforts du plateau du Larzac, Saint-Privat, dans l'Hérault, abrite la résidence de l'écrivain Claude Manceron. Ce « petit village accroché au-dessous du Larzac » comme le décrit Mitterrand en 1971, l'accueille le temps de haltes, au gré de meetings comme en août 1973 où il découvre La Couvertoirade.

Des Cévennes au Larzac

« Le Larzac, cette terre si près du ciel », une phrase de François Mitterrand qui était le signe de son attachement à ce plateau, lui qui avait mis fin au projet d'extension du camp militaire, combattu une décennie durant par les éleveurs ovins, dès son élection à la présidence, en 1981.

Dix ans plus tôt, les paysans du Larzac dont les fermes étaient menacées par l'extension du camp militaire local, avaient brandi leurs fourches. Une mobilisation en faveur de laquelle le socialiste s'était prononcé dès 1972 tout en restant prudent. « Michel Debré et ses amis invoquent la Patrie. Mais quelle est la Patrie menacée sur le Causse ? Cette vieille et dure terre continentale qui se réveille parce que l'homme a recommencé de croire en elle, je la reconnais, moi qui suis d'un pays d'océan, comme mienne. À distance, une obscure solidarité me lie à ses défenseurs. Des barbelés sur le Larzac, il y en avait assez comme cela dans le monde. Cette haute région du corps et

7. *Midi Libre*, Sud-Aveyron, 17 janvier 2011.

de l'esprit mérite mieux qu'un champ de tir », écrit-il dans *La Paille et le Grain*.

L'émotion esthétique est un paramètre non négligeable quand il s'agit d'évaluer l'intérêt qu'il porte au causse. Le 17 novembre 1973, il relate une visite estivale sur le Larzac, en compagnie de son ami Claude Manceron, écrivain, lui aussi serait-on tenté de dire, au vu du lyrisme des lignes de l'homme politique. « Nous avons discuté le soir du projet de l'armée d'accaparer quatorze mille hectares du Causse en sus des trois mille qu'elle possède. Claude Manceron tonitruait, bégayait de colère à l'idée de ces fils barbelés qui, demain, marqueraient la victoire de la sottise sur le royaume des hautes plaines. À La Couvertoirade nous avons bu une bouteille de cidre, acheté deux terres cuites, et, du mur d'enceinte templier, communié d'amour naïf et tendre avec tout signe révélateur du monde encore intact. Il est d'autres pays sublimes. Je n'en connais pas qui vous restitue à ce point l'état de grâce des grands départs et des commencements », écrit-il. « Une bonne partie de l'après-midi, j'ai marché droit devant moi, à perte de ciel et de terre. Je respirais un air léger, brûlé, qu'embaumaient les herbes balsamiques (on retrouve leur odeur dans le lait des brebis). Au-dessus du Rajal del Gorp, un épervier planait. J'ai suivi la trace de la transhumance le long de pistes rectilignes qui soudain, bifurquaient parmi les archipels de roches sculptées par l'érosion. Je m'émerveillais de fouler ce fond des mers qu'un long mouvement du feu central a soulevé jusqu'à mi-chemin de l'espace et je l'apostrophais. O ! terre, si précieuse, si précaire. Si nous n'y prenons garde, elle va nous manquer sous les pieds[8]. »

Ironie du sort, le Rajal del Gorp sera précisément le lieu où il recevra un accueil difficile en août 1974, peu de temps après sa défaite à l'élection présidentielle. Arrivé sans en avoir prévenu les agriculteurs organisateurs d'un vaste rassemblement, le socialiste est pris à partie par une frange des militants l'obligeant, à coup de jets de pierre et aux cris de « Mitterrand, souviens-toi

8. François Mitterrand, *La Paille et le Grain*, chronique, Paris, Flammarion, *La rose au poing*, 1975, p. 151.

de l'Algérie », à quitter les lieux sous escorte paysanne. Pas rancunier, élu président, il respectera sa promesse en annulant en 1981 l'extension du camp militaire du Larzac, comme il le fera pour la centrale de Plogoff (Finistère) contre laquelle manifestaient les habitants du cap Sizun.

« Quand même, vous avouerez que c'est l'endroit idéal pour faire passer des chars », lance goguenard le chef de l'État aux paysans du Larzac, alors qu'il pose le pied sur le sol du causse à sa descente d'hélicoptère. Ce 16 avril 1987, le chef de l'État vient rendre une visite privée à la ferme du Devez Nouvel, ferme de Guy Tarlier, leader des paysans du Larzac, qu'il tient à venir saluer à l'occasion de l'inauguration de l'hôpital de Millau. Clin d'œil de l'histoire, le président de la République, qui prenait toujours des nouvelles de Guy Tarlier qu'il nomme le « géant » du Larzac, prend en 1992 connaissance de son décès. Il fait alors demander aux gendarmes locaux, qui l'ont affronté dix ans durant, d'aller cueillir des fleurs sauvages pour en faire une gerbe qui sera déposée en son nom sur le cercueil de l'agriculteur…

À Monoblet, non loin d'Anduze, dans les Cévennes gardoises, le journaliste Alain Duhamel lui ouvre à plusieurs reprises les portes de la maison de famille de son épouse : « Il aimait beaucoup le sévère village et tout spécialement notre maison dont les contreforts militaires datent du XVIe siècle et des guerres de religion, et dont la terrasse a des allures de villa toscane fatiguée[9] », écrit-il dans *Journal d'un observateur*. « Il adorait nos cèdres du Liban encadrant le paysage, le petit parc mal entretenu, la vieille bâtisse aux murs épais, aux fenêtres XVIIIe siècle, les crevasses et les plaies de la façade, les grandes pièces démeublées, la vaste cuisine qui semblait sortie d'un roman de Victor Hugo », décrit encore l'analyste de la Ve République.

Des liens politiques qui le conduisent encore à visiter Pierre Mendès France. Entre Languedoc et Provence, entre Rhône et Gardon, Montfrin est un village pittoresque du Gard. Son château est la propriété de Marie-Claire Mendès France. Achetée en 1925

9. Alain Duhamel, *Journal d'un observateur*, Paris, L'Observatoire, 2018, 336 p.

par le père de celle-ci, Robert Servan-Schreiber – fondateur des *Échos de l'exportation*, devenus *Les Échos* dès 1925 – à la famille de Monteynard, c'est une superbe bâtisse édifiée par Jules Hardouin-Mansart à partir, dit-on localement, « d'une tour sarrasine où séjourna saint Louis », François Mitterrand y fait parfois étape, à une vingtaine de kilomètres d'Avignon seulement.

Chacun de ses passages dans cette région est l'occasion de le conter à Anne, si celle-ci n'est pas à ses côtés : « Vu les Cévennes, Beaucaire, Cavaillon, Gordes. Un bel orage a noyé le Lubéron. Mais notre champ sentait bon la menthe et le thym[10]. » Possessif, François Mitterrand l'est aussi avec les lieux qui lui semblent être réservés. « Dès que mon père aimait un pays, il voulait en posséder une parcelle. Dans les Cévennes, il a acheté quelques arpents de terre, inutilisables, une petite colline, des cailloux. […] Il achète un bout de terre comme on achète un bout de lune[11] », explique Mazarine Pingeot. L'homme du programme commun n'était pas du tout opposé à la propriété privée, lui qui aimait à se lier aux terres qui l'habitaient par des titres d'acquisition. Celui-ci se sent leur appartenir autant qu'elles lui appartiennent. C'est, en effet, un moyen de s'ancrer aux lieux, comme il le fait dans le Vaucluse où naît sa fille en 1974.

Avignon, une renaissance

Abrité été après été au palais des Papes, c'est un temps fort du théâtre international que le festival d'Avignon. Dès 1947, Jean Vilar y organisait une série de spectacles, à la demande de René Char et d'un galeriste d'art, Christian Zervos. De là naissait la tradition d'investir la cour d'honneur par un théâtre se voulant révolutionnaire, affichant ainsi sa distance avec le pouvoir gaulliste.

Signe des temps nouveaux, François Mitterrand se rend en Avignon le 10 juillet 1981, deux mois jour pour jour après son élection. Accompagnée de six ministres et secrétaires d'État ainsi

10. François Mitterrand, *Lettres à Anne*, *op. cit.*, p. 1045.
11. Mazarine Pingeot, *Bouche cousue*, *op.cit.*, p. 68.

que d'artistes comme Ariane Mnouchkine, cette visite ouvrant le festival est un symbole fort de la lune de miel naissante du monde de la culture et du nouveau pouvoir. En répondant ainsi à l'invitation de son directeur, Paul Puaux, ancien résistant et militant communiste, le Président visitait l'exposition commémorant les dix ans de la mort du créateur de la manifestation, Jean Vilar, sur la tombe duquel il s'est rendu à Sète, en 1971, comme sur celle de Paul Valéry.

Si 1981 est la première visite que le festival reçoit d'un président de la République, François Mitterrand était déjà venu à titre personnel. À l'été 1974, peu après sa défaite à l'élection présidentielle, il assistait à la représentation du Capitaine Fracasse, dans la cour d'honneur, accompagné d'une discrète jeune femme. Très peu connaissaient alors les liens intimes qui unissent l'homme politique à cette ville. Qui savait alors que quelques mois plus tard, sa fille Mazarine était née dans cette même ville d'Avignon, sa fille cachée ? C'est, en effet, dans la clinique catholique, Urbain-V, à Avignon, que naît Mazarine, le 18 décembre 1974.

Quartiers d'été dans le Lubéron

« Je rêve à Gordes et autres lieux, avec toi », écrit-il d'Hossegor à Anne Pingeot à la rentrée 1969. « Un coup de cafard. Où es-tu ? J'ai besoin de voir des lieux que nous aimons[12] », lui adresse-t-il de Gordes, en octobre 1971, lui qui aime à conter Sénanque, le Lubéron et ses champs de lavande.

Lieu du secret, loin des intrigues et de la politique, Gordes est une « *terra incognita* » dans la géographie mitterrandienne. Celle-ci « s'est enrichie en 1965 d'un chef-lieu officiel de villégiature devenu hautement politique : Latche[13] », ont pu écrire les journalistes Ariane Chemin et Géraldine Catalano, auteures d'*Une famille au secret*. Latche doit, en effet, brouiller les pistes menant à Gordes.

12. François Mitterrand, *Lettres à Anne 1962-1995*, Gallimard, pp. 636 et 901.

13. Ariane Chemin et Géraldine Catalano, *Une famille au secret*, Paris, Stock, 2005, 264 p.

Car adepte des organisations parallèles dans ses activités politiques, l'homme l'est aussi dans sa vie privée…

À la fin des années 1950 déjà, le Lubéron des villages perchés et des oliveraies séduit les artistes et intellectuels, comme Albert Camus qui s'y offrit, suite à l'obtention du prix Nobel, une belle propriété à Lourmarin jadis dédiée à l'élevage du ver à soie. Peintres, écrivains, bientôt imités par cinéastes et journalistes, confèrent vite à la région des airs de « Saint-Lubéron-des-Prés » comme l'écrit *Le Nouvel Observateur* de la vallée d'Apt en 1976.

Il en est ainsi de Gordes. Au sortir de la Seconde Guerre mondiale, ce village perché a vu ses habitants déserter, ne trouvant plus de débouchés à leurs métiers traditionnels. La commune à l'abandon suscite bientôt l'intérêt des artistes, sensibles à la beauté de ce haut-pays de la Provence intérieure au point de venir y installer leurs ateliers. Ceux-ci sont tombés sous le charme de cette localité, au premier rang desquels les peintres, l'initiateur du mouvement André Lhote étant suivi par Marc Chagall et Victor Vasarely. À ces nouveauxvenus de la première heure, viennent se joindre des photographes comme Willy Ronis. Dès 1948, celui-ci se porte acquéreur d'une maison en ruine, dénommée « la Maison-Vieille », rue de la Calade, avant d'en acheter une autre, en 1958, dite « Le Moulin », rue de la Fontaine-Basse, au pied du village.

C'est dans ce même quartier, où les lavoirs cohabitent avec les édifices religieux, telle la « chapelle d'en bas », creusée dans la roche, que s'était installé Pierre Soudet. En 1956, le garde des Sceaux Mitterrand avait fait entrer le jeune conseiller d'État dans son cabinet. Ayant très tôt repéré le potentiel de ce village de pierres sèches, entouré de champs d'oliviers et de garrigue, Soudet, Lubéronnais d'adoption, fait figure de précurseur, incitant ses amis à acquérir à leur tour des arpents de terre ou des ruines à restaurer. C'est à l'invitation de ce collaborateur devenu un proche, que l'homme politique séjourne dans le village, dès la fin des années 1950, avant de songer à s'y établir une partie de l'année.

Épouse de Pierre Soudet, Laurence joue un rôle majeur auprès de François Mitterrand. Élément féminin du dispositif du secret, elle devient une gardienne du temple, prêtant main-forte à François de Grossouvre. Présentée à Anne Pingeot dès 1963, la fidèle Laurence fait ainsi instantanément partie du cercle de la deuxième famille et le restera après la mort de Pierre Soudet, en 1980. Accueillant les séjours du couple illégitime à la demande de Mitterrand, dont elle est l'intendante de la deuxième vie en Provence, elle fera office de prête-nom pour la résidence qu'il y fait édifier.

Dans le Vaucluse, Bernard Mathieu, agent immobilier et militant socialiste proche de Charles Hernu, se voit confier pour mission de dénicher la perle rare. Une tâche dont il semble fort bien s'acquitter, si l'on en juge par sa nomination, en 1981, au comité des chasses présidentielles aux côtés de François de Grossouvre et Roger-Patrice Pelat. Des deux parcelles acquises en 1968 à Gordes, auprès d'un menuisier, naîtra la résidence du secret, dont l'existence sera dissimulée avec brio. Officiellement propriété de la SCI de Lourdaunaud, c'est une belle bâtisse de plain-pied en pierres plates qui est alors construite dans le quartier nommé « Les Rapières ».

Une fois n'est pas coutume, l'amateur de vieilles demeures, né dans la maison de pierres blanches de Jarnac, occupant rue de Bièvre un immeuble fort ancien et une vieille bergerie landaise à Latche, va occuper une maison neuve qu'il fait lui-même édifier, comme cela a toutefois été le cas à Hossegor, le temps de quelques étés.

Gordes, la maison « compensation »

Une « maison-compensation », c'est ainsi que la conçoit Anne Pingeot. « Ses lettres étaient passionnées, je les croyais. J'avais fait des dessins pour la bergerie, pour l'aménagement… Je pensais que ce serait notre maison, comme il me l'écrivait. L'idiote que je suis[14] », confiait-elle. La maîtresse ayant dû céder du terrain à l'épouse officielle n'a en rien pardonné la « trahison » de Latche qu'elle espérait occuper avant qu'elle ne soit affectée à la famille officielle.

Gordes doit rester un sanctuaire pour le couple dont l'enfant naît à la toute fin de l'année 1974. Loin d'être tape-à-l'œil, la présence

14. Philip Short, *Mitterrand, portrait d'un ambigu*, *op.cit.* 891 p.

de Mitterrand dans ce charmant village d'un Lubéron devenu chic, fut toujours des plus discrètes. « La prise de la bastide », ainsi *Le Canard Enchaîné* qualifie-t-il l'afflux de socialistes, qui comme Laurent Fabius, Charles Hernu ou encore Jack Lang imitent le Président en venant prendre leurs quartiers d'été en Lubéron, ce qui pourrait valoir à Gordes d'être estampillé « gauche caviar ».

L'homme qui plantait des arbres

Sur le terrain de Gordes, François Mitterrand plante des arbres. « Quand on arrivait, il allait leur dire bonjour. Notamment le tilleul, qui a mon âge. Il y en a trois qu'il a plantés en même temps que la maison. Les arbres, c'était sa grande passion[15] », relatait Mazarine Pingeot.

Un symbole où se mêlent les branches du chêne et de l'olivier, le chêne du nord de la France et l'olivier du sud, tel est l'arbre imaginaire choisi pour blason par François Mitterrand et repris pour emblème par la fondation Danielle Mitterrand.

Dans ses diverses propriétés, comme il l'a fait dans son éphémère villa d'Hossegor, l'homme plante des arbres, comme le héros de Giono. Ce sont encore des arbres de la liberté, marquant l'attachement à la République, comme le chêne que le Président plante à Saint-Gaudent, dans la Vienne, à l'occasion du bicentenaire de la révolution française, le 21 mars 1989.

Écrin de verdure, Gordes est un havre dédié au repos. Le leader socialiste aime à s'y déconnecter de la vie politique et du milieu parisien. « Jamais papa ne sort ni ne reçoit. Ici, c'est son havre, son repaire, son abri », relate encore sa fille, décrivant un père passant « ses matinées au lit, à lire et à téléphoner[16] ». Voir le Sud avec Anne sans être vu, telle est la possibilité qu'offre la villa, à l'abri des regards indiscrets. Mais pour autant, nul ou presque n'ignore

15. « Mazarine Pingeot : "Mon père n'était pas un homme d'argent" », *Journal du Dimanche*, 25 octobre 2015.

16. Mazarine Pingeot, *Bouche cousue*, *op.cit.*, p. 68 et p. 106.

localement quel est l'hôte de cette maison, du moins lorsqu'il devient le premier des Français, en 1981 : « Tout le monde le savait. Quand un hélicoptère passait le matin au-dessus de nos maisons, on savait qui c'était. Et le soir, si on avait des problèmes de circulation, on savait que Mitterrand était là[17] », témoigne une habitante.

De Marseille à la Corse

Traditionnellement associé au « Midi rouge », le département des Bouches-du-Rhône a placé François Mitterrand en tête en 1965, 1974, 1981 et 1988. Une fédération importante rassemblée autour de Gaston Defferre, baron socialiste, ministre en 1956, candidat à l'élection présidentielle en 1969 après s'être retiré en 1965. Le socialiste se rend fréquemment à Marseille, ville incontournable pour qui aspire à gouverner le pays, qu'il s'agisse de la Fête de la Rose, comme en 1980, ou encore d'un meeting de la campagne présidentielle, tel celui qui se tient au parc Chanot, le 23 avril 1981. L'arrivée de la gauche au pouvoir fait à nouveau Gaston Defferre ministre, devenu père de la décentralisation, un pied dans la capitale, un pied dans la cité phocéenne…

À celui qui fut maire durant 33 ans, honoré de funérailles nationales à son décès en 1986, aurait dû succéder Michel Pezet, dirigeant du Parti socialiste local. Mais il n'en fut rien, François Mitterrand en ayant décidé autrement. « Il appelle tous les matins le service de neurochirurgie de l'hôpital de la Timone pour avoir des nouvelles de son grand ami et copain politique Defferre. Et c'est chaque fois Robert Vigouroux qui le renseigne… », expliquait le journaliste José d'Arrigo, auteur en 2015 du livre *Faut-il quitter Marseille ?* Robert Vigouroux sera maire de Marseille de 1986 à 1995.

Président de l'Olympique de Marseille depuis 1986, Bernard Tapie a conquis ses titres de gloire au stade Vélodrome, plus encore que dans les affaires qui lui ont permis d'acquérir le club de football. Repéré par François Mitterrand, séduit, l'entrepreneur est candidat

17. Reportage France 3 Provence-Alpes, juillet 2019.

aux législatives de 1988 dans la VIe circonscription des Bouches-du-Rhône, sous l'étiquette de la majorité présidentielle où il s'incline face au candidat de droite, Guy Teissier. En 1992, il est ministre de la Ville dans le gouvernement de Pierre Bérégovoy. Avec sa gouaille, c'est d'une autre France que provient l'homme d'affaires, de la France populaire. Bateleur, batailleur aussi, au point de se voir affublé de gants de boxes par Paul Amar comme son adversaire Jean-Marie Le Pen, lors d'un débat télévisé en 1994. Cette année-là, entré au Mouvement des radicaux de gauche (MRG) sur les conseils de Mitterrand, Tapie conduit une liste aux Européennes qui recueille 12,03 % des suffrages, concurrençant ainsi celle des socialistes ne totalisant que 14,49 %. Tête de liste, Michel Rocard, dira alors avoir été atteint par « un missile nommé Tapie tiré depuis l'Élysée »...

La Corse. Sujet épineux entre tous ! Comment le président socialiste allait-il traiter ce dossier ? Son atout fut sans aucun doute Michel Rocard et son image « d'ami de la Corse[18] », alors qu'il se trouve à Matignon, bien que la question soit la chasse gardée du ministre de l'Intérieur, Pierre Joxe, proche de François Mitterrand, ainsi que de Michel Charasse par ses attaches maternelles sur l'île de beauté. 1981 avait ouvert pour l'île une page nouvelle avec le statut particulier, l'amnistie de prisonniers « politiques » et la décentralisation. L'option de la détente se substituait à la fermeté affichée par Valéry Giscard d'Estaing. Bousculant la donne d'un pays ayant inscrit son destin dans une conception centralisatrice d'un État jacobin, François Mitterrand fit de la Corse un laboratoire de la décentralisation, dotée en 1982 d'une assemblée délibérante. L'année suivante, au mois de juin 1983, le président Mitterrand est accueilli à l'université de Corte, qui a rouvert ses portes en octobre 1981. Mais, depuis 1965 et la première élection présidentielle au suffrage universel durant laquelle Mitterrand avait pourtant fait vaciller l'indéboulonnable statue du Général, les électeurs corses ont toujours voté à droite.

18. *Michel Rocard, a été inhumé en 2016 à Monticello.*

Le président et la Méditerranée

Homme d'une terre d'océan, quelles relations le Président entretient-il avec les contrées méditerranéennes ? Le premier septennat voit les portes de la Communauté Économique Européenne (CEE) s'ouvrir aux pays du Sud : la Grèce en 1981, suivie de l'Espagne et du Portugal en 1986. Le Président regarde aussi vers l'Algérie où, en 1975, son prédécesseur Valéry Giscard d'Estaing avait été le premier chef de l'État français à se rendre dans le pays de Boumédiène, 13 ans après l'indépendance. « Méditerranée, lac de paix », tel est le message des banderoles déployées le long de la route, alors qu'à la fin de l'année 1981 le chef d'État français est reçu par son homologue Chadli Bendjedid. Un voyage officiel destiné à créer un climat nouveau entre les deux pays durant lequel le Français invite, à « surmonter et assumer les déchirements du passé », lui qui, un quart de siècle plus tôt, était confronté en tant que ministre à la répression des partisans de l'indépendance dans les trois départements d'outre-Méditerranée. Alors que certaines exécutions le hantent peut-être encore, François Mitterrand a une pensée pour les morts, déposant une gerbe sur la tombe de Boumédiène au cimetière d'El Alia à Alger, avant de se recueillir au cimetière Saint-Eugène, devant celles de Français catholiques et israélites reposant au pied de la basilique Notre-Dame d'Afrique. Il effectuera une nouvelle visite en Algérie en mars 1989. Le Président s'inscrit dans la continuité de la politique arabe du général de Gaulle, non sans marquer sa sympathie pour Israël. Lors de son discours à la Knesset en 1982, il prend aussi position pour la création d'un État palestinien.

CINQUIÈME PARTIE

LIEUX-DITS

15

LA FRANCE DES ÉCRIVAINS

« Il est des lieux où souffle l'esprit », tels sont les premiers mots choisis par Maurice Barrès pour initier le récit de *La colline inspirée*. Une phrase que François Mitterrand pouvait assurément faire sienne, tant il ne reniera jamais cette lecture : « Vraiment, les premières pages de *La colline inspirée*, pour moi, c'est resté un chef-d'œuvre[1] », déclarait-il ainsi à Apostrophes, en 1975. Une œuvre, dont il relate à Anne Pingeot l'acquisition « un peu ruineuse » d'une édition originale en septembre 1964 et que son amie Marguerite Yourcenar à son tour qualifiait sans hésitation de « grand livre[2] ».

Celui-ci célèbre la colline de Sion, en Meurthe-et-Moselle, terre d'origine de Barrès, mettant en scène les frères Braillard, trois religieux en quête de faire revivre la spiritualité sur la colline et plus encore l'orthodoxie catholique ; en d'autres termes, la dialectique entre fidélité aux racines et liberté, face à l'ordre. Si François Mitterrand ne pouvait qu'être sensible au débat entre l'enthousiasme de la « prairie » et l'autorité de « la chapelle », il en était de même du lyrisme et du mysticisme de la description paysagère : « Il est des lieux qui tirent l'âme de sa léthargie, des lieux enveloppés, baignés de mystère, élus de toute éternité pour être le siège de l'émotion religieuse. L'étroite prairie de Lourdes, entre un rocher et son gave rapide ; la plage mélancolique d'où les Saintes-Maries nous orientent vers la Sainte-Baume ; l'abrupt rocher

1. Émission Apostrophes, 7 février 1975.

2. Matthieu Galey, *Les yeux ouverts : entretiens avec Marguerite Yourcenar*, éditions du Centurion, 1980, p. 46.

de la Sainte-Victoire tout baigné d'horreur dantesque, quand on l'aborde par le vallon aux terres sanglantes ; l'héroïque Vézelay, en Bourgogne ; le Puy-de-Dôme ; les grottes des Eyzies, où l'on révère les premières traces de l'humanité ; la lande de Carnac, qui parmi les bruyères et les ajoncs dresse ses pierres inexpliquées ; la forêt de Brocéliande, pleine de rumeur et de feux follets, où Merlin par les jours d'orage gémit encore dans sa fontaine ; Alise-Sainte-Reine et le mont Auxois, promontoire sous une pluie presque constante, autel où les Gaulois moururent aux pieds de leurs dieux ; le mont Saint-Michel, qui surgit comme un miracle des sables mouvants ; la noire forêt des Ardennes, tout inquiétude et mystère, d'où le génie tira, du milieu des bêtes et des fées, ses fictions les plus aériennes ; Domremy enfin, qui porte encore sur sa colline son Bois Chenu, ses trois fontaines, sa chapelle de Bermont, et près de l'église la maison de Jeanne. Ce sont les temples du plein air. Ici, nous éprouvons, soudain, le besoin de briser de chétives entraves pour nous épanouir à plus de lumière. Une émotion nous soulève ; notre énergie se déploie toute, et sur deux ailes de prière et de poésie s'élance à de grandes affirmations[3]. » De hauts lieux dont François Mitterrand fera certains siens, si l'on songe aux rapports entretenus avec l'Auvergne et plus encore avec les sites bourguignons d'Alise-Sainte-Reine et du mont Auxois ainsi que de Vézelay.

Dans les pas des écrivains, au gré des routes de France

Les écrivains, les lieux qu'ils ont habités, ceux qui les habitaient font partie des visites qu'il aime faire et refaire. De tout temps, François Mitterrand a eu coutume de rattacher les territoires et leurs hommes à des écrivains. Il en fit ainsi du jésuite Alphonse Delobre, rencontré dans les camps de prisonniers et devenu son ami : « C'était un paysan de Haute-Loire, né pas loin du hameau de Jules Romains, version Jerphanion[4]. »

3. Maurice Barrès, *La colline inspirée*, 1913, édition de 1973, Le livre de Poche, pp. 5-7.

4. François Mitterrand, *Mémoires interrompus*, lieu, Odile Jacob, date, p. 19.

En juin 1987, le Président se rend à la maison des Charmettes de Jean-Jacques Rousseau, sur les hauteurs de Chambéry, accompagné de Robert Badinter. C'est encore en sa compagnie qu'en ce jour de janvier 1988, il se posait en hélicoptère en Eure-et-Loir afin de visiter « la Maison de tante Léonie », située à Illiers-Combray. Le chef de l'État voulait revoir cette demeure au charme provincial où le jeune Proust avait passé ses étés et y avait puisé l'inspiration d'*À la recherche du temps perdu*. L'écrivain mondain, génie de l'exploration des sentiments intimes, obtenait en 1919, le 17e prix Goncourt.

À cette date, Alain Fournier avait déjà perdu la vie, tué au combat en septembre 1914. Dans le Berry de ses ancêtres paternels, le Président aimait revenir là où vécut l'écrivain, né en 1886 à La Chapelle-d'Angillon, dans le Cher. Au mois d'août 1986, il se fait spécialement ouvrir la Maison de la culture de Bourges afin de visiter l'exposition consacrée au centenaire de l'écrivain. À plusieurs reprises – 1981, 1984 et 1986 – il s'est rendu à Épineuil-le-Fleuriel, village cher à Alain Fournier. Il s'y assied dans la classe du Grand Meaulnes, écoutant attentivement le guide attitré de la maison-école, Henri Lullier, secondé par son épouse Andrée, comme il le narre à son amie Marguerite Duras avec laquelle il s'entretient : « C'était à quelques kilomètres du lieu de naissance de mon grand-père, Charles Mitterrand. À Épineuil, le directeur d'école et sa femme sont les meilleurs guides qu'on puisse imaginer. L'air qu'on y respire est celui des miens, c'est leur pays, c'est aussi leur façon de sentir la France[5]. » On est en effet ici non loin de la terre natale de son grand-père, éclusier sur le canal de Berry.

Dans le Limousin, c'est à une trentaine de kilomètres au sud-est de Limoges qu'il a coutume de rendre discrètement visite à l'écrivain Antoine Blondin, dans une ancienne ferme du hameau de Salas, près de Linards, entre Saint-Germain-les-Belles et Saint-Léonard-de-Noblat (Haute-Vienne).

Ces détours littéraires agrémentent la route d'un homme étouffant sous les contraintes d'une vie d'éternel candidat qu'il a certes lui-même choisie. Perpétuellement en retard, il est à l'heure avec

5. « Le ciel et la terre », troisième entretien entre François Mitterrand, président de la République et Marguerite Duras, *L'Autre Journal*, 12 mars 1986.

lui-même et ses envies, arrachant des tranches de vie à un agenda débordant. De ces haltes, prévues en amont, il se délecte par avance, comme il l'écrit à Anne Pingeot en février 1964, à l'heure de rejoindre le Puy-de-Dôme dont elle est native, gentiment moqué comme un « phare de la civilisation » : « Je pense que nous pourrons saluer au passage la maison d'enfance de Colette et celle de Jules Renard, le village de Romain Rolland, les belles vallées de la Cure et du Cousin avant d'aborder le Morvan. Peut-être aussi le village de Giraudoux et d'Alain Fournier[6]. » Avec une incursion dans le Berry pour les deux derniers auteurs cités, c'est vers la Bourgogne et ses confins que pointe le regard du socialiste, l'Yonne pour la Puisaye de Colette, le Vézelay de Rolland et bien sûr la Nièvre de Renard.

« N'est pas du Morvan qui croit l'être », telle était la formule de Jules Roy. « J'aime le Morvan, j'aime l'hiver qui le rend dangereux par son verglas, j'aime sa solitude, sa force, sa volonté et son mérite », écrit-il dans le premier numéro de *Vents du Morvan*. Des mots qui touchent le politique, qui de cette terre a éprouvé la beauté autant que la rudesse. Il est lui-même allé au fossé à plusieurs reprises alors qu'il conduisait sur les routes givrées de la Nièvre, comme ce fut encore le cas en janvier 1964, entre une réunion à Montsauche et un dîner à Saint-Pierre-le-Moûtier. Si François Mitterrand aimait tant fréquenter sa colline morvandelle de Vézelay, c'est que, à l'instar de Jules Roy, de grands écrivains y avaient élu domicile.

Le village avait, en effet, exercé un attrait particulier sur les hommes de lettres depuis l'installation de Romain Rolland, en 1937. Il y vivra jusqu'à sa mort, en 1944, ayant eu maintes fois l'occasion d'y recevoir son ami Paul Claudel et de rencontrer Georges Bataille, qui y séjourna dans les années 1940. Maurice Clavel vivait à proximité du village où il a été enterré en 1979. Quant à Jules Roy, installé en Morvan en 1962, il s'y fixe en 1978 au Clos du Couvent, face à la basilique Sainte-Madeleine. Se consacrant à son œuvre, notamment *Les chevaux du soleil*, par passion indélébile pour son Algérie natale, l'écrivain est également attaché au rayonnement de Vézelay. Sur le trajet de Château-Chinon, son

6. François Mitterrand, *Lettres à Anne*, *op.cit.*, p. 83.

ami François Mitterrand ne manque pas une occasion de venir lui rendre visite dans la maison où il vit avec Tatiana Soukhorokoff, elle-même écrivaine. Car, pétri de références littéraires, l'homme politique embrasse en un même regard les pays de France, non sans une tendresse particulière pour la Charente. Mais sa Nièvre adoptive est loin d'être en reste, y compris sur le plan littéraire.

La Nièvre et les romans de Renard

C'est ici la « petite patrie » de Jules Renard. Bien que né en 1864 à Châlons-du-Maine, en Mayenne, l'enfant arrive à l'âge de deux ans dans la Nièvre, à Chitry-les-Mines, sur les terres de son père. « J'ai le droit de me dire enfant, enfant par le cœur, de Chitry-les-Mines. C'est bien là que sont nées mes premières impressions », narrera-t-il plus tard. Devenu écrivain, il y loue une maison dénommée « la Gloriette », vendue en 1909 sans qu'il ne puisse la racheter. Un attachement à sa région ayant imprégné son œuvre qui lui valut d'être élu en 1899 conseiller municipal de Chaumot, avant de devenir, comme son père, François Renard, maire de Chitry de 1904 à sa mort en 1910.

Parcourant les lieux où vécut Renard, comme en ce début d'année 1972, l'élu de la Nièvre visite Chaumot, ainsi que Chitry-les-Mines où l'homme illustre vécut à partir de l'âge de deux ans : « Jules Renard et la maison de son enfance. Son père s'y tua d'un coup de fusil. Sa mère se jeta dans le puits. Il y écrivit beaucoup de pages de son très remarquable journal[7] », écrit-il dans une lettre intime. Une description que l'on retrouve quasi-mot pour mot dans *La Paille et le Grain*, revenant sur cette visite de février 1972, où il put admirer des objets familiers de l'écrivain, comme ses encriers et porte-plume, chez un jeune habitant, qui plus est pour un socialiste, ouvrier chez Michelin. L'occasion également depuis Chaumot et Moissy-Moulinot de défendre la ruralité face aux « têtes d'œuf qui régentent Paris[8]. »

7. François Mitterrand, *Lettres à Anne*, *op.cit.*, p. 996.
8. François Mitterrand, *La Paille et le Grain*, *op.cit.*, pp. 56-57.

Surnommé « Poil de carotte » par sa mère, ce qui nourrit son roman autobiographique, l'enfant poursuivit ses études à l'institution Saint-Louis de Nevers, avant d'y être admis au lycée. C'est dans cette même ville, en 1990, que François Mitterrand évoque Renard à l'occasion d'un colloque lui étant consacré : « Cet écrivain connu mais encore méconnu, indissociable de sa terre, de son territoire, pourquoi ne pas dire de son terroir, la Nièvre. Je l'y ai rencontré. À Chitry, à Chaumot, à La Gloriette. J'ai rencontré un certain nombre de Nivernais qui l'avaient approché, d'autres qui avaient pieusement recueilli certains des objets qui lui étaient familiers : un chapeau, une canne, une écritoire. Son souvenir était resté vivace, et si le journal nous permet de retrouver à tout instant les paysages, le climat, l'atmosphère de la Nièvre et de ses deux communes si proches l'une de l'autre qu'il est très aisé pour le passant, le voyageur qui garde le souvenir de cet écrivain, il est très aisé de retrouver tout aussitôt les éléments de caractère, d'environnement, de situation. Des descriptions fines, aiguës, un certain type de paysage, de façon d'être qui expliquent pour beaucoup Jules Renard. [...] Je me pose cette question : y aurait-il eu Jules Renard s'il n'avait connu, embrassé, conquis de l'intérieur, la Nièvre. Et pourtant si entre la Nièvre et lui, il y eut une histoire, une histoire qui ressemble bien souvent à une histoire d'amour, celle qui reste[9]. »

Une terre qui renvoyait encore à Lamartine, décrivant les roches de Solutré et de Vergisson, barrant l'horizon, à la manière « d'étraves de navire pétrifiées ».

L'ombre de Lamartine, entre politique et poétique

« Chaque herbe de ce champ que je traverse pour monter la roche de Solutré est fleur. Mes pas y tracent un chemin d'arc-en-ciel où dominent le mauve et le bleu. Ces jours de Pentecôte, en avance de peu sur le solstice, sont bien le sommet de l'année.

9. Allocution du président de la République François Mitterrand lors du colloque Jules Renard, Nevers, 8 juin 1990.

Tout à l'heure, dos à plat sous un cerisier, j'observerai la courbe lente du soleil. On dirait à la lettre que le temps suspend son vol. Bel à-propos dans ce pays de Lamartine. Milly est à moins d'une lieue, de l'autre côté du col du Gransart. Je m'y arrêterai ce soir, sur la route de Cluny, comme je le fais tous les ans à la même saison », écrit l'élu de la Nièvre dans *La Paille et le Grain*. L'élection de 1981 ne changera rien à ses habitudes.

Le « val Lamartinien », voici le nom dont a pu être gratifiée la région vallonnée s'étendant au-delà de Solutré pour gagner Cluny. En fait partie la maison de Milly dont le lierre devenu légendaire, planté par la mère de l'écrivain, continue à s'étirer sur la façade, mais aussi du château de Saint-Point, entouré de vignes, où vécut celui-ci, sans oublier celui de Pierreclos qui inspira son œuvre.

« Ô temps ! suspends ton vol », ce vers du poète romantique pourrait être repris par François Mitterrand, doté d'un fond de mélancolie très personnel lui permettant d'être parfois admiratif, parfois nostalgique. Dans les endroits arpentés par cet adepte d'une approche sensorielle, perception et imagination tendent à se confondre, alors que ressurgissent les souvenirs de lectures. C'est « l'esprit de Lamartine », né à Mâcon en 1790, que venait chercher l'homme politique à la maison de Milly, paisible village niché dans un vallon où le jeune Alphonse passa son enfance. Une commune du Mâconnais, qui lui rendra cette attention, s'adjoignant au début du XXe siècle le nom de l'homme de lettres pour devenir Milly-Lamartine. Plus cour de ferme que château, l'ambiance de la demeure semble rétrospectivement empreinte de romantisme. À l'issue de l'ascension de Solutré, François Mitterrand a pris l'habitude d'en pousser la porte : « Il ne prévenait pas. Il arrivait, appelait depuis le portail, s'excusait de me déranger, puis il s'engouffrait dans le hall d'entrée où les trois quarts de l'œuvre de Lamartine sont exposés », expliquait le propriétaire Philippe Sornay. « Pendant ce temps, les autres filaient au jardin. Un jour, Jacques Lang s'est assoupi sur la pelouse, assommé par la marche et les agapes dans une auberge du coin[10]. »

10. Eddy Mottaz, « Lamartine, en ces châteaux d'ode », *Le Temps*, 5 mai 2019.

Chaque année, ses visites le conduisent de Milly au château de Saint-Point, accomplissant ainsi un trajet menant de l'enfance au tombeau du grand poète. C'est peu dire que François Mitterrand n'y a pas ses entrées. Contraint de s'acquitter d'un ticket, alors que le propriétaire qui l'exècre ne daigne pas descendre pour le saluer, se contentant de l'épier d'un œil méprisant depuis l'étage. C'est dans ce village du Haut-Clunisois que Lamartine élit domicile en 1820. Alors âgé de 30 ans, il est déjà un auteur reconnu, les *Méditations poétiques*, récemment publiées, étant déjà couronnées de succès lorsqu'il hérite de son père du château de Saint-Point. Avec son épouse, la Britannique Marianne Birch, ils font rénover la propriété dans le style gothique, la jeune mariée transformant le parc en jardin à l'anglaise. Lamartine s'y ressource et écrit, devant faire face aux gigantesques frais d'entretien de son élégante bâtisse médiévale. Décrite dans *Le tailleur de pierre de Saint-Point*, paru en 1851, celle-ci eut pour hôtes Victor Hugo, Georges Sand ou encore Frédéric Chopin.

Lamartine y fit ériger, de son vivant, son propre tombeau afin d'y être inhumé près de ses enfants décédés, sa fille Julia et son fils Alphonse. Un sépulcre est accolé à la petite église de Saint-Point où demeure toujours le banc où il s'asseyait. « Il est plus doux de s'associer aux deuils des grands hommes qu'à leurs gloires. Leurs douleurs sont à ceux qui les aiment, leurs gloires appartiennent à tous », des mots, ici, inscrits qui ne pouvaient que toucher un Mitterrand, aussi épris du culte des écrivains que de celui des défunts. Car s'il en apprécie les frondaisons du parc, c'est plus encore le tombeau qu'il vient chaque année honorer en se recueillant derrière ses grilles. Au point que l'affection portée par le Président suscite le trouble dans la commune, hostile à sa volonté supposée dont il se murmure qu'elle est de faire entrer son grand homme au Panthéon.

Clin d'œil à l'histoire personnelle. Christine, devenue Gouze-Rénal, choisira ce pseudonyme de Saint-Point – en référence à ce château proche de Cluny – quand elle rejoindra les rangs de la Résistance et qu'elle présentera au jeune « Morland » sa sœur Danielle. François Mitterrand voudrait tant savoir qui était ce soldat inconnu tué au front quelques jours après sa propre naissance, en novembre 1916, et qui, selon ses dernières volontés, fut inhumé aux pieds de Lamartine.

Un homme de lettres épris de politique, un homme politique amoureux des livres. À la croisée de leurs chemins se trouve le Mâconnais, où est né le premier et qu'a fait sien le second. Le Président se rendit en 1990 à Mâcon pour célébrer le bicentenaire de sa naissance. Évoquant un « poète des sentiments », il ne perdait pas une occasion de célébrer la grandeur de l'homme politique dirigeant le gouvernement provisoire de la IIe République.

« L'homme de 48, c'est Lamartine. Ce n'est pas Hugo... », dira Mitterrand dans le livre *Dites-leur que je ne suis pas le diable* de Georges-Marc Benamou, qualifiant l'écrivain, de « double de l'autre siècle ». Poète, romancier, mais aussi historien, diplomate et homme politique, Lamartine ne pouvait manquer de fasciner Mitterrand. « Ma tendresse pour Lamartine a résisté à tout. Je l'ai lu comme tout le monde, enfin très peu, car on ne connaît de lui que ses *Méditations*. On le connaît très mal comme écrivain politique. C'était un très grand écrivain politique. On trouve à travers ses discours une formidable prescience, une divination, un sens de l'histoire, et tout ceci dans une très belle langue. Je trouve que ce Lamartine-là, on l'a beaucoup trop oublié[11]. »

À la rencontre des hommes de lettres du XXe siècle

Un autre poète diplomate, du XXe siècle celui-ci, était cher au cœur de François Mitterrand, Saint-John Perse. Grand lecteur de poésie, François Mitterrand est ainsi lié au prix Nobel de littérature 1960, à qui il rend visite à Paris ou dans sa villa des Vigneaux sur la presqu'île de Giens.

Une relation sur laquelle il se confie dans *L'Abeille et l'Architecte*, à l'occasion d'une invitation de Dorothy Léger aux Vigneaux. Ce retour dans la demeure méridionale s'effectue peu de temps après le décès d'Alexis Leger, dit Saint-John Perse, survenu le 20 septembre 1975 : « Dorothy Léger vint m'ouvrir. Dire était inutile. Elle me

11. Émission Apostrophes, 1975.

conduisit dans les pièces que Saint-John Perse avait aimées, parmi ses livres et ses objets. La vieille maison se défaisait de la chaleur du jour et s'emplissait avec le soir des odeurs de Provence[12]. »

Dans la vallée de Chevreuse, le chef de l'État rend visite chaque année à Michel Tournier, qui y a déniché une maison. « La reproduction exacte du presbytère que j'avais habité en Bourgogne pendant la guerre », aime à détailler l'écrivain. Ayant souhaité que ce dernier préface un livre de photographies de Konrad Müller qui lui est consacré (*François Mitterrand*, éditions Flammarion, 1983), le Président l'invite à l'Élysée. « Sur le perron, au moment où l'on se quitte, il me dit : « J'ai entendu dire que vous habitiez un presbytère dans la vallée de Chevreuse, si vous m'invitez je viens. » Et moi de lui répondre : « Monsieur le Président, je vous invite. » Trois mois plus tard, en plein mois d'août, mon téléphone sonne : « Ici le secrétariat de l'Élysée, le Président demande s'il peut venir tel jour, répondant à votre invitation à déjeuner. » Quand je me suis aperçu que je mangeais dans des assiettes ébréchées, que tous mes couverts étaient en tôle, et que je buvais dans des pots à moutarde, j'ai couru chez l'épicier et j'ai tout racheté. Je me souviens encore de ce qu'il m'a dit, au moment où je passais à la caisse : « Ah ! Monsieur Tournier. On dirait vraiment que vous avez invité le président de la République à déjeuner. » Je n'ai rien répondu parce que je craignais un attroupement. Mitterrand est venu, puis il est revenu chaque année. Tous les ans, au mois d'août, je recevais un coup de téléphone de l'Élysée. Ma voisine faisait office de cuisinière[13]. » Pour autant, le chef de l'État refusera d'inviter le romancier, membre de l'Académie des arts de Berlin-Est et très sévère à l'égard de la RDA, lors d'une visite officielle, en 1988.

Tournier différenciait ce qu'il nommait « les romans de l'histoire », empreints de guerres et de massacres », tels ceux d'Alexandre Dumas, et « les romans de la géographie » à la Jules Verne, hymnes à la découverte emplis de beauté.

12. François Mitterrand, *L'Abeille et l'Architecte*, Paris, Flammarion, 1978, p. 198.

13. *Le Magazine des livres*, n° 3 avril-juin 2016, pp. 56-57.

Maître de la description paysagère, Louis Poirier, Julien Gracq de son nom de plume, agrégé de géographie et passionné par Jules Verne, serait assurément à classer dans la deuxième catégorie. Laissons à l'écrivain-géographe Emmanuel Ruben le soin de dépeindre son rapport aux paysages : « C'est quelqu'un qui a fait de la géographie, plus exactement de la morphologie, ne regarde pas le paysage comme un voyageur, un touriste. Il sait comment c'est fait, il connaît l'ossature du paysage, ce qu'il y a dessous, comme un médecin regarde une statue en voyant jouer les os, les muscles, les attaches. De sa maison de Saint-Florent-le-Vieil, le vieil homme a un sentiment structurel du paysage. C'est une vue cézanienne du paysage, plutôt qu'impressionniste. Cela donne une image de solidité et d'unité, ce paysage est d'un seul tenant avec des éléments qui s'emboîtent[14]. » *Un balcon en forêt, Autour des sept collines, Carnets du grand chemin,* les récits-paysages de Gracq, dont les deux derniers cités qu'il appréciait à la simple évocation de leur titre, faisaient partie de la bibliothèque de l'homme politique, dispersée en 2018.

Mais les relations de François Mitterrand avec l'écrivain des paysages ne furent pas des plus simples. Ce ne sont pas moins de trois invitations successives à l'Élysée auxquelles resta sourd le romancier ayant refusé le Goncourt 1951, pour *Le rivage des Syrtes.*

C'est dans ce livre culte de Julien Gracq qu'Éric Orsenna – Arnoult de son vrai nom – plume du Président et prix Goncourt 1988, a pioché son pseudonyme, Orsenna étant le nom d'une ville imaginaire du Rivage des Syrtes. Ce qui a probablement retenu l'attention du Président. « François Mitterrand se co-créait en lisant[15] », a dit de lui l'écrivain qui l'a bien connu. Un Président pétri de références culturelles, littéraires et historiques, qui éclairent assurément son regard ainsi que son rapport au monde et aux autres, tout en faisant partie intégrante de sa séduction.

Inscrit dans une tradition littéraire venue des siècles passés, François Mitterrand est Français de culture, imprégné de classiques tels Pascal et Chateaubriand, jusqu'aux plus modernes Gide et

14. La marche de l'histoire, France Inter, 19 juin 2019.
15. *Le Figaro*, 8 octobre 2018.

Mauriac, ce dernier trônant en bonne place dans les rangs de la mythologie familiale. C'est à un compatriote charentais, issu du milieu du cognac, qu'il voue une véritable dilection : Jacques Chardonne, dont il aima tant les *Destinées sentimentales*, édité en 1934. Alors qu'il apprécie au plus haut point son style empreint de mélancolie et de sensibilité, il s'agit sans conteste de son romancier préféré. « De sa génération, il reste pour moi le modèle. Par esprit de clocher peut-être » glissait-il dans *La Paille et le Grain*. « Jacques Chardonne est mort en mai 68. Il n'a rien laissé au hasard[16] », se plaisait à souligner Frédéric Beigbeder. C'est une certaine France, une certaine idée de la France qui mourrait avec lui. Une certaine idée de l'Allemagne aussi, alors que Chardonne accepta de s'y rendre, plus précisément à Weimar, en octobre 1941, à l'invitation de Goebbels...

Si Mitterrand sut, quant à lui, faire des choix salutaires en 1943, les deux hommes ont en commun leur Charente natale et un fond culturel de droite, revendiqué par Chardonne, dissimulé par l'homme politique. Ce dernier admire *Le bonheur de Barbézieux*, roman de la France profonde datant de 1934, l'époque de ses années de jeunesse, pas plus qu'il ne restait insensible, parvenu à l'âge mûr, au recueil de nouvelles *Femmes*, paru en 1961.

Il se dit que Chardonne ne portait guère d'estime à François Mitterrand, dont il était l'idole littéraire. Pourtant, la tonalité de la dédicace de l'ouvrage *Lettres à Roger Nimier*, paru en 1954, était des plus cordiales : « À François Mitterrand. Souvenir d'un compatriote avec beaucoup de considération et de sympathie. »

Chardonne, comme Chateaubriand ou Barbey d'Aurevilly à d'autres époques, appartient à la catégorie des écrivains ayant sa préférence. C'est d'un terreau catholique provincial que ressortent ses plus anciennes passions littéraires. À Léon Bloy, lecture de jeunesse, homme de catholicisme de combat, succéda Péguy, socialiste devenu mystique s'érigeant contre les affres du monde moderne, mort au front en 1914. *Notre jeunesse*, œuvre publiée en 1910 qui s'inscrit dans le contexte de l'Affaire Dreyfus, met en garde contre les exploitations politiciennes de cet événement,

16. *Le Figaro Magazine*, 14 décembre 2018.

qu'elles soient nationalistes ou socialistes. Mais encore *L'argent,* où l'écrivain narre ses souvenirs d'enfant admirant les élèves de l'école normale, qu'il qualifie de « hussards noirs » de la IIIe République…

La République des Lettres du président Mitterrand

« À Monsieur François Mitterrand, Président de la République, ami des écrivains, en très cordial et sincère hommage. » Les mots sont de Julien Green, dédicaçant ainsi en 1987 son envoi au chef de l'État de l'ouvrage *Les pays lointains*. « C'est un homme d'action qui vivait entouré de livres », disait Mitterrand de Ben Gourion, dessinant un portrait en creux, alors qu'il souhaitait incarner le dirigeant agissant dans la société, tout en gardant un lien avec le monde de la pensée. Passionné de littérature, le chef de l'État veille également à renvoyer et à pérenniser l'image de la symbolique lettrée dans la monarchie présidentielle. La photographie officielle prise en 1981 en témoigne, c'est un exemplaire des *Essais* de Montaigne en main qu'il prend la pose dans la bibliothèque de l'Élysée.

Entouré de romans, le président de la République l'est aussi de romanciers. Certains écrivains sont aussi ses amis : Michel Tournier, Marguerite Duras ou Françoise Sagan, mais aussi Gabriel Garcia Marquez, l'auteur de *Cent ans de solitude.*

Pour sa part, Jean d'Ormesson fut un ami paradoxal, aristocrate, archétype de l'homme de lettres s'inscrivant dans une longue tradition et incarnant l'élégance à la française : deux amoureux de la France, de la vie et de l'éternité, deux adversaires politiques devenus amis car ayant « trouvé les chemins de la rencontre », selon Jack Lang.

Ce qui sied peut-être le plus à Mitterrand chez les écrivains, c'est leur capacité à rehausser le prestige de son action politique et historique, y compris dans sa dimension romanesque, comme le fit son indéfectible alliée Marguerite Duras. Dans *La Douleur*, ouvrage paru en 1985, celle-ci relatait l'action de son chef de réseau François Mitterrand alias « Morland » au printemps 1944, à l'origine du sauvetage de Robert Antelme, arrêté et déporté vers les camps de Buchenwald et de Dachau. De « Morland », elle fit la connaissance en 1943, au cœur d'un réseau auquel appartenait également Edgar Morin, sociologue qui exprimera son grand respect pour le Mitterrand résistant, sans adhérer au Mitterrand politique.

Appréciant la compagnie des écrivains et des penseurs, l'homme aime lire, mais aussi écrire et décrire. Il en donne, en 1975, une brillante illustration dans son ouvrage au titre en forme de parabole *La Paille et le Grain*, dont il aère la trame politique de narrations de promenades et de voyages. Un livre dans lequel il convoque ses souvenirs de manière aléatoire, mettant en exergue ses fragments de paradis comme ceux des Charentes. « Je suis d'origine paysanne, j'ai vécu toute mon enfance dans la vieille province française, en Saintonge, et, pour moi, la paille et le grain sont deux produits nobles[17]. » Se camper en paysan, près de la terre, est récurrent chez le candidat : « J'aime la France, à ma façon, qui est celle du paysan qui regarde sa terre au printemps, qui mesure le prix des choses et combien coûte, de sacrifices et de patience, le blé qu'il aime[18] », explique-t-il en 1974.

Une bibliothèque française

La littérature a joué un rôle prépondérant dans la construction de l'identité profondément française de François Mitterrand, il n'est donc pas surprenant que sa bibliothèque soit « nationale », car c'est, en effet, à l'intérieur des frontières de l'Hexagone que se circonscrit la plupart de ses ouvrages. Certes, la fonction présidentielle l'incline vers davantage de cosmopolitisme par les présents qui lui sont faits. À parcourir ses rayonnages, au gré de ses exemplaires truffés des petits papiers du bibliophile, c'est un portrait qui se dessine.

Partout dans ses lieux de vie, qu'il s'agisse de domiciles privés ou de résidences officielles, une place particulière est réservée aux bibliothèques et aux livres. Gordes, où il a plus de temps qu'ailleurs pour vaquer à ses occupations personnelles, n'échappe pas à ce

17. Émission Apostrophes, 7 février 1975.

18. Michel Schifres, Michel Sarazin, *L'Élysée de Mitterrand, secrets de la maison du prince*, Alain Moreau, 1985, p. 85.

principe, avec un sens aigu de l'esthétique des ouvrages. « Lorsqu'il en finit un, il le range dans la bibliothèque. Ça lui prend du temps : trouver la place adéquate, ressortir le livre, l'ouvrir à nouveau, le remettre, contempler la rangée, lire les titres. Cérémonie devant un petit temple de papier[19]. »

Fidèle à sa culture d'origine, François Mitterrand a un goût profond pour le roman classique, vibrant aux récits de Péguy ou de Barrès, auteurs de jeunesse qui continueront à le marquer sa vie durant. Car ce président de gauche lisait à droite, voire à l'extrême droite. On retrouvera ainsi dans sa bibliothèque un livre de Philippe Henriot, ministre de la Propagande de Vichy abattu par la Résistance… rue de Solférino. Quant aux ouvrages de théoriciens de la gauche, le fonds est pour ainsi dire réduit au minimum syndical : Jaurès et Blum… Les libraires qu'il fréquentait, comme Claude Coulet, patron de la librairie éponyme, ne se privaient pas de préciser que le Président avait une préférence pour des auteurs… de droite, tels Proust ou Marcel Aymé.

Chérissant les ouvrages qui garnissent les rayonnages de son domicile de la rue de Bièvre, le socialiste a un goût prononcé pour la reliure, art précisément pratiqué par son épouse Danielle qui s'y est formée. Celle-ci se voit parfois confier des ouvrages peu à son goût, tel *Les deux Étendards* de Lucien Rebatet. L'écrivain collaborationniste était fort présent dans son imaginaire littéraire, comme l'était également Drieu la Rochelle. Il en était de même de ce livre de Brasillach, *Comme le temps passe,* dont il aimait à citer le titre, par affection autant que par goût de la provocation. « Ah, comme le temps passe, me dit-il… Comme le temps passe, c'est d'ailleurs le titre d'un ouvrage de Robert Brasillach que j'ai à mon chevet et que je me plais à lire et relire[20]… », narrait-il au jeune journaliste Éric Brunet à la Pentecôte 1985.

19. Mazarine Pingeot, *Bouche cousue, op.cit.*, p. 69.
20. Eric Brunet, « Mitterrand et Brasillach », *Valeurs actuelles*, 23 mai 2016.

L'écriture et la vie

« Vous mériteriez de n'être pas un homme politique », lui écrit un jour, en guise de dédicace, Jean Dutourd. Quant à François Nourissier, il dira voir en lui « un Chateaubriand sous le leader au repos ». Certes, afficher sa dilection pour la littérature, son goût pour les humanités, la culture classique – quand d'autres comme Michel Rocard se passionnent pour l'économie et les sciences sociales – le campe dans une position de supériorité, parfois perçue comme hautaine. Grand lecteur, le politicien érudit aurait pu devenir homme de plume ; il l'était à en juger par la qualité de ses écrits. Toujours, il conservera la nostalgie de cette autre destinée, celle de l'écrivain, ambition qui n'était pas seulement due à une fatuité juvénile. « Si je n'avais pas été absorbé par la vie politique, j'aurais aimé consacrer une partie de ma vie à construire une œuvre littéraire. En avais-je le talent ? J'en avais en tout cas le goût[21] », concédait-il en 1975 à Bernard Pivot dans Apostrophes. « Si j'avais eu une ambition, elle aurait été celle-là[22] », confirmait-il à son ami Elie Wiesel l'interrogeant sur ce souhait de jeunesse. Aurait-il eu une vocation d'écrivain, comme on a une vocation de prêtre ? Le politique refuse de jouer au littéraire, non sans s'y essayer tout de même… En artisan plus qu'en artiste, creuser, travailler la langue ne lui est pas indifférent, s'astreindre à une discipline, lui qui a un côté oisif, pour se faire maître conteur alors que lui importe l'éternité que tutoient les mots et dans laquelle il veut inscrire son souvenir…

L'écriture, arme politique

Personnage de roman à tiroirs, François Mitterrand est également romancier de lui-même, sachant entraîner les hommes dans sa narration. « Il y avait là un romancier-personnage qui se créait lui-même comme un romancier écrit et crée une œuvre. De Gaulle s'était créé,

21. Émission Apostrophes, 7 février 1975 (archives INA).
22. *Mémoires à deux voix, François Mitterrand* entretiens avec Elie Wiesel.

a été créé par lui-même, comme Balzac créait ses personnages », déclarait en 1975 Roman Gary à propos de son modèle politique dans l'émission « De Gaulle première ». Des mots qui pourraient également être appliqués à l'adversaire socialiste du Général, bien que ce celui-ci ne puisse se hisser à la même hauteur dans l'histoire de France. Le général de Gaulle, là encore, l'a devancé et surpassé dans le cénacle des hommes d'États-écrivains. Publiées à partir de 1954, ses *Mémoires de guerre* préparent un éventuel retour, tardant à se produire et advenant enfin en 1958, à la faveur de la guerre d'Algérie. Quant aux *Mémoires d'espoir*, leur sortie a lieu en 1970, après son retrait de la vie politique. C'est bien par des références communes, telles celles à Péguy et à Maurras, que Mitterrand se rapproche de la culture classique de Gaulle, cet homme né au XIXe siècle et dont la raideur du maintien a quelque chose de suranné.

Son successeur à l'Élysée, Georges Pompidou, agrégé de Lettres, est un authentique expert de la littérature, publiant en 1961 une *Anthologie de la poésie française* ayant fait date. Alors que l'ombre de Charles de Gaulle porte plus encore après son décès, écrire a une forte portée symbolique et fait partie des attributs de l'homme d'État. C'est un passage obligé pour cette génération d'hommes politiques quand, outre-Manche, Churchill a reçu le prix Nobel de littérature en 1953. En 1976, celui qui a affronté et battu le candidat socialiste, Valéry Giscard d'Estaing, éprouve la nécessité de théoriser sa gouvernance en publiant *Démocratie française.* En ces années, l'élu de la Nièvre continue à semer des cailloux blancs sur le chemin de l'Élysée.

Après de premières publications dès l'immédiat après-guerre *Les Prisonniers de guerre devant la politique* (1945), *Aux frontières de l'Union française*, (1953), *Présence française et abandon*, succèdent les prolifiques années 1960, avec notamment *La Chine au défi* (1961), *Le coup d'État permanent* (1964), *Ma part de vérité* (1969) comme l'est la décennie 1970 ; *Un socialisme du possible* (1971), *La rose au poing* (1973), *La Paille et le Grain* (1975), *L'Abeille et l'Architecte* (1978), *Ici et maintenant* (1980). Les décennies suivantes voient l'écriture s'effacer au profit de la politique. Car plus chroniqueur que véritable écrivain, le verbe politique de François Mitterrand est inégalé dans le domaine de la parole, marquée par sa singulière prosodie.

16

LA CARTE ET LE TERRITOIRE

« La géographie pesait aussi lourd dans mon esprit que l'histoire. C'est une référence à laquelle je tiens[1] », expliquait François Mitterrand dans ses *Mémoires interrompus*. À la connaissance du terrain, il ajoute celle de ses représentations, en homme féru de savoirs topographiques. Gilbert, son fils cadet, se souvenait de cette appétence paternelle pour les cartes où l'on pointe du doigt un lieu remarquable, à l'époque où lui-même était enfant : « Il y avait une carte murale dans notre chambre, avec un côté illustré et l'autre muet. Le soir venu, il fallait retrouver telle forêt, telle ville, tel affluent, tel confluent, puis le localiser sur la carte muette. Nous étions incollables en géographie française. Et quand nous prenions l'avion, nous étions tous devant le hublot pour vérifier, par exemple, que la Gartempe fait bien un virage en épingle à cet endroit. C'était un jeu. Il avait un vécu physique, un amour incommensurable de la géographie[2]. »

Un appétit qui dépasse les frontières nationales, comme il le précise dans les pages de *La Paille et le Grain* décrivant ce voyage immobile : « Lorsque je sauve une soirée de l'encerclement parisien, j'ouvre mes atlas, le Quillet, le Larousse, l'Universalis, je compare la couleur de leurs cartes, les caractères d'imprimerie qui donnent du même pays des images si différentes et je m'invente des itinéraires. Mes voyages réels ont toujours confirmé les intuitions que j'en avais, l'Inde exceptée que flatte sa belle épure triangulaire. » Soucieux de

1. François Mitterrand, *Mémoires interrompus*, Paris, Odile Jacob, 2001, p. 24.

2. Intervention de Gilbert Mitterrand, colloque de l'université de Poitiers, mars 2017.

son crédit d'homme d'État, qui pourrait être accusé de se laisser aller à la paresse, il ne manque pas d'ajouter des considérations géopolitiques : « D'une page à l'autre défilent sous mes yeux les candidats à la puissance de demain ou d'après-demain[3]. »

Homme du temps long, il sait apprécier l'épaisseur de « ces tissus fragiles dont la France est cousue », décrits par Fernand Braudel. Des paysages, le politique sonde la dimension temporelle, la profondeur historique. Le temps et l'espace sont pour lui inextricables. Très vaste territoire à l'échelle européenne, la France se caractérise par sa diversité de terroirs, exaltée par le politicien, qui joue aussi bien de la grande focale que de la petite, mettant l'accent dans sa fresque paysagère sur d'infimes détails comme de plus vastes ensembles, esquissant, au fil des dires et des pages, les contours d'une géographie de l'intime. Sous sa plume et dans ses prises de parole, se dessine sa France, déployant une géographie subjective et sensorielle. Une cartographie personnelle pavée de hauts lieux issus de ses lectures et de son vécu. La géographie fut ainsi sa première muse : le vertige horizontal d'un espace fini, la liberté des lignes de fuite sont des sources d'inspiration et d'évasion. D'évidence, au chapitre de ses préférences figure la Charente, dont il est fier qu'elle soit un fleuve et non une simple rivière. Le fleuve est alors l'inverse d'une frontière et réunit bien plus qu'il ne sépare.

Les cartes figurent parmi les pièces les plus étranges et les plus remarquables de l'étrange bric-à-brac qu'il collecte, coupe et colle dans son *Journal pour Anne*. Le 23 juin 1964, l'élu de la Nièvre l'inaugure, en collant sur une feuille de papier bleue une carte routière divisée en deux parties sur laquelle des croix sont placées sur les lieux chers au couple naissant, Saint-Benoît-sur-Loire et Saint-Germain-des-Fossés, non loin de Vichy : « Ce journal racontera les jours qui ont suivi celui-ci. 23 juin 1964. De Paris à Saint-Benoît-sur-Loire. De Saint-Benoît à Saint-Germain. J'ai clos la plus belle année. J'ai commencé l'attente et l'espérance[4]. » Cette autre fois encore, c'est un fragment de carte marine représentant l'entrée du Golfe du Morbihan…

3. François Mitterrand, *La Paille et le Grain*, *op.cit.*, pp. 29-30.
4. François Mitterrand, *Journal pour Anne*, *op.cit.*, p. 5.

Habité par le temps, il habite l'espace français à sa façon, en brasseur d'univers et de territoires. L'homme aime à célébrer les paysages, miroirs de l'histoire, dont chacun constitue une page qu'il aime à tourner, au gré de ses pérégrinations. Chaque déplacement, en France ou à l'étranger, est ainsi l'occasion de faire provision de souvenirs.

La France de François Mitterrand est-elle toute la France ? Il y a, en effet, ses lieux de prédilection. « Il y a toute une France qui est ignorée par Mitterrand. La France du Nord, la Bretagne, la France de l'Est. Sa France à lui, c'est évidemment la France centrale du Morvan, de la Charente, du Midi, du Sud-Ouest[5] », estime l'historien Michel Winock. À la Bretagne, où s'ancrent des souvenirs d'enfance et celui d'un débarquement en 1944, il fera toutefois une place, célébrant « une lumière d'équinoxe comme seule la Bretagne peut en inventer » dans *La Paille et le Grain*. Un ouvrage où sont vantées les beautés de nombre de régions de France, comme autant de petits cailloux semés en 1975 sur la route de l'Élysée par le candidat malheureux à la présidentielle de l'année précédente.

Une image d'homme de terroir savamment façonnée

« Il faut naître en province et toucher aux racines pour comprendre d'instinct les relations des sociétés humaines et du sol où elles vivent[6] », écrit encore François Mitterrand, appuyant sa démonstration sur une description du paysage bourbonnais. Durant toute sa carrière politique, il s'emploiera à dépasser le clivage Paris-Province par son habilité à manœuvrer entre sa vie au cœur du pouvoir et son insistance sur ses origines terriennes charentaises, réactivées par des ancrages provinciaux pluriels, nivernais ou landais. Pourtant, toujours, il revient à la ville et à son principal port d'attache, Paris, avec tout ce que cela comporte, de confort – voire de conformisme – et de modernité.

5. « François Mitterrand intime », La marche de l'histoire, France Inter, 13 octobre 2016.

6. François Mitterrand, *La Paille et le Grain*, *op.cit.*, p. 25.

Le terroir, idée si française, évoque la subtile alliance des hommes et de la terre, à la façon d'une alchimie de l'ordre du mystère. Le Littré date l'apparition de ce mot au XIIe siècle. Fruits de siècles de travail, les paysages en sont le témoin et le révélateur. Endossant cette identité d'homme de terroir, non sans un certain succès, c'est, ici, un capital politique que François Mitterrand n'aura de cesse de valoriser au cours de sa carrière. Ses conseillers, comme Charles Salzmann, l'encouragent fortement à communiquer sur son enracinement, qu'il soit natal en Charente ou choisi dans les Landes et dans la Nièvre.

C'est en étendard politique qu'est érigé cet ancrage nivernais, alors même que l'homme politique n'y a pour seule propriété qu'un étang, situé à Planchez-en-Morvan. Devenu Président, François Mitterrand continuera à venir voir son plan d'eau, en famille ou entouré d'amis, l'occasion de se rendre au domicile de son ami maire, François Dumarais sur le terrain duquel se pose parfois son hélicoptère. Le lieu contribue à l'image d'homme enraciné, une image que François Mitterrand manie à la perfection, comme s'en aperçoit le photographe Diego Goldberg, un jour de 1982. Bénéficiant des faveurs du prince, celui-ci est convié à participer à une séance photographique sur les berges de l'étang de la Nièvre acquis par le socialiste. Seul avec le Président, le photographe veut le saisir au beau milieu des bois. « Restez-là », lui intime François Mitterrand, dans une clairière, avant de s'effacer brusquement. De longues minutes s'écoulent. « Soudain, j'entends des bruits d'eau, comme si quelqu'un marchait sur l'eau. Je vois qu'il y a un ruisseau en bas, et à ma surprise, qu'est-ce que je vois ? Au fond du ruisseau, il vient, marchant sur l'eau, avec son chapeau, son manteau, son écharpe rouge et ses bottes jaunes. Je n'en crois pas mes yeux. Je descends pour prendre la photographie, Étonné, et en même temps heureux, car je m'aperçois que c'est une image inhabituelle de voir un Président ainsi. L'homme grave, sérieux, solitaire, c'est l'image qu'il veut donner, en début de mandat. C'est lui qui a construit cette image, c'est au début de son mandat, c'est une façon de dire, « voilà qui je suis[7]. »

7. Céline Destève, *La garde rapprochée de Mitterrand*, documentaire, 2009.

Travaillant à ceindre son propre itinéraire dans le récit national, il appuie son discours sur un enracinement historique très profond, se voulant une incarnation de l'histoire nationale… Mais aussi façonnée soit-elle, l'image d'homme attaché à la France provinciale n'est pas usurpée. François Mitterrand est un homme curieux de tout ce qui fait l'identité d'une région, qu'il s'agisse des traditions, des monuments ou encore de la gastronomie, en perpétuelle quête d'authenticité lors de ses déplacements.

Chemins de traverse

S'il connaît le pays, c'est avant tout parce que sa vie durant, il a arpenté, sillonné, labouré même au gré de ses campagnes, affectionnant plus que tout la France des clochers. Une intime connaissance du territoire français saluée à l'Élysée par Jacques Chirac, dans un discours d'hommage au soir de la mort de son prédécesseur, dessinant au passage un portrait en creux : « François Mitterrand avait la passion de la vie. […] La vie du terroir, la vie de nos campagnes, cette France rurale qu'il a tant aimée, presque charnellement. Il connaissait notre pays jusque dans ses villages et, partout, il avait une relation, un ami[8]. »

Présence, omniprésence même qui intrigua jusqu'à sa fille, Mazarine. « Chaque région que je parcours semble avoir été quadrillée par la présence de mon père. Les livres d'or sont remplis de ses signatures. Rares sont les lieux où je ne rencontre pas quelqu'un qui me dit avoir déjeuné avec lui, ou fait une promenade, ou dîné, la voix tremblante d'un souvenir intime, dont je me fais le réceptacle. Hier encore, cet antiquaire dans un village qu'habitent des amis, me raconte que mon père venait, ici, souvent[9] », raconte en 2003 Mazarine Pingeot, depuis la Bourgogne. Entre les lignes, apparaît toute l'épaisseur de l'existence de cet homme, redevenant père à l'âge de 58 ans, après avoir vécu tant de vies.

8. Hommage de Jacques Chirac, 8 janvier 1996.
9. Mazarine Pingeot, *Bouche cousue, op.cit.*, p. 47.

Voyageant de restaurants en auberges, muni de sa vieille valise peu chargée de vêtements, ainsi que de sa petite serviette, le perpétuel candidat jongle entre les horaires des trains et des avions, complétés de déplacements en voiture, au volant, ou souvent, accompagné de tel ou tel ami ou militant socialiste. François Mitterrand sillonne la France de long en large, avec en guise de pied-à-terre et points fixes, Paris, la Nièvre et les Landes. Ceux qui l'aiment prendront le train serait-on tenté de penser, lorsque, tout à ses transports amoureux, il écrit à Anne depuis Hossegor, à l'hiver 1967 : « J'ai regardé les horaires des trains pour que nous puissions nous retrouver le 2. Je n'en vois que deux : soit Gannat-Limoges (avec changement à Montluçon), départ 16 h 31 arrivée 21 h 27, soit (ce qui me paraît préférable, Clermont-Brive, départ 14 h 28, arrivée 18 h 09[10]. »

François Mitterrand en toutes lettres

Alors qu'on le savait homme de lettres, on découvre que François Mitterrand a su se faire épistolier. Toute sa vie Anne Pingeot a protégé son secret. Celui d'une liaison. Celui d'un homme épris lui adressant des missives enflammées ; 1 218 d'entre elles ont été conservées par Anne Pingeot dans de simples boîtes à chaussures. Une part d'intimité qu'elle choisit de révéler aux lecteurs, en 2016, centième anniversaire de la naissance de l'homme politique, pour l'histoire en elle-même mais aussi pour l'Histoire avec un grand H. Une façon de rétablir le véritable rôle qu'elle occupa auprès de son grand homme, dont elle fut à bien des égards la première dame.

Souvent géographiquement éloignés, c'est par lettres interposées que se perpétue le lien entre les amants. À l'attention de sa maîtresse, ses mots témoignent d'un appétit pour la vie, qu'il soit intellectuel ou d'ordre plus intime. Ce sont, ici, des pages puissantes et incandescentes, emplies de douceurs manuscrites où la passion amoureuse secrète atteint un acmé, alors que les âmes s'exaltent et que les corps exultent. Il faut ressentir l'attente fiévreuse d'une

10. François Mitterrand, *Lettres à Anne*, *op.cit.*, p. 547.

missive, d'un coup de téléphone ou d'un signe pour comprendre cette passion, entre douceur et douleur… Car ces mots, faisant place aux joies d'avoir été ensemble, cèdent aussi du terrain aux déceptions de ne plus l'être ou de ne pas être en phase. « À sauts et à gambades » pour citer Montaigne, d'un lieu à l'autre, d'un événement historique à un moment hors-champ, c'est une plongée dans l'intimité de l'auteur, dont l'ensemble en dessine les lignes de vie.

Ces lettres constituent aussi mille et une traces de son rapport à la France. Collant, de 1964 à 1970, photographies, reproductions d'œuvres et autres menus de restaurant dans son *Journal*, écrivant des lettres à Anne, de 1962 à sa mort, c'est mot à mot, tesselle par tesselle, une mosaïque qui se constitue. S'il rassemble des éclats de souvenirs, il est aussi fragmentaire sur l'accumulation de rencontres qui sont les siennes, sur la sinuosité des sentiments de cet homme toujours sur la route.

Cette part d'intimité révélée fournit à l'historien de précieux documents permettant d'éclairer des facettes méconnues de la personnalité du dirigeant politique autant que de son intense existence. Qu'ils soient familiers et récurrents, inhabituels et traversés pour des raisons politiques, les lieux de France sont omniprésents. Cette correspondance se fait ainsi matériau pour le chercheur lorsqu'il s'agit d'analyser les représentations des paysages et des régions de France qui y sont énoncées. Ses courriers sont autant de cartes de France adressées à Anne, et d'une certaine façon, par son intermédiaire, à la postérité.

À chaque page, entre les lignes parfois, ce sont des lieux quelquefois insolites ou inattendus que l'on y découvre. C'est plus particulièrement le cas lorsqu'ils sont liés aux amours clandestines, alors naissantes. Ainsi de Chênehutte-les-Tuffeaux, village du Maine-et-Loire, découvert dans un article de presse par François Mitterrand, qui le choisit, avec son Hostellerie du Prieuré, pour être l'écrin d'un séjour du couple au début d'août 1965. Une commune des bords de Loire qui restera chère à leur cœur, pour un élu évoquant son « Anne de Chênehutte[11] » où lui écrivant encore, devenu président de la République, en 1992 : « L'Anne à qui j'écris

11. François Mitterrand, *Journal pour Anne*, *op. cit.*, p. 375.

n'a jamais cessé d'être pour moi cette jeune fille que j'aimais, il y a vingt-sept ans, à Chênehutte-les-Tuffeaux[12]. »

Un pays au fil de la plume

Dans ses livres, les paysages défilent comme derrière la vitre d'un train. Au creux des forêts et des campagnes profondes, dans le chœur des églises, il écrit la France, sa France. Ainsi de *La Paille et le Grain*, assemblage de fragments de vie, de pensées et considérations politiques, mêlant l'intellect et l'affect. S'accumulant tel un palimpseste, les souvenirs de lectures se constituent en strates se mêlant à sa mémoire de lieux, notamment dans sa correspondance amoureuse.

Dans ces écrits privés, c'est un guide Mitterrand qui se dessine, à la façon du Michelin, mêlant restaurants et auberges dans un inventaire désordonné à la Prévert. Des évocations témoignant du besoin de faire partager ses impressions, parfois accompagnées de représentations sous forme de cartes postales. Tel un narrateur omniscient, le politicien est un amateur de musées imaginaires et de panthéons secrets. Ceux-ci sont sans cesse alimentés par ses trouvailles quotidiennes et fourmillent de personnalités et de sites liés. « Le lieu arrive d'abord », expliquait Simenon quant à sa méthode d'écriture. Qu'elles soient privées ou publiques, les narrations de l'homme politique ouvrent toujours la porte aux références littéraires, omniprésentes, renvoyant à un autre univers, en grande partie disparu, celui des écrivains du XIXe siècle et du début du XXe, celui d'une certaine France…

Le mythe d'une France éternelle

« Toute ma vie, je me suis fait une certaine idée de la France. » L'auteur de cette phrase demeurée fameuse n'est autre que le général de Gaulle, ouvrant ainsi ses *Mémoires de guerre*. Également

12. François Mitterrand, *Lettres à Anne*, *op.cit.*, p. 1227.

désireux de mettre des mots sur son identification au pays, François Mitterrand, prenant son grand rival en modèle pour mieux s'en défaire, suggère une certaine conception du pays. « De la France, je n'ai pas une idée mais une sensation, celle que donne un être vivant, ses formes, son regard[13]. » Le socialiste a l'habitude de répéter la phrase suivante : « Je sens la France charnellement, je n'ai pas besoin de théories. » Ce rapport charnel s'appuie sur sa connaissance du pays dans tous ses coins et recoins, nourrie d'incessantes visites menées sur le terrain, ainsi que des grands auteurs qu'il a dévorés.

L'amour de la patrie passe peut-être d'abord et avant tout par celui de la petite patrie, saintongeaise, fréquemment citée dans ses écrits. « Des phrases un peu barrésiennes sur l'amour de la terre, de Jarnac de la Charente, cela va se transposer plus tard dans le Nivernais. On le verra toujours amoureux de la terre, « terrienne », à la Péguy, la terre charnelle[14] », analyse son biographe Michel Winock. Un attachement à un authentique petit pays, emboîté dans le grand, où l'on célèbre, avec un loyalisme et un amour profond, la France, dans une relation subtile entre centre et périphérie, quoi qu'il en coûte d'archaïsme d'avoir « l'esprit de province ».

Mâtiné de régionalisme et du culte de la terre, faisant la part belle à la célébration du passé national, le nationalisme barrésien paraît affleurer dans cet extrait de l'ouvrage *Ma part de vérité*, publié en 1969 : « Qui ne se fait une idée de la France ? J'en ai plusieurs. Celle que j'ai reçue des miens, je ne l'ai pas oubliée et je la garderai jusqu'à la mort. Elle a été formée aux sources d'un enseignement simple et fier qui traitait la France à la fois comme une personne et comme un mythe, être vivant qui aurait eu la jeunesse de saint Louis, l'adolescence de Clouet, l'âge mûr de Bossuet et qui serait à jamais indemne de vieillesse et de mort. Cette France-là, porteuse d'un peuple élu, assemblage de races et de langues soudées pour l'éternité par les puissances du sol relevait de Dieu seul[15]. »

Cette France millénaire aurait cultivé son pré carré. Une représentation géométrique du pays ayant conduit à celle de

13. François Mitterrand, *Mémoires interrompus*, Paris, Odile Jacob, 2001, p. 23.
14. Michel Winock, France Culture, 4 juin 2018.
15. François Mitterrand, *Ma part de vérité*, Paris, Fayard, 1969, p. 24.

« l'Hexagone » après que la guerre de 1870 l'ait amputée. Un récit imaginaire de l'homogénéité du territoire inévitablement associé à une figure du XVIIIe siècle : Vauban. Dans son panthéon des héros de l'histoire de France, l'ingénieur militaire se voit réserver une place de choix. « Pour moi, le génie le plus représentatif de la France était Vauban. Lui n'avait pensé qu'à renforcer les fondations, fermer les issues, sauver le pré carré qu'une prescience miraculeuse avait déjà dessiné dans l'esprit d'un Philippe Auguste ou d'un Charles V[16]. » Une estime forte encore renforcée par le fait que la terre natale de Sébastien Le Prestre, marquis de Vauban, soit le Morvan que celui-ci nommait le « pays bossillé » en référence aux collines recouvertes de forêts. Le génie de l'architecture militaire avait vu le jour dans une modeste maison accrochée à une étable à Saint-Léger (Yonne), commune située à quelques kilomètres au nord de la circonscription nivernaise de François Mitterrand.

Pourtant, ce « pré carré » est à l'épreuve du monde moderne et de l'Europe, et doit être prémuni des envahisseurs. Des défenseurs de la patrie d'hier à ceux d'aujourd'hui, voilà bien là de quoi s'inventer un destin, comme y songe le jeune Mitterrand, dans le contexte troublé de la guerre et de l'Occupation : « Je souffrais personnellement qu'une admirable construction, si bien équilibrée par le génie des hommes, et les lois du relief », qu'il souffre de voir « à ce point démolie, dévastée, investie[17] », écrivait-il à propos de ce territoire dont il vantait l'ordonnancement et l'harmonie des milieux naturels. « Je ne me sentais pas né pour vivre citoyen d'un peuple humilié. L'Histoire de la France me possédait, j'aimais ses héros, ses fastes, et les grandes idées venues d'elle qui avaient soulevé le monde. J'avais la conviction, depuis l'enfance, que j'aurais à la continuer[18]. »

Cet homme est avant tout le produit d'une époque et d'une éducation, profondément imprégné par l'enseignement de la

16. François Mitterrand, Georges-Marc Benamou, *Mémoires interrompus*, Paris, Odile Jacob, 1996, p. 23.

17. *Ibid.*, p. 22.

18. *Ibid.*

IIIe République et ses mythes fondateurs parmi lesquels les paysages harmonieux et la paysannerie immuable. « Une mythologie rurale qui, depuis 1870, décrit la République comme un assemblage de villages. Les républicains savaient très bien que s'ils voulaient durer, il leur fallait le soutien de la paysannerie : le village, le terroir et, au fond, la paroisse d'Ancien Régime[19] », rappelle le géographe Philippe Estèbe. Ce que confirme son confrère Jacques Lévy : « Cette ruralité à la française s'insère dans une conception globale de la société dans laquelle trônent un État, avec ses fonctionnaires et son armée, et une nation, avec son peuple et son Église. Dans ce dispositif, le territoire joue un rôle majeur : il est à la fois le terroir des paysans et le sol de l'État. La géographie de la IIIe République enseignera à des générations l'harmonie des paysages, de la position et de la forme même du territoire français. Un aspect de cette harmonie c'est l'occupation continue par les paysans de toute la surface du pays. Ce fut une défense contre les invasions, un élément de stabilité et de cohésion sociale[20]. » Il faut, en effet, se souvenir que, lors de l'élection de 1981, la moitié des votants étaient nés avant la Seconde Guerre mondiale[21].

L'équilibre entre permanence du monde rural et vitalité des villes est pourtant chaque jour plus menacé au profit de ces dernières. Partout, en effet, les traces paysannes s'effacent irrémédiablement et la terre se meurt. En 1981, précisément, le géographe Roger Béteille est l'auteur de l'ouvrage *La France du vide*, dans lequel il évoque « une large diagonale de déclin accentué ». L'expression « diagonale du vide » naît alors, pour décrire cette bande dépeuplée prenant en écharpe le pays, des Ardennes aux Pyrénées.

Rien n'importait plus à François Mitterrand que ce pays en ses profondeurs, selon Jacques Attali : « Il aimait la France avant tout comme une union de provinces dont il adorait les paysages, les forêts, les églises, les cimetières, les villages, les soirées passées à raconter des histoires, la soupe tenant lieu de dîner, la force des

19. Philippe Estèbe, *Libération*, 8 mai 2015.

20. Jacques Lévy, « Oser le désert », *Sciences humaines*, hors-série, n° 4, février-mars 1994.

21. Vincent Tiberj, *L'Obs*, 16 mars 2017, p. 83.

traditions, la longue trace des générations[22]. » De tout temps, il a été très sensible à cette construction commune de la nature et de l'homme façonnant les paysages, le produit d'un fragile alliage. Ainsi, plus que de la fin du monde, le Président se préoccupe de la fin d'un monde…

La France grandeur nature

Empreint de l'épaisseur de l'histoire, il n'en oublie pas d'admirer les merveilles du monde. Essentielles à ses yeux sont l'esthétique paysagère et les formes urbaines conservées : « Je vois cette Auvergne, cette ville si vivante qui a connu si grand développement, qui se modernise dans l'esthétique respectée[23] », déclare-t-il à Clermont-Ferrand, en juillet 1984. La modernité oui, mais sans défigurer les paysages.

Ce souci de nature est plus vrai encore dans le Morvan et dans son fief de Château-Chinon. La Nièvre est à la fois au cœur de la France et au bout du monde tant elle est alors mal desservie. Pourtant, ce dialogue avec un militant socialiste, inspecteur départemental de l'Éducation nationale, désireux de voir l'autoroute progresser en ces terres, tend à prouver que Mitterrand la préférait immuable ou inviolée : « Il me répondait : "Vous savez l'autoroute, on en voit assez, il faut garder nos petits chemins, nos petits ruisseaux", ce n'était pas un oubli qu'il avait fait, c'était la volonté de se garder un paysage rural[24]. »

Un goût pour la nature qui put avoir des conséquences politiques, quand le Président choisit d'épargner des sites naturels ou habités en proie à de vastes projets d'aménagements. Il en fut ainsi, selon son conseiller spécial Jacques Attali, de la forêt de Saint-Germain menacée d'être traversée par une autoroute, ainsi que du tracé du futur TGV Ouest dans les Yvelines, risquant de mettre en

22. Jacques Attali, *op. cit.*, p. 94.

23. Allocution de M. François Mitterrand, président de la République, à l'hôtel de ville de Clermont-Ferrand, 5 juillet 1984.

24. « François Mitterrand, une vie en Bourgogne », documentaire de Jean-Michel Dury, 2011.

péril la beauté tranquille de plusieurs villages. Le 4 février 1992, il est à Arçais aux côtés de la députée des Deux-Sèvres, Ségolène Royal, pour le lancement des grands travaux de restauration du Marais poitevin, elle qui succéderait deux mois plus tard à Brice Lalonde au ministère de l'Environnement.

Des perceptions vives, saisies avec acuité dans leur lumière fugace, nourrissent l'univers personnel de François Mitterrand. Indissociables sont la terre et l'eau, douce s'entend, celle des biefs environnant Latche. L'eau, c'est aussi celle des conches du marais poitevin bordées de frênes et peupliers et sur lesquelles pleurent des saules. C'est encore celle de l'étang de Planchez-en-Morvan, dans la Nièvre, où il aime venir se promener ou chercher des champignons avec des amis. C'est de ses premières années charentaises que l'homme d'âge mûr analyse cet attachement charnel : « Jusqu'à l'âge de seize ou dix-sept ans, j'ai constamment vécu à la campagne. Et la campagne, c'étaient les coteaux, les arbres, les rivières… » De chacun de ses fiefs, il connaît les rythmes naturels et les espèces sauvages qui les peuplent, comme les chevesnes que son père pêchait dans la Charente alors qu'il était enfant. Voilà Latche encore et ses chevreuils « qui traversent souvent la clairière » et autres cerfs, mais aussi les nombreux oiseaux qu'il aime à énumérer, bouvreuil, rouge-gorge, bergeronnette, mésange, chouette, coucou et lorsque vint la saison, palombes. Ressentir la nature, c'est toucher la terre, humer le grand air, le parfum des fleurs, ou celui de la résine des arbres qu'il affectionne tant.

Terrien attentif aux rythmes de la nature, jamais, de fait, François Mitterrand ne se lassa de lire les saisons dans la couleur des arbres et dans les effluves de la flore. Tous les sens en éveil, il prend plaisir à sentir le parfum d'une fleur, à écouter le chant des oiseaux, à tâter l'écorce d'un arbre. Sensible aux rituels, il ne peut l'être qu'à ceux, rassurants et immuables de la nature, celui empreint de beauté du « passage des oies sauvages, des canards, des grues, et voir ce pays, tout en horizontale, grands espaces, la forêt, la mer, le ciel, et ce mouvement immémorial des grandes migrations, on a alors le sentiment d'être de la nature et de la vie[25]. » Cette sensibilité à la beauté des choses est une dimension essentielle de

25. « Les amis de François Mitterrand », 30 millions d'amis, – archive vidéo INA.

la nature humaine, exacerbée chez cet homme, éprouvant le besoin de décrire avec lyrisme ses périples quotidiens au contact des arbres, des fleurs à la saison. Candeur volontaire, au risque de la mièvrerie, qui lui fait retracer sans relâche son émotion toujours renouvelée devant le spectacle harmonieux des prairies, des forêts, de l'océan.

Quand tout est là, pourquoi aller plus loin, au contact de joies simples, teintées de mélancolies. Aux contrées lointaines, il préfère la nature proche qui est celle de Latche : « Je rentre d'une promenade pieds nus. J'ai suivi un layon de forêts sans ajoncs et j'ai marché un bon moment en compagnie de Julie et de Titus[26] », narre-t-il au mois d'août 1975.

Les merveilles du patrimoine, sanctuaires naturels ou architecturaux, ainsi que les charmes féminins se mêlent à ses yeux. C'est le cas en forêt de Tronçais, lieu mystérieux inspirant de nombreuses légendes. Ce sont des siècles d'histoire qu'incarnent les chênes de Colbert s'élançant vers la lumière dans la forêt du Roi-Soleil, à la manière des piliers d'une cathédrale. « Avant de sombrer dans l'épais sommeil, des images embrouillées m'ont traversé l'esprit, se sont mêlées, m'ont emporté : Tronçais et ses arbres droits qui finissaient parmi les étoiles, l'église de La Celle et sa plaque des morts, le soleil d'hiver qui ressemble à la lune… mais ton visage, lui, était clair[27] », écrit-il à Anne Pingeot, en décembre 1964. Sa fibre naturaliste se nourrissait à la sève des grands textes. Pétries de références littéraires, ses lettres à sa jeune maîtresse mêlent intimement amour de la nature et amour charnel :

« 8 août 1964, Hossegor

La pluie dégoutte sur la forêt. La terre exhale un parfum charnel. Trop de chaleur a provoqué la révolte des éléments. Une bataille se livre par-dessus nos têtes. Je goûte ce climat incertain. Montherlant a écrit un remarquable essai sur "syncrétisme et alternance" que je n'ai pas cessé de placer au premier rang des œuvres modernes. Je

26. François Mitterrand, *Lettres à Anne*, op.cit., p. 1084

27. *Ibid.*, p. 340.

te le prêterai. La loi de l'alternance apparaît comme la pulsation du cœur humain. Moi, je suis au bout de ma course avec l'immense volonté d'atteindre l'autre face de la terre, l'autre côté des choses. J'aime cette tempête saine et forte qui mugit en cet instant. Je lui vois une ressemblance avec l'amour que je porte en moi[28]. »

De « la puissance des lieux » aux contours d'un paysage intérieur

« Je me répétais comme Barrès : "D'où vient la puissance des lieux ?" La doivent-ils au souvenir de quelque grand fait historique, à la beauté d'un site exceptionnel, à l'émotion des foules qui du fond des âges y vinrent s'émouvoir ? Leur vertu est plus mystérieuse, elle précéda leur gloire et saurait y survivre[29] », analyse-t-il, à l'appui de la lecture de *La colline inspirée*.

Parcourir inlassablement la France, une vie durant, fut toujours pour lui l'occasion d'entrer au cœur de ses paysages. Ses déplacements sont ainsi une perpétuelle fabrique de lieux connus et reconnus de lui. Car, plus que les sites consacrés, il aime ceux qu'il a lui-même érigés, à qui il a donné de la hauteur, de sa hauteur. Avec parfois la déception de les trouver changés, ou de se sentir dépossédé lorsqu'ils sont investis par des « estivants ».

Établissant une relation très étroite avec les lieux siens, il aime à les retrouver, comme dans un rapport amoureux, où chacun fait advenir son lot d'évocations littéraires, de rencontres. Miroirs de l'intériorité, renvoyant à l'intime, ces sites naturels ou patrimoniaux, qui parlent à son âme, ont pour lui valeurs de révélateurs et dessinent un paysage intérieur. C'est le cas ce jour de janvier 1970, évoquant tout autant le clocher de Saint-Benoît-sur-Loire que la forêt, en Morvan : « Sur la route des hêtres, dans cette forêt de lumière qui m'offre ses splendeurs, j'éprouve comme une révélation. [...] Je t'ai dit souvent que l'amour entre deux êtres avait besoin

28. François Mitterrand, *Lettres à Anne*, *op.cit.*, p. 276.

29. François Mitterrand, Georges-Marc Benamou, *Mémoires interrompus*, Paris, Odile Jacob, 1996, p. 25.

de miroir, du symbole, du soleil ou de Dieu pour que l'échange soit ressenti au plus haut niveau, dans l'intensité des sens et de l'esprit. L'amour à trois, mais quel amour ! Et quel troisième[30] ! »

« Regarder un paysage, c'est toujours se souvenir », écrivait le poète portugais Fernando Pessoa. Le figer dans le souvenir, c'est aussi lui donner de l'épaisseur, comme le permettent également ses références littéraires, moyens d'appropriation enrichissant le regard, le biaisant aussi parfois. Des lieux s'imposent à sa mémoire, peuplant son imaginaire et nourrissant son écriture. Comme un chant lointain des origines surgi de son esprit, le lieu physique et symbolique des racines, le monde qui lui est le plus familier, la Charente… Un territoire, devenu le décor de son petit royaume imaginaire où il n'aura sa vie durant de cesse de baguenauder. Se consacrant à ses lieux personnels où s'enchevêtrent la mémoire et l'oubli, François Mitterrand correspond tant à la figure de l'arpenteur, ni voyageur ni randonneur, définie par l'ethnologue Martin de La Soudière : « C'est un adepte des petits trajets, des boucles et des répétitions… Arpenter, ce n'est pas forcément faire du surplace, mais marcher lentement et rester dans les mêmes zones, les mêmes territoires, sans quête du lointain ou de l'aventure[31]. » Étymologiquement en effet, l'arpent est une unité de longueur.

À longueur de temps, à langueur du temps serait-on tenté d'écrire, comme pour arracher le passé à un irrémédiable oubli, il éprouve le besoin de le ressasser, revenant toujours plus en amont, vers la Charente, pays rêvé de l'enfance, univers enchanté de souvenirs. Convoquons, ici, le sociologue Maurice Halbwachs : « Si un grand écrivain ou un grand artiste nous donne l'illusion d'un fleuve qui remonte vers sa source, s'il croit lui-même revivre son enfance en la racontant, c'est que, plus que les autres, il a gardé la faculté de voir et de s'émouvoir comme autrefois. Mais ce n'est pas un enfant qui se survit à lui-même : c'est un adulte qui recrée, en lui et autour de lui, tout un monde disparu, et il entre dans ce tableau beaucoup plus de fiction que de réalité[32] »

30. François Mitterrand, *Lettres à Anne, op.cit.*, p. 670.

31. Martin de la Soudière, *Arpenter le paysage*, Paris, Anamosa, 2019, 384 p.

32. Maurice Halbwachs, *Les Cadres sociaux de la mémoire,* Albin Michel [1925], 1994, p. 95.

Doté d'une infaillible mémoire des lieux, il n'a de cesse d'égrener les noms de ceux qu'il a sacralisés, comme des repères fixes, capables d'arrêter un temps une vie en perpétuel mouvement. C'est plus particulièrement le cas de ceux qui le ramènent à l'enfance, dont un infime détail peut être à l'origine du surgissement dans sa mémoire et dont la seule évocation peut suffire à le sortir de sa torpeur. Comme ce déjeuner politique du 1er juillet 1964, où il écrit avoir « dépéri d'ennui » face à ses interlocuteurs. Tous, sauf un : « L'un d'entre eux cependant a accroché mon intérêt, un bref instant : il possède une propriété en Dordogne, à quelques kilomètres de Touvent, et nous avons parlé de la terre blanche, des champs de noyers, de la chaleur craquelante de juillet[33]. » À Paris, la nostalgie provinciale qui l'étreint parfois est intimement liée aux souvenirs de paysages et d'images d'enfance, empreints de sérénité et d'éternité, comme ceux qu'il évoque ce 24 juin 1964 : « C'est la nuit, la nuit de la Saint-Jean. Les feux de mon enfance brillent-ils ce soir sur les coteaux ? […] Je vois, dans ma mémoire, le champ où l'on se rassemblait. J'entends la prière et les cris joyeux qui, aussitôt après, accompagnaient les sauts par-dessus le brasier. Que la flamme était claire et haute ! Elle piquait mes yeux tant j'approchais. Et, quand je regardais la nuit, de grandes taches dorées dansaient encore devant moi. […] Et d'abord le feu qui m'habite, comme si le Dieu de ma jeunesse avait voulu me restituer au milieu de mon âge l'âme des nuits de la Saint-Jean cette âme retrouvée que je te dois. »

Contemplant les champs de blé, les chênes et les saules piqués autour de la rivière de Touvent, l'enfant Mitterrand se forge une vision personnelle de l'œuvre conjuguée de l'homme et de la nature dont il ne se départira pas : « Une fenêtre du grenier qui sentait le maïs et d'où je contemplais par-delà les tilleuls du paysage français qui a commandé à jamais l'idée que j'ai du paysage français[34]. »

Son rapport intime au patrimoine s'ancre à l'enfance vécue en Charente, fondé sur une « approche littéraire, rustique et

33. François Mitterrand, *Lettres à Anne, op.cit.*, p. 216.

34. François Mitterrand, *L'Abeille et l'Architecte*, Paris, Flammarion, 1978, pp. 13-14.

patrimoniale de l'existence[35] », estime son neveu Frédéric Mitterrand. C'est au filtre de ses souvenirs que se forme sa perception des espaces, ceux d'une prime jeunesse au contact de la nature qu'il revit à travers ses deux fils, et plus particulièrement Gilbert, contraint de se reposer chez sa grand-mère maternelle en Saône-et-Loire : « Il revivait à travers mon enfance à Cluny ce qu'il avait connu en Charente. Il aimait que je raconte mes courses dans les bois, mes pêches à la ligne, ou que je lui décrive l'odeur de la pluie après l'orage[36]. »

François Mitterrand « parlait de la France, plus que des Français[37] », note très justement Jacques Attali, une façon de rassembler ce peuple politique et éruptif, alors même que certaines parties plus « périphériques » ou « exotiques » ne sont pas connues de lui de la même façon.

35. France 5, 17 mai 2017.

36. Gilbert Mitterrand : « Je n'ai jamais voulu tuer le père », *Charles*, n° 16, 6 janvier 2016.

37. Jacques Attali, *C'était François Mitterrand*, *op.cit.*, p. 92.

17

D'AUTRES FRANCE QUE LA SIENNE

« Je n'ai vu aucun inconvénient, j'ai même vu beaucoup d'avantages à symboliser une certaine France dont on pouvait penser qu'elle cède du terrain : la France rurale. Il y a beaucoup de citadins qui y pensent encore et qui aimeraient bien la retrouver et retrouver surtout ce type de civilisation de la réflexion, de la méditation, du silence, une certaine lenteur qui se trouve aujourd'hui terriblement bousculée par une société qui n'a pas trouvé les normes de sa civilisation[1] », expliquait François Mitterrand, durant la campagne de 1981, à propos de l'affiche de la force tranquille.

Une atmosphère paisible et rurale qui tranche avec la modernisation érigée en principe par le nouveau pouvoir, trois ans plus tard, ce dont le Président lui-même se justifie : « Je devais alors tenir compte d'une opinion chauffée à blanc par nos adversaires qui annonçaient les chars soviétiques place de la Concorde, au lendemain d'une victoire de la gauche... Cela ne m'empêchait pas d'évoquer constamment la modernisation industrielle dans mes discours d'avant 1981. Relisez le texte que j'ai fait adopter par le congrès de Metz du Parti socialiste en 1977... Évidemment, mon affiche principale de 1965 qui se situait sur fond d'usines et de fils électriques eût été plus adaptée. Mais n'oublions pas que le développement rural va de pair avec toute modernisation réussie[2] », explique-t-il dans *L'Expansion*, en novembre 1984.

1. François Hourmant, *François Mitterrand, le pouvoir et la plume*, Paris, Presses Universitaires de France, 2010, p. 57.

2. *L'Expansion*, 16 novembre 1984.

« Le vieux Paris n'est plus (la forme d'une ville change plus vite, hélas ! que le cœur d'un mortel) », écrivait Baudelaire dans son poème Le Cygne. Des mots cités par Julien Gracq en guise d'introduction à *La forme d'une ville*, paru en 1985 où il narrait ses années d'internat à Nantes, dans la décennie 1920, revenant sur l'imaginaire passé de la ville. L'écrivain le remarquait déjà en 1974 : « Rien n'aura marqué davantage la génération qui est la mienne que l'incroyable figement du paysage rural et urbain pendant beaucoup plus d'un tiers de siècle, entre 1914 et 1950[3]. »

Tout change autour de François Mitterrand mais rien ne change vraiment. Pérenne, le charme de Paris, ville qu'il aime et qui l'aimante, opère toujours pour le provincial qu'il est. Il en a composé une vision personnelle, tenant de l'éternité. Marcher dans les rues de la ville millénaire, c'est aussi parcourir cinquante ans d'histoire personnelle. Au gré des générations, il a vu la capitale se transformer, lui qui la parcourt pas à pas. Portant un regard acéré sur les lieux, c'est un piéton des villes, qui les observe, les sent et les ressent, sans jamais s'en lasser, à la manière d'un Georges Pérec, qui dans *Tentative d'épuisement d'un lieu parisien*, relate les trois jours passés en octobre 1974 place Saint-Sulpice.

Cette acuité concerne aussi les paysages ruraux dont il est sensible aux mutations accélérées de l'après-guerre. Une triste évidence que ses pérégrinations l'ont sans cesse amené à constater. Aux yeux de cet enfant de la première partie du XXe siècle, devenu leader politique lors de la seconde, se déroule la bataille permanente, entre ce qui fut et ce qui est, entre ce qui n'est plus et ce qui pourtant demeure. De sa mémoire, transpire la nostalgie d'une époque révolue, celle d'une enfance nourrie d'une culture familiale l'ayant voué au culte de la France profonde.

L'année même de son entrée en fonction, le président de la République inaugure le 22 septembre 1981 le TGV Paris-Lyon. À bord de la toute première motrice à grande vitesse, d'un orange flamboyant, lancée à plus de 280 km/heure, il prend place aux côtés du ministre communiste des Transports, Charles

3. Julien Gracq, *Lettrines 2,* Paris, José Corti Editions, 1974, 244 p.

Fiterman, et de Georges Marchais, secrétaire général du PCF. Avant d'embarquer, François Mitterrand a prononcé un discours au Creusot flattant la prouesse technique inégalée tout en revenant sur son propre vécu ferroviaire : « Je ne suis pas né dans une gare, mais mon père était chef de gare. J'ai connu le climat, l'atmosphère des trains à l'arrivée et des trains en partance. Ce remue-ménage des hommes, ceux qui travaillaient, les voyageurs… C'est une poésie qui me marque encore[4] », déclare-t-il alors.

Car, si pour François Mitterrand, la France a toujours été à portée de train, il n'est en rien un homme du temps du train à grande vitesse, mais bien de l'époque où la Micheline s'arrêtait dans chaque chef-lieu de canton et où l'on déjeunait au « Terminus ». Ce jour de mars 1972, il évoquait d'ailleurs son plaisir, empreint de réminiscences d'étudiant, à utiliser ce moyen de transport : « J'ai repris le Bourbonnais ce matin. […] J'aime le train. Je me souviens des longs parcours d'Angoulême à Paris. J'absorbais le paysage « coupé en deux », les yeux noyés d'images[5]. »

Bien que fermement ancré au passé par sa propre personne, la modernité est désormais le totem du pouvoir, vers lequel il doit montrer qu'il entraîne le pays, presque à marche forcée. Ce 4 avril 1984, le Président donne une conférence de presse au pavillon Gabriel, à deux pas des Champs-Élysées. Debout, derrière un pupitre, il intervient à l'américaine, annonçant notamment l'autorisation de la publicité sur les radios locales privées. Cette déclaration fait suite à un voyage aux États-Unis durant lequel il a visité la *Silicon Valley* et rencontré Steve Jobs, génie de l'informatique âgé de vingt-neuf ans.

Cette même année 1984, est lancée par la Datar[6] une mission photographique de quatre années, demandant à de grands photographes comme Robert Doisneau, d'arpenter le territoire national

4. « Une page de l'histoire du rail se tourne », *L'Humanité*, 25 février 2020.

5. François Mitterrand, *Lettres à Anne*, *op.cit.*, p. 995.

6. *Délégation interministérielle à l'aménagement du territoire et à l'attractivité régionale, remplacée en 2014 par le Commissariat général à l'égalité des territoires (CGET).*

afin de mettre en images cette France qui change et d'en révéler l'identité, entre art et aménagement du territoire.

D'intenses mutations socio-économiques

La perception de la France de Mitterrand est un reflet parfois ancien, figeant un territoire devenu mouvant, fluctuant, dans son éternité. La France change pourtant irrémédiablement, alors que ses paysages se muent et s'uniformisent sous les coups de boutoir d'une modernisation rimant avec société de consommation, modifiant jusqu'à la sociologie électorale. « Dans la France qu'il portait dans sa tête et dans son cœur, la France rurale était très importante », commente Hubert Védrine. Mais, « une immense partie de son électorat vivait dans des banlieues, des zones rurbaines, dans de petits pavillons[7] ». C'est précisément parce que les Français vivent majoritairement en ville, que le vote socialiste a progressé. « La social-démocratie commence avec l'urbanisation : les trois-quarts des Français vivent aujourd'hui dans les villes [...] La nation bovaryenne des notaires et des paysans, des rentiers et des hobereaux est morte ; la nation des employés de banque et des contractuelles, des vendeurs de supermarché et des ingénieurs informaticiens l'a remplacée[8] », analyse Alain Duhamel en 1982. Un mauvais esprit ferait remarquer que les supermarchés s'étant substitués aux épiceries, c'est précisément dans ce domaine qu'en 1972 François de Grossouvre devenait l'homme-clé de la société Urba-Gracco. Le principe en était aussi simple qu'illicite : autoriser à l'échelle locale l'implantation de magasins de la grande distribution en échange de dessous-de-table destinés à financer les campagnes électorales du Parti socialiste.

François Mitterrand est le spectateur privilégié d'un monde qu'il sait en pleine mutation celui de cette France rurale et catholique en proie à de profonds changements où les travailleurs de la terre ont

7. « François Mitterrand, une vie en Bourgogne », documentaire de Jean-Michel Dury, 2011.

8. Alain Duhamel, *La République de M. Mitterrand*, 1982, Paris, Grasset, p. 17.

peu à peu quitté leurs terroirs. La société française des années 1980 est travaillée par d'intenses transformations : crise économique, délocalisation de l'industrie française, précarisation des travailleurs et désaffection à l'égard de la démocratie parlementaire en sont parmi les signes. La France, territoire palimpseste, se réinvente chaque jour davantage en une version urbaine, industrielle, dont évolue le visage sociologique de la population, plus métissée.

Si proches et si lointaines banlieues françaises

Été 1981. Deux mois après l'élection présidentielle, des émeutes éclatent aux Minguettes, quartier de Vénissieux, dans la banlieue lyonnaise. Pour la première fois, des jeunes affrontent violemment les forces de l'ordre, alors que plus de deux cents voitures sont incendiées. Le pays prend conscience du malaise, voire même de la présence dans la société française de jeunes Français d'origine étrangère. 1983 voit se dérouler la Marche pour l'égalité et contre le racisme qui aboutit triomphalement dans les rues de Paris, le 3 décembre 1983. 100 000 personnes parcourent les derniers kilomètres dans une ambiance bon enfant dont peut témoigner le slogan « Couscous chez Mitterrand ». À l'Élysée précisément, une dizaine de marcheurs sont reçus par le président de la République. L'instauration de la carte unique de séjour et de travail de dix ans pour les résidents d'origine étrangère, que des années de lutte de l'immigration n'avaient pu obtenir, est arrachée à l'issue de l'entrevue avec le chef de l'État, alors qu'il ne s'agissait pas d'une revendication première. Mais pas de nouvelle du droit de vote des étrangers qui faisait partie des 110 propositions socialistes de 1981. « Parisien tous les jours, mais Algérien pour toujours » a alors coutume de dire Rachid Taha, reprenant en 1987 « Douce France » avec le groupe Carte de séjour.

Trois ans plus tôt, le 15 octobre 1984, était fondée l'association SOS Racisme par des proches du Parti socialiste, mettant en actes et en scènes un nouvel engagement. Une voie de l'antiracisme offrant un nouvel horizon à la gauche, substituant à une lutte des classes reléguée celle entre une France raciste et une France ouverte.

Pour autant, le Président n'est pas ouvert à toutes les France, en proie à un réel décalage temporel et spatial avec les réalités nationales. « À Paris il appréciait le 5e, le 6e, mais ignorait aussi bien le 17e, que le 20e. Quant à la banlieue, il n'aimait pas ça », témoignait son ancien ministre Pierre Joxe ajoutant, qu'« élu de la France d'autrefois, il regardait avec étonnement les villes nouvelles comme Cergy-Pontoise et Évry voter socialiste[9] ». L'ancien garde des Sceaux explique avoir, à maintes reprises, tenté de l'entraîner dans des départements comme l'Essonne, tout près de la capitale : « Des pôles technologiques importants s'y développaient, des classes moyennes et un prolétariat suburbain s'y installaient, ce département devenait donc un véritable terreau pour le PS. Mais il n'a jamais voulu, c'était un bout de France impénétrable pour lui. Il ne pouvait y transporter son talent de l'approche politique. Il pouvait y faire des meetings, pas des visites[10]. » Une méconnaissance qui n'empêche pas le Président de porter ponctuellement à ces territoires un regard attentif.

« Banlieue 89 » : c'est sous ce nom que les architectes Roland Castro et Michel Cantat-Dupart ont créé leur association, référence à l'héritage de 1789 tout autant que cap fixé pour ces territoires délaissés. Directement interpellé, c'est après plusieurs missives que le Président finit par recevoir Roland Castro, en 1983, et lance une réflexion sur les projets de réhabilitation. « Voyant les réunions se multiplier, je refuse et lui propose de l'emmener constater sur place la réalité des quartiers. Quinze jours plus tard, nous allons en hélicoptère à Saint-Denis, Châtenay-Malabry. Nous nous posons, à la Cité des 4000, à la Courneuve. Mitterrand monte au hasard dans une des barres, il constate alors le sentiment d'oppression qui règne en cet endroit[11]. » Marqué par ce déplacement, le chef de l'État demande la création d'une mission interministérielle reprenant le nom de « Banlieue 89 », dont les travaux n'auront pas de traduction concrète faute de crédits suffisants.

9. Pierre Joxe, *Pourquoi Mitterrand ?* pp. 20-21.

10. *Ibid.*

11. Laurent David Samama, « Banlieue 89 : comment des architectes ont voulu déconstruire la banlieue », *Les Inrockuptibles*, 5 décembre 2013.

Alors que 1989 approche, le deuxième mandat présidentiel coïncide avec le lancement d'une ambitieuse politique de la ville, dès le début du second mandat. En 1988, Michel Rocard crée le Conseil national des villes. Deux ans plus tard, Michel Delebarre reçoit le portefeuille de la Ville, avec rang de ministre d'État. « Que peut espérer un être jeune qui naît dans un quartier sans âme, qui vit dans un immeuble laid, entouré d'une sorte de concours d'autres laideurs, des murs gris sur un paysage gris pour une vie grise ; avec tout autour une société qui préfère détourner le regard et qui n'intervient que lorsqu'il faut précisément se fâcher, interdire », déclare le Président venu inaugurer le Jardin des souvenirs en mémoire de Pierre Mendès France, le 18 octobre 1990, dans la ville nouvelle de Cergy-Pontoise. La France connaît alors un nouvel épisode de violences urbaines, après la mort d'un jeune homme de Vaulx-en-Velin dont la moto a percuté un barrage de police. Comme un symbole, alors que des émeutes y avaient déjà eu lieu durant l'été 1981.

Le 13 juillet 1991, la loi d'orientation de la ville (LOV), est adoptée. Quelques mois plus tard, le 2 avril 1992, le Président nomme Bernard Tapie au ministère de la Ville, celui-ci étant contraint de démissionner dès le 23 mai suivant, inculpé pour abus de biens sociaux. Il sera à nouveau nommé à cette fonction au mois de décembre suivant. Il l'occupera jusqu'au 28 mars 1993.

Alors que prend fin la décennie 1980, une affaire déchire la France : le port du voile à l'école. La polémique éclate à Creil, dans l'Oise, en septembre 1989, quand trois élèves de familles musulmanes refusent de se découvrir avant d'entrer dans leur collège. L'affaire remonte bientôt jusqu'au ministre de l'Éducation nationale, Lionel Jospin, qui, dans sa volonté de règlement au cas par cas, fâche de nombreux élus socialistes. Accepter ces collégiennes avec leurs voiles, au nom de l'obligation scolaire, ou les exclure au nom de la loi de 1905 sur la laïcité, tel est le dilemme. Inédite, la question clive la société française et plus particulièrement des débats intellectuels et politiques. Dans *Le Nouvel Observateur*, un appel signé de plusieurs intellectuels, dont Élisabeth Badinter, Régis Debray et Alain Finkielkraut, dénonce un « Munich de l'école républicaine », en référence aux accords de 1938, symboles de la renonciation face à l'Allemagne nazie. Une semaine plus tard dans *Politis*, un autre appel prenant position en faveur d'une « laïcité ouverte » est notamment signé par Alain Touraine et Harlem Désir. « Nous devons accepter les traditions, quelles qu'elles soient », déclare Danielle Mitterrand, qui se prononce contre l'exclusion. De toute sa hauteur élyséenne, son époux ne fait pas de déclaration.

Car, par-delà l'écume des choses, le Président célèbre des permanences, comme dans ce discours prononcé à Clermont-Ferrand, en 1984 : « Depuis tant de siècles que la France existe, elle est restée semblable à elle-même et rien de ce que je dois connaître, chef de l'État, n'aura été ignoré de ceux qui m'ont précédé. À cela près que chaque problème prend la couleur du temps, des modes, des soucis, des transformations superficielles ou bien en profondeur, d'une société qui bouge, d'un monde en crise, des antagonismes qui s'exaspèrent. Mais si l'on veut bien comprendre la France et le peuple français, il faut savoir qu'il est des constances, des permanences de l'histoire[12]. »

Car l'autre et l'ailleurs font l'histoire de la Nation, autant que sa géographie, même si celles-ci s'écrivent souvent dans la marge…

La France d'outre-mer ou les confettis de l'Empire

Candidat à la présidentielle de 1965, François Mitterrand s'estime victime d'une manipulation de scrutin, au point de déposer une réclamation dénonçant des fraudes dans la « majorité des départements et territoires d'outre-mer » devant le Conseil constitutionnel qui la rejette. En 1974, ces territoires sont plus encore pris en considération, le candidat y déléguant ses propres fils sur le terrain, l'aîné Jean-Christophe à la Réunion et son frère cadet Gilbert, aux Antilles. Ce soutien électoral espéré ne parvient pas à faire pencher la balance, le socialiste étant au total crédité de 49, 20 % des voix au second tour, ayant totalisé 12 738 000 voix contre 13 082 000 pour son adversaire. Une courte défaite qui fait dire

12. Allocution de M. François Mitterrand, président de la République, à l'hôtel de ville de Clermont-Ferrand, 5 juillet 1984.

dans ses rangs qu'il a été « élu par la France métropolitaine et battu par les DOM-TOM », et alimente certains fantasmes. « En 1974, nous avions gagné la présidentielle ! Mitterrand était devant Giscard et ce sont les fraudes d'outre-mer qui ont fait basculer l'élection. Non seulement nous avons gagné, mais avec des moyens incroyablement limités. Au lendemain de cette défaite, ou plutôt de cette victoire volée, Mitterrand nous a dit : « L'avenir nous appartient[13] », relate Pierre Joxe.

La victoire à venir ne pourra se produire sans labourer électoralement en profondeur ces résidus de l'Empire colonial saupoudrés sur tous les océans. Pour autant, ces petites terres de France constituent d'autres mondes que les siens. Empreints d'étrangeté, ces lieux peu communs exhalent un parfum d'ailleurs. Au point de ramener les limites de la France à celles de la métropole : « Demain après-midi je pars pour la Guyane dont je reviens dimanche pour la France, avec escale à Pointe-à-Pitre[14] », annonce-t-il en octobre 1974.

« Le Gosier. Nom de la commune où je suis près de Pointe-à-Pitre dans une belle auberge qui donne sur la mer, côté mer des Caraïbes, parmi les flamboyants et les ibiscus », écrit-il le 23 octobre 1974. Manquant de familiarité avec la flore exotique, il corrige cette faute d'orthographe, dès le lendemain, à Fort-de-France, avec la mer et le ciel pour horizon : « Je n'ai pas beaucoup, pas assez le temps d'admirer la beauté de la nature, qui est splendide. J'ai par exemple, sous les yeux, pendant que je t'écris de l'hôtel, la mer Caraïbes, au loin de grands bateaux, près du rivage des voiles blanches, sur la moitié de l'horizon l'autre pointe du golfe (Trois-Ilets), montagneuse, parfaitement découpée sur le ciel. Il y a des fleurs partout, hibiscus (avec ou sans h ?) et bougainvilliers dominent une incroyable profusion d'arbres colorés[15]. » À Tahiti, il s'émerveille également, en avril 1975, à Huahiné dont il envoie cette carte postale : « Soleil, îles sous le vent et l'immense Pacifique[16]. »

13. « La France envahie par la nostalgie Mitterrand », *Le Journal du dimanche*, 9 janvier 2011.

14. François Mitterrand, *Lettres à Anne*, *op.cit.*, p. 1067

15. *Ibid.*

16. François Mitterrand, *Lettres à Anne*, *op.cit.*, p. 1091

Un chef de l'État en Outre-mer

Une fois élu, c'est un président de la République qui ne rend que des visites très espacées à ces territoires ultramarins ; des fréquences jugées trop rares ou trop électoralistes par les locaux. C'est toutefois en « ami et frère socialiste » qu'il est accueilli à Fort-de-France par Aimé Césaire, au mois de décembre 1985. Les deux hommes se connaissant depuis l'après-guerre où ils siégeaient sur les mêmes bancs à l'Assemblée nationale. La visite à Césaire, père de la négritude, ce courant littéraire et politique créé durant l'entre-deux-guerres avec d'autres écrivains francophones comme Léopold Sédar Senghor, est un rituel incontournable, même si le grand homme martiniquais avait refusé d'être nommé ministre des Droits de l'Homme par François Mitterrand. Le chef de l'État effectue une visite officielle de trois jours en Martinique et en Guadeloupe, île où il n'hésite pas à visiter un bidonville de Pointe-à-Pitre, malgré les avis défavorables de son entourage et l'inquiétude du ministre de l'Intérieur Pierre Joxe. Choqué par l'état des logements du quartier de Boissard, il déclenchera par la suite une opération de résorption de l'habitat insalubre. En 1989, le Président réélu est au chevet des victimes du cyclone Hugo en Martinique, en Guadeloupe et à Saint-Martin, à l'Anse Marcel où il accueille George Bush lors d'un sommet, puis à Saint-Martin.

François Mitterrand se rend pour la première fois à la Réunion, en février 1988, en tant que candidat à sa réélection, loin des frimas de l'hiver hexagonal. Il s'agit de la seule des régions d'outre-mer qu'il n'avait pas encore visitée durant son septennat. Il n'y était d'ailleurs venu qu'une fois en 1980, candidat à la pêche aux voix avant le scrutin élyséen. Mais l'île vote Giscard d'Estaing, par peur de l'autonomie. Michel Debré, député, n'est pas présent pour l'accueillir, pas plus que ne l'accompagne Bernard Pons, ministre de cohabitation en charge de l'Outre-mer. Le message « *Tonton tienbo, largue pas* », version créole de « Tonton, tiens bon » s'affiche sur les banderoles de soutien. L'égalité et la justice sont les principales revendications d'une île durement touchée par le chômage.

Hasard du calendrier, le jour même, le candidat UDF Raymond Barre, natif de l'île, se déclare candidat à la présidentielle.

Dans cet océan Indien, Mayotte, située entre Mozambique et Madagascar, constitue un cas épineux. L'île fait partie de l'archipel des Comores, acquise par la France en 1841 et devenue territoire d'outre-mer en 1958. Le référendum sur l'indépendance de 1975 voit le cours de l'histoire de Mayotte basculer. Alors qu'une majorité se prononce pour l'indépendance des Comores, l'île vote contre, devenant une collectivité territoriale française. Malgré sa position stratégique, François Mitterrand n'était pas partisan de son maintien dans le giron français. Prévu par la loi du 22 décembre 1979 pour l'échéance de 1984, le référendum y est reporté, alors que le Premier ministre de la cohabitation, Jacques Chirac, s'y rend en 1986.

« Comment pouvons-nous continuer à lancer des fusées sur fond de bidonvilles ? », interroge le Président, le 11 septembre 1985 en Guyane. Venu à Kourou entouré de plusieurs ministres célébrer le succès de la fusée Ariane, il assiste alors à l'échec de son lancement, le troisième sur quinze effectués.

Depuis la Guyane, François Mitterrand rejoignait Mururoa, le 14 septembre 1985, sans faire étape à Papeete en rentrant à Paris. Pour la première fois, le mythique Concorde se pose en Polynésie. Le Président est venu assister à un essai nucléaire souterrain. Quelques semaines plus tôt, le 10 juillet 1985, le *Rainbow Warrior,* navire amiral de l'organisation écologiste Greenpeace, à quai en Nouvelle-Zélande dans le but d'appareiller pour l'atoll de Mururoa, était coulé par les services secrets français, attentat tuant le photographe Fernando Pereira.

La venue du chef de l'État en Polynésie, du 15 au 18 mai 1990, prend ainsi l'allure d'une visite de rattrapage. C'est la première fois qu'il met les pieds à Papeete depuis son arrivée à l'Élysée, neuf ans plus tôt. L'occasion en est la célébration du centième anniversaire de la fondation de la ville, perle de l'architecture néocoloniale. Mais le chef-lieu polynésien a été durement secoué par la nuit d'émeute du 23 octobre 1987, où incendies et pillages révélaient à la face de la métropole à quel point le paradis tahitien pouvait se révéler un enfer social. Le caractère stratégique de ces territoires est très prégnant quand le chef de l'État visite l'île de Rurutu et se rend à Bora-Bora où il réunit une session du Conseil du Pacifique-Sud.

C'est également pour la première fois de son mandat que le président Mitterrand se rend en Nouvelle-Calédonie, quelques mois plus tôt, le 17 janvier 1985. C'est l'une des terres les plus sensibles de la République. Il ne passe qu'une douzaine d'heures dans cet archipel du Pacifique sud rattaché à la France depuis 1853. Les forts espoirs suscités par l'alternance de 1981 auprès des populations canaques ont tendu la situation avec les Caldoches. Espoirs douchés par le statut Lemoine, du nom du secrétaire d'État chargé de l'Outre-mer ; le Front de libération nationale Kanak et socialiste ayant boycotté les élections territoriales, son entrée en vigueur est impossible. Accompagné du ministre de l'Intérieur, Pierre Joxe, le Président installe un haut-commissaire, Edgard Pisani délégué de la France en Nouvelle-Calédonie, avec pour mission d'y rétablir à la fois l'ordre et le dialogue.

Mais, le plan d'indépendance-association qu'il présente début janvier 1985 est boudé par les Caldoches comme par les indépendantistes. Le radical Eloi Machoro tente de prendre par la force le contrôle de la commune de La Foa. Le jeune Yves Tual est tué le 11 janvier 1985 par des indépendantistes, provoquant à Nouméa des émeutes émanant des milieux européens. Lors de l'opération du GIGN organisée en réponse, Eloi Machoro et son bras droit, Marcel Nonnaro sont tués. Edgard Pisani est contraint de déclarer l'état d'urgence, une première depuis la guerre d'Algérie. Les relations conflictuelles des séparatistes avec la métropole culminent avec la flambée de violence de 1988. En témoigne l'assaut sanglant de la grotte d'Ouvéa, le 5 mai 1988 : 19 Kanaks retenant en otages des gendarmes sont tués, ainsi que deux militaires.

Pourtant, moins de deux mois plus tard, le 26 juin 1988, les accords dits « de Matignon » sont signés entre l'indépendantiste Jean-Marie Tjibaou pour le Front de libération nationale kanak et socialiste (FLNKS), Jacques Lafleur pour le Rassemblement pour la Calédonie dans la République (RPCR) et le Premier ministre Michel Rocard. Un consensus que les Français ratifieront par référendum, le 6 novembre 1988, actant la création de trois provinces (Nord, Sud et Îles Loyauté) ainsi que l'organisation dans les dix ans d'un scrutin d'autodétermination en Nouvelle-Calédonie, signe d'une large autonomie accordée. Mais le ressentiment existe face à cet accord dans les communautés natives. Le 4 mai 1989, Jean-Marie Tjibaou, président du FLNKS, et Yeiwéné Yeiwéné sont tués par balle par Djubelly Wéa, Kanak indépendantiste hostile aux accords, à son tour abattu par le garde du corps de ses deux victimes.

À Nouméa, le centre culturel Tjibaou rappelle le nom du leader kanak, sa conception, prévue par les accords de Matignon, ayant été confiée à l'architecte Renzo Piano. Élancées, ses dix structures rappelant les cases traditionnelles étaient achevées en 1998, deux ans après la mort de François Mitterrand.

SIXIÈME PARTIE

EN DERNIERS LIEUX

18

D'ÉGLISES EN CIMETIÈRES

« Dans sa bergerie de Latche, il y a longtemps, j'avais remarqué une vieille Bible en livre de Poche qui se défaisait de partout. Elle n'était pas loin du lit[1] », écrivait Franz-Olivier Giesbert. Il restera toujours attiré par ces livres fondateurs ayant traversé les siècles, sur des papyrus ou des parchemins, comportant une part de mystère, telle cette Bible dans laquelle il disait avoir appris à lire. C'est autant par amour de la religion que de la langue que cet homme de la transcendance sera un grand lecteur de Pascal. Il restera profondément marqué par cette culture catholique dont il ne s'est au fond jamais dépris. « Prie pour moi », demande-t-il parfois, comme ce jour d'août 1965, à Anne Pingeot, avec qui il vit dans le péché.

Chez Mitterrand, la beauté est l'indispensable auxiliaire de la piété. Pour cet homme, que l'on pourrait penser empreint de paganisme, si Dieu existe, c'est aussi dans ses manifestations naturelles. Ainsi l'écrit-il dans *La Paille et le Grain* : « Les giroflées qui ont pris racine entre deux pierres du mur plaident pour l'existence de Dieu mieux que l'on ne fait à Notre-Dame. » Un rapport au spirituel qu'analyse Marie de Hennezel comme celui d'un dieu cosmique, vivant dans la nature. « Je suis un peu druide[2] », avait confié à la psychologue spécialiste de la fin de vie, l'homme qui croyait « aux forces de l'esprit ».

Agnostique déclaré, le politicien ne cessa d'être tourmenté par Dieu. Un questionnement sur la spiritualité et sur la mort, fin de

1. Christophe Barbier, *Les derniers jours de François Mitterrand*, Grasset, 1998, p. 32.
2. Marie de Hennezel, *Croire aux forces de l'esprit*, Pocket, 2018.

toute chose, aiguisé au quotidien à partir de 1980 par la maladie et son corollaire, la douleur. « Dieu » tel qu'il est surnommé par ses adversaires en raison de ses penchants monarchiques a veillé à toujours rester évasif sur ce sujet, à des fins personnelles autant qu'électorales. « On ne sort de l'ambiguïté qu'à son détriment », une maxime du cardinal de Retz que l'homme avait faite sienne.

Croyant, dans un milieu où cela allait de soi, il a reçu, jeune garçon, une éducation profondément catholique. « Mitterrand a grandi dans une odeur de sacristie et d'encens, suçant la foi au sein maternel, persuadé au même titre que deux et deux font quatre qu'il n'y avait pas de salut hors de l'Église[3] », écrivait Pierre Bergé. L'imagine-t-on pour autant en robe de bure dans l'abbaye cistercienne de Sénanque ou dans celle de Vézelay ? L'homme aime trop les plaisirs de la vie et la compagnie féminine.

Dans le silence des églises

Nourri de culture religieuse depuis sa plus tendre enfance, il en perdure un mysticisme certain, doublé d'un goût esthétique affirmé pour la musique sacrée, les cathédrales gothiques et les églises romanes, telle celle de Vézelay. Alors même qu'il laisse bien des mystères nimber sa pensée dans le domaine religieux, François Mitterrand n'aura de cesse de vouloir découvrir les édifices sacrés, ce qui participe d'une quête culturelle autant que spirituelle.

Ce pouvoir d'attraction émane en premier lieu des églises romanes de sa terre natale, en particulier celle d'Aulnay, qui a pour lui valeur de chef-d'œuvre : « Le roman saintongeais a une qualité assez rare. Ainsi, je tiens Aulnay pour l'un des monuments les plus parfaits du monde. Cela vaut bien, à mon avis, les temples grecs de Sicile. Et il n'y a pas qu'Aulnay, il y a Surgères, Rioux, Rétaud, Talloires, Talmont, on ne saurait les citer toutes[4]... »

3. Pierre Bergé, *Inventaire Mitterrand*, Stock, 2001, 284 p.

4. Déplacement en Charente le 9 octobre 1988 ; inauguration de la restauration de l'abbaye-aux-Dames à Saintes.

Il y a le silence et le temps, comme en suspens, entretenant le mystère, et cette architecture d'élévation. Joyaux médiévaux, pierres de mémoire en lesquels s'enracine la foi, ces cathédrales qui semblent posées sur terre pour l'éternité ont un réel pouvoir d'attraction sur cet homme préoccupé par la fragilité de sa propre existence. Enveloppés dans leurs épais manteaux de pierre, ces édifices sont tendus vers le ciel avec « leurs flèches et leurs clochers qui ne peuvent faillir » selon Charles Péguy, auteur cher à François Mitterrand.

« On ne va jamais assez à la cathédrale de Chartres », répétait-il lors de ses visites en Eure-et-Loir, le ramenant inlassablement à ce monument emblématique ayant rang de passage obligé. Ce fut le cas en 1979 lors de la préparation des journées parlementaire du PS : « Il avait demandé à ce qu'il y ait une visite de la cathédrale se souvenait le maire Georges Lemoine. Je me rappelle que le curé de l'époque avait dit : “Je n'ai jamais vu autant de socialistes dans la cathédrale[5] !” » Une cathédrale dont l'homme politique en vient à connaître les moindres détails, des vitraux aux gisants, en passant par les sculptures du tympan nord, au point que son spécialiste local, Jean Villette, révéla un jour que François Mitterrand « lui avait appris des choses sur le monument[6] ». Une passion qui perdure sa vie durant, comme en témoignent les échappées de l'Élysée, en fin de règne, alors qu'il se rend à Chartres en hélicoptère afin d'y admirer les gisants, commandés par Charles VII.

Embrassant la terre de France de toute sa hauteur de vue, c'est plus encore le cas lorsque la fonction présidentielle lui permet de recourir aux moyens aériens de l'État. Ainsi, cité par Georges-Marc Benamou qu'il emmène dans son périple aérien à la découverte de la Beauce et de Notre-Dame-de-Chartres, à la lumière de Charles Péguy :

> « Mais c'est toujours
> la France, ou petite ou plus grande,
> Le pays des beaux blés

5. *L'Echo républicain* (Chartres), 8 janvier 2016.
6. *Ibid.*

et des encadrements,
Le pays de la grappe
et des ruissellements,
Le pays de genêts,
de bruyère, de lande. »

Un vert pays de « de genêts, de bruyère, de lande », dont le Président retient pourtant le « gris », cette couleur qu'il disait déjà sa préférée dans un questionnaire de Proust, en 1935.

Emboîtant le pas de Péguy, des pèlerins marchent vers le sanctuaire marial de Chartres depuis Paris, parcourant les cent kilomètres en quelques jours, comme ce fut le cas de la jeune Anne Pingeot, en ce début des années 1960 où elle commence à fréquenter l'élu socialiste à Paris.

« Tout commence en mystique et finit en politique », selon la formule fameuse de Péguy. Faut-il conserver l'équation intacte ou en inverser les propriétés pour comprendre l'esprit de François Mitterrand ? Centres politiques et religieux, certaines de ces cathédrales furent plus particulièrement consacrées à l'intronisation des rois. C'est en la cathédrale d'Amiens que prennent place en 1987 les célébrations du millénaire capétien, organisées sous le patronage du président de la République et de son vieil ami, le comte de Paris, prétendant au trône. En 1940, lors d'une permission, c'est entouré de quelques camarades qu'il était parti à sa rencontre, dans le manoir qu'il occupait dans la région de Bruxelles. En souvenir de cette longue proximité, ce dernier le gratifiait du surnom de « dernier des Capétiens ».

Au gré de ses incessants déplacements destinés à prêcher la bonne parole, c'est toujours vers les édifices sacrés que le mènent ses pas. Aussi, l'homme en campagne ménage-t-il toujours le temps de les visiter, en marge de ses déplacements. Des pas de côtés constituant de petits bonheurs sans lesquels l'existence demeurerait fade. Un plaisir prolongé par l'acquisition de représentations et cartes postales, conservées… pieusement ou adressées à tel ou telle… Son *Journal pour Anne* est ainsi inlassablement nourri de collages de photographies d'églises et de leurs détails architecturaux, gargouilles ou vitraux. « On pouvait être en retard d'une heure trente, s'il y avait dans le coin une église envahie par les ronces, il savait qu'elle était là, et il allait la voir. Il aimait ça[7] », narrait son ami landais Henri Emmanuelli. Saisissant est, en effet, le contraste entre la brièveté de certains de ses déplacements et la connaissance approfondie des lieux, dont le nom éveille une étincelle dans sa mémoire. Ainsi de cette visite à Saint-Affrique, en Aveyron, en 1978, où, à la seconde où il aperçoit le nom de Vabres-l'Abbaye sur le panneau d'entrée de la commune voisine, François Mitterrand demande à en visiter l'orgue. « Je ne savais pas qu'il y en avait un dans l'église », raconte le militant qui l'accueille, Alain Fauconnier. « J'étais embêté. J'ai appelé le maire de l'époque, Joseph Amalric. Il est venu nous ouvrir l'église et l'accès à l'orgue. On a eu droit à un cours sur l'histoire de cet instrument. C'était un grand moment, se remémorait l'élu local. Les marches d'accès étaient à moitié pourries et l'orgue était très abîmé à l'époque. Mitterrand nous a expliqué qu'il y en avait trois de ce type en France, dont un à Jarnac, en Charente, sa ville natale[8]. »

Jamais il ne manquait une occasion d'aller visiter une énième fois les lieux religieux qui lui étaient chers. Située entre Angoulême et Cognac et baignée par la Guirlande, l'abbaye de Bassac, fondée au tournant de l'an mille, de la volonté du seigneur de Jarnac, est occupée par les moines bénédictins de Saint-Cybard d'Angoulême, avant d'être rattachée à l'abbaye clunisienne de Saint-Jean d'Angély, entre le XIe et le XIIIe siècle. Ayant eu à souffrir des guerres de Cent Ans et de religions, l'abbaye, aux mains de la congrégation des bénédictins de Saint-Maur dès 1666, sera vendue comme bien national, utilisée comme ferme, avant que les Frères missionnaires de Sainte-Thérèse ne la restaurent. L'intérêt de François Mitterrand, qui l'a souvent fréquentée, lui vaudra d'être inscrite à l'inventaire des Monuments historiques par le ministre de la Culture Jack Lang. Les liens de l'esprit perdureront.

7. « Mitterrand y est toujours chez lui », *Sud Ouest*, 10 mai 2001.
8. *Midi Libre*, Sud-Aveyron, 17 janvier 2011.

Vézelay, le Moyen Âge révélé

« Voilà trente ans que je suis (à ma manière) un pèlerin de Vézelay », écrit-il en 1975. C'est un autre type de pèlerinage, armé celui-ci, qu'appelait en 1146 Saint-Bernard, prêchant la deuxième croisade en ces lieux où l'histoire se lit depuis ces temps jadis à même la pierre. « La colline éternelle », voilà un nom qui ne pouvait que saisir François Mitterrand, celui du relief sur lequel est perché Vézelay, petit village blotti autour de sa basilique Sainte-Marie-Madeleine, au nord de la Bourgogne, dans l'Yonne.

Quand le crépuscule jette ses derniers feux sur ce chef-d'œuvre de l'art roman, se révèle plus encore l'exceptionnelle esthétique du tympan de la basilique, représentant un christ en gloire dont émanent des mains des rayons partant vers les apôtres, entourés de tous les peuples auxquels se destine la Bonne nouvelle. « Une réflexion sur les limites de l'humanité, qui sont poussées très loin. La parole de Dieu s'adresse à tous, au-delà même de ce que l'on peut imaginer[9]… », décrypte le médiéviste Michel Zink.

Depuis 1979, la basilique et la colline de Vézelay sont inscrites sur la liste du patrimoine mondial de l'Unesco. Un lieu au rayonnement universel dont le choix ne doit évidemment rien au hasard, à l'heure d'y accueillir, Helmut Kohl, élevé dans la foi catholique. Ce 14 octobre 1988, la rencontre dans l'Yonne, entre François Mitterrand et le chancelier de la République fédérale allemande, a pour objet la coopération européenne en matière de commerce et de défense. Alors que rien ne présage réellement d'une année 1989 mouvementée, il s'agit de la soixantième rencontre en six ans pour les deux hommes, engagés dans la construction européenne. Un rendez-vous placé sous le signe de « L'Espérance », nom du fameux restaurant de Marc Meneau, à Saint-Père-sous-Vézelay, où François Mitterrand a ses habitudes. Car comme Vézelay, Taizé fait partie de ces lieux chers au Président où culture et mysticisme se mêlent. C'est ainsi qu'il intervient auprès d'Albin Chalandon, garde des Sceaux durant la première cohabitation, pour obtenir l'annulation

9. « Le Moyen Âge retrouvé », *La Croix*, 18 octobre 2018.

de la construction d'une prison qui aurait défiguré le point de vue offert depuis la basilique de Vézelay.

Un chapelet de sanctuaires : Cluny, Cîteaux, Taizé...

Invariablement, le « pèlerinage » sur la roche de Solutré s'achevait le lendemain, en compagnie de quelques proches, dans l'église de Taizé, lieu plus intime où il se recueillait. Taizé, Vézelay, Solutré ou encore Bibracte, ses « collines inspirées » bourguignonnes.

Sur ces terres qui ont vu naître Cluny et Cîteaux, de hauts lieux invitent à l'élévation et à la transcendance. C'est un Bourguignon Raoul Glaber qui aimait à voir, au XIe siècle, le royaume se couvrir « d'un blanc-manteau d'églises ». De l'histoire de France, la Bourgogne est une quintessence, constellée d'abbayes telles celles de Cluny, Cîteaux, Fontenay et Vézelay, de cathédrales parmi lesquelles celle d'Autun, de Clamecy ou de Dijon, de palais ducaux, comme celui de Nevers, ses châteaux, tel celui de Cormatin. Il visite ce dernier lieu à de nombreuses reprises, notamment à l'été 1984 où il assistera à la représentation d'une pièce de théâtre de son beau-frère Roger Gouze.

Parcourant ce grand livre d'histoire qu'est la Bourgogne, au gré des églises romanes dans lesquelles il s'arrête, François Mitterrand aime à gravir les marches menant au clocher de l'église d'Ameugny, chère à Roger Gouze. En 1985, la périlleuse ascension qu'y fait le Président au cours d'une halte impromptue, se voit miraculeusement suivie quelques semaines plus tard du déblocage de crédits nécessaires à la restauration de l'édifice.

Se rendre en ces sites, c'est, au-delà des pierres, venir recueillir le souffle originel qui les anime. Cette expérience spirituelle que procure le contact avec l'architecture sacrée s'opère dans sa chère abbaye romane de Cluny, fondée au Xe siècle, dont l'ordonnancement entend réordonner l'Univers. À une dizaine de kilomètres de là, voici Taizé où se déroule le rituel de Pentecôte auprès du Frère Roger, qui dans sa modeste cellule, lui ouvre les portes d'horizons inconnus...

Le pèlerinage à Taizé

Arpenteur des lieux de foi, François Mitterrand recherche la compagnie des hommes d'Église, tendance qui s'accentue au fur et à mesure que l'âge avance. En Charente, dans les Landes ou dans sa Bourgogne d'adoption, il salue les communautés monastiques, une expérience spirituelle qui lui permet de se confronter au temps long. Cette sensibilité exacerbée se double d'un grand sens politique lui permettant d'exploiter le religieux à des fins électives, à l'heure de rappeler l'héritage spirituel français.

Juchée sur un vert mamelon bourguignon, Taizé est l'une des « collines inspirées » de Bourgogne où il admire la beauté du sacré. C'est en août 1940 que Roger Schutz est arrivé à Taizé, petit village situé près de Cluny. Alors âgé de vingt-cinq ans, celui qui serait bientôt connu sous le nom de « Frère Roger », avait pour projet de fonder une communauté monastique œcuménique destinée à la réconciliation entre les chrétiens.

C'est seul ou accompagné de quelques intimes que François Mitterrand venait, à chaque Pentecôte, accomplir ce discret pèlerinage suivant celui de la roche de Solutré. En homme de rituels, il est fidèle à ses visites rythmant ses années, même une fois élu Président, précisant l'attachement qui le liait à la communauté et à son prieur, Frère Roger, religieux à la parole apaisante et stimulante dont il recherchait la présence. Celui qui croyait en Dieu et celui qui ne demandait qu'à y croire… Le cœur du dialogue entre les deux hommes est bel et bien la croyance, au seuil de laquelle est officiellement toujours resté le socialiste.

Ce ne sont ainsi pas moins de quatorze visites qu'effectue le Président dans le village de Taizé, situé à un jet de pierre de Cluny. En 1981, il y revient comme pour signifier que rien n'a changé, bien que ce soit cette fois accompagné de deux gardes du corps. Mais, le chef de l'État s'est trompé d'heure, arrivant une fois la messe achevée. Occupés à nettoyer le sol, deux bénévoles n'en croient pas leurs yeux en voyant l'arrivée présidentielle. Laissant tomber leurs balais, ils prennent leurs jambes à leur cou, se croyant victime d'une hallucination, comme le relatait, amusé, Frère Roger.

Installé sur un banc de prière, au fond de l'église, comme le commun des mortels, le Président se disait « saisi par la profondeur du silence et par une présence palpable ». On put le retrouver ainsi, photographié assis en toute simplicité au milieu des jeunes fidèles de ces rassemblements œcuméniques, comme habité par l'esprit des lieux. Mais, ayant quitté l'Élysée et éreinté par la maladie, l'année 1995 l'empêchera d'honorer une dernière fois ce rendez-vous. En proie à des interrogations existentielles et spirituelles, le vieil homme, rongé par le cancer, attache toujours plus d'importance à ces visites où il se fait accompagner de collaborateurs, telle Anne Lauvergeon, jeune et dévouée secrétaire générale adjointe du Palais dès 1990. « Quand on me parle de se mettre en présence de Dieu, je pense toujours à Taizé[10] », expliquait le Président à Marie de Hennezel, devenue l'une de ses discrètes confidentes, à côté d'autres plus voyantes…

Les confessions intimes du Président

S'il est une improbable rencontre pour un Président, c'est bien celle avec la voyante Elizabeth Teissier. C'est à l'Élysée que le chef de l'État reçoit l'astrologue qu'il a connue en 1989. De son vrai nom, Germaine Hanselmann, surnommée la « Madame Claude » des astres par un hebdomadaire suisse, fut mannequin et actrice dans une première vie. Dans son ouvrage, *Sous le signe de Mitterrand*, celle-ci révèle avoir pris soin d'enregistrer leurs conversations, de 1990 à 1995. Une voyante convaincue d'avoir pesé sur l'Histoire en train de se faire, comme lors de cet entretien téléphonique de janvier 1991 où le Président l'interroge sur la meilleure fenêtre de tir pour le déclenchement de la guerre du Golfe. « Il va falloir que j'intervienne. Quel est selon vous le meilleur jour ? », lui demande-t-il. Avide de prédiction, celui-ci l'est avant tout du sien, en homme malade préoccupé par la date de sa propre mort, pour qui seul compte le temps qui reste. Mais, on ne se refait pas, François Mitterrand, bien

10. Marie de Hennezel, « Frère Roger et François Mitterrand », *Le Monde*, 19 août 2005.

qu'affaibli, n'en demeure pas moins subjugué par le charme de son interlocutrice, au point que leur soit prêtée une liaison.

Séduit, le Président, aux prises avec ses interrogations métaphysiques, l'est aussi par Marie de Hennezel, psychologue spécialiste de la fin de vie. Poussé par une perpétuelle quête spirituelle, s'interrogeant sans cesse sur la mort, il la reçoit dès la fin de l'année 1984 dans la bibliothèque de l'Élysée, évoquant avec elle l'amour des livres et des arbres, ainsi que le Morvan où celle-ci a des origines.

Bibracte et le mont Beuvray, au défi de l'éternité

« Si l'on veut essayer de retrouver quelque chose des Gaulois, j'entends quelque chose que le paysage porte encore, même après tant de siècles, c'est à Bibracte qu'il faut aller, sur ce mont Beuvray dominant les plateaux du Morvan », tels étaient les mots, en 1974, dans *Chemin faisant*, de l'écrivain voyageur Jacques Lacarrière.

Au sommet du mont Beuvray, où est juchée une chapelle dédiée à Saint-Martin, les points de vue s'étirent à l'infini sur la vallée de l'Arroux, sur Autun et sur les marches du Morvan. Par temps clair, il en est jusqu'au Mont-Blanc de se laisser entrevoir. « Le mont Beuvray, vous le voyez. Ce paysage derrière moi, c'est celui de la Bourgogne, de Saône-et-Loire. De l'autre côté, c'est le Nivernais. Ce Morvan, dont je vous parle, certains d'entre vous savent qu'il ne m'est pas étranger. [...] Depuis près de quarante ans, je parcours tous ces chemins. Ici même, mais avec moins de compagnons qu'aujourd'hui, je suis souvent venu, à mon tour, imaginer, rêver ce que pourraient être Bibracte et le mont Beuvray, rendus à notre histoire. Déjà, on pouvait le percevoir le long des chemins creux, entre les racines des hêtres. À travers deux millénaires, certains de ces parcours sont restés identiques – je veux parler de la nature – car l'œuvre des hommes devait subir des transformations que nous sommes en train d'étudier[11]. »

11. Allocution de M. François Mitterrand, président de la République, à l'occasion de l'inauguration du site archéologique au mont Beuvray, Bibracte, 17 septembre 1985.

Ici, l'histoire teintée de légende veut que Vercingétorix ait fait l'unité des tribus gauloises face à l'invasion romaine. Un mythe qu'utilise François Mitterrand dans une perspective européenne, en 1985, dans le discours de Bibracte : à la façon de Vercingétorix rassemblant les peuples gaulois désunis, il importe de faire naître l'Europe unie…

Couronnant le sommet du mont Beuvray et ses 821 mètres, les arbres vénérables sont le symbole d'une nature ayant repris ses droits, dissimulant le souvenir de l'époque des Eduens. Ceux-ci avaient déboisé le massif qui devenait une sorte de montagne pelée propice à édifier leur capitale, Bibracte. Enfouie dans l'oubli et reléguée par la ville d'Autun, la cité fut redécouverte par le plus grand des hasards par un négociant en vins, en 1867.

À cette époque, le site suscitait l'intérêt de Napoléon III. L'Empereur fut à l'origine des fouilles qui s'y déroulèrent, à la recherche des mythiques origines gauloises des Français et de traces de Vercingétorix. Ce dernier se trouvait érigé en premier héros national, résistant à l'envahisseur. Une statue monumentale du chef arverne, scrutant l'horizon à la recherche de renforts, était alors édifiée au sommet de l'oppidum. Le sculpteur Aimé Millet, ignorant tout de son visage, lui avait donné les traits de Napoléon III, ajoutant une moustache plus « gauloise » que celle de l'Empereur. « La Gaule unie, formant une seule nation, animée d'un même esprit, peut défier l'univers », y est-il inscrit en 1865, cinq ans avant l'écrasante défaite subie face aux Prussiens.

Interrompues en 1914, les fouilles n'ont repris qu'en 1984 sous l'impulsion de François Mitterrand, dans le cadre des Grands travaux de l'État. Bibracte sera même classé « site national » en 1985, et monument historique en 1988. C'est encore au Président que l'on doit le musée de Bibracte, centre archéologique européen et musée de la civilisation celtique dont il décide de la construction à la fin de l'année 1990 et qu'il viendra inaugurer, le 4 avril 1995.

Quelques années plus tôt, en 1987, c'est à des lieues des clichés relatifs à « nos ancêtres les Gaulois » que le chef de l'État, lors d'un discours prononcé à la Sorbonne, jouait sur le registre des origines évolutives des Français : « Nos ancêtres les Gaulois, un peu Romains, un peu Germains, un peu Juifs, un peu Italiens, un peu

Espagnols, de plus en plus Portugais peut-être qui sait ? Polonais ? Et je me demande si déjà nous ne sommes pas un peu Arabes ? Je reconnais que voici une phrase imprudente. C'est celle-là qui sera épinglée… », énonçait-il alors que le Front national connaissait une progression dont on accusait la main présidentielle de n'y être pas étrangère.

Une « montagne sacrée », tel est cet endroit mythique et mystique où l'homme, parvenu à l'hiver de son existence, voudrait situer sa dernière demeure, pensant y déceler un lieu à sa démesure, dédié au repos éternel. « Mitterrand aurait choisi sa sépulture dans le Parc naturel du Morvan », titre avec fracas *Libération* le 17 août 1995, emboîtant le pas à *L'Événement du Jeudi*. Dans la torpeur estivale, la nouvelle a la valeur d'un coup de tonnerre. Le Président, vieillissant, aurait, en effet, souhaité installer son tombeau dans son cher Morvan et plus précisément dans son ancienne circonscription électorale, dans une concession de 10 mètres sur 10 située au cœur du site protégé du sommet. L'emplacement nécessaire serait concédé par le Parc naturel régional du Morvan qui a acquis en 1979 la cime du mont afin de la mettre en valeur, son président, René-Pierre Signé, démentant les faits sans grande conviction.

Et si l'idée de François Mitterrand venait de plus loin ? Et si le Président, qui fit classer l'ancienne Bibracte « site national » et acquérir par l'État l'ensemble du massif, avait voulu associer son destin au mythe de Vercingétorix ? La chronologie ne permet pas d'affirmer le contraire. À bien y regarder, le dessein correspond au personnage. « Valéry Giscard d'Estaing réservant sa tombe au sommet du Puy-de-Dôme, ou Balladur au sommet du mont Blanc, cela ferait rire. Mitterrand au mont Beuvray ne prête localement pas à rire : et peut-être cela raconte-t-il aussi le personnage. Le lieu, également, et ce que l'un dit de l'autre[12] », peut alors écrire François Camé dans *Libération*.

12. François Camé, « Mitterrand aurait choisi sa sépulture dans le parc naturel du Morvan », *Libération*, 17 août 1995.

Mémoires d'entre-tombes

C'est peu dire que François Mitterrand était un homme fasciné par les cimetières. Et ce n'est pas Robert Badinter, qui le démentirait : « C'est la vérité. Pourquoi, je ne sais pas. Le culte des cimetières, des lieux funéraires, des tombeaux, de la statuaire était chez lui poussé à l'extrême. Je ne compte plus le nombre de cimetières que nous avons visité, je n'ose pas dire, à mon corps défendant… Quand on faisait des voyages littéraires, on en profitait pour voir au passage telle ou telle basilique, église, chapelle, il disait : "Il y a ce petit cimetière, là, en Bourgogne…" Je disais, écoutez, Président, c'est assez. Il insistait : "Ah non, venez voir, là, il y a un gisant." Il avait une obsession des pierres tombales[13]. » Comme il le fit avec l'ancien garde des Sceaux, Mitterrand entraîna tous ses collaborateurs sur les allées gravillonneuses bordées de monuments en marbres des cimetières de France. Pour un homme qui vit avec ses morts, si attentif aux traces du séjour sur cette terre de ses aïeux et amis, ce lien se traduit par la matérialité des tombes. « Il mène toujours, en silence, quelque deuil obscur et secret. Il aime se recueillir, les yeux fermés, dans la position du prieur, devant les tombes. Celles de Georges Dayan à Montparnasse, de Maurice Clavel à Vézelay ou de Vincent Van Gogh à Auvers-sur-Oise[14] », relatait Franz-Olivier Giesbert.

« Désormais, il sait », a-t-il coutume de dire à chaque fois que la mort saisit l'un de ses proches. Ce sont les mots d'un agnostique ayant toujours été fasciné par la question de l'au-delà. « Les vivants ne peuvent rien apprendre aux morts ; les morts, au contraire, instruisent les vivants », écrivait Chateaubriand. Fidèle en amitié, l'homme veille sur « ses morts », ceux de ses êtres de chair et de sang l'ayant quitté et dont il vient quérir l'esprit. Autant que possible, il les a accompagnés à chaque fois jusqu'au bout. Lui-même n'a pas été épargné par la mort dans sa vie personnelle, ayant dû surmonter

13. Jean-Michel Djian, « François Mitterrand à bout portant », Les films d'ici, 2011.

14. Franz-Olivier Giesbert, *Le Président*, *op.cit.*, p. 20.

avec Danielle la perte de leur premier fils, emporté par le choléra, trois mois après sa naissance.

Ses interrogations sur le passage de la vie à la mort ne cesseront de prendre de l'importance, rien d'étonnant à ce qu'il se pose autant de questions sur l'emplacement de sa propre sépulture, hésitant quelques années avant sa mort, entre sa Charente natale et son cher Morvan…

19

RETOURS EN LIEUX CHERS

« Combien j'ai douce souvenance
Du joli lieu de ma naissance !
Ma sœur, qu'ils étaient beaux les jours – De France ! »

Ces vers de Chateaubriand, François Mitterrand pouvait assurément les faire siens, tant était forte l'empreinte laissée par la région de sa jeunesse sur un homme sans cesse à la recherche de son passé. Curieux de toute aventure, ouvert à la France et au vaste monde, au gré des vents de son odyssée personnelle, il n'en garde pas moins son Ithaque pour horizon, celui de la terre natale. Car Mitterrand n'a jamais eu peur d'être rangé parmi les « imbéciles heureux qui sont nés quelque part », comme le chantait en 1972 Georges Brassens, si fier de sa ville natale de Sète qu'il s'y fera inhumer.

Lignes de vie

« L'Aquitaine, les Landes, c'est ma ligne, mon itinéraire. La Charente, c'est une étape où je reviens toujours[1] », déclare François Mitterrand devenu président de la République. « Je n'ai jamais vraiment quitté Jarnac », aimait-il à dire… « Monté » dans la capitale, celui-ci arguait alors d'une fratrie nombreuse le poussant à prendre le chemin de l'exil, explication ne tenant pas compte de l'ambition personnelle dont débordait le jeune homme qu'il était

1. Entretien avec Marguerite Duras, *L'Autre Journal*, 12 mars 1986.

alors. Mais il n'a cessé de retourner vers sa terre natale, celle des lieux et êtres chers. « Je reviens en Saintonge, cinq, six, sept fois par an », affirme-t-il en 1988. « J'y suis sensible aussi à la présence de la mer, que pourtant l'on ne voit pas. Je suis un terrien, mais en Saintonge la mer se reflète dans le ciel. Un ciel mouillé, toujours. C'est cela, je pense qui fait la beauté particulière de la lumière d'ici : l'eau y est en suspension. Et puis j'aime ses couleurs. En somme, je suis accordé à cette terre, c'est tout[2]. » La Saintonge, c'est aussi sa famille, notamment le plus jeune de ses frères, Philippe, qui est également celui pour lequel il a le plus d'affection. Ce dernier était resté vivre sur sa terre de naissance, habitant une belle bâtisse d'une propriété viticole arrosée par la Charente, à Saint-Simon, minuscule commune dont il fut maire jusqu'à son décès en 1988, avant que son épouse, Jacqueline, ne lui succède.

L'attachement de François Mitterrand à son pays natal a grandi avec les années le séparant de cette époque enchantée : « On reste ou on revient toujours au pays de son enfance. Je reviens en Charente de plus en plus souvent. Je suis d'ailleurs en train d'explorer tout le cours de la Seudre. À pied parfois. À la recherche des petits ports, des canaux perdus dans les herbes. Je remonte aussi la Charente. J'aime ce pays. J'ai comme un regret de ne pas m'y être fixé[3] », confie-t-il dans ses dernières années élyséennes. Le socialiste se borne à reconnaître avoir longtemps songé à habiter l'île de Ré, souffrant trop des chaleurs estivales à Jarnac.

D'Aubeterre à Touvent, la boucle de la fidélité

« Alba terra », la terre blanche, telle est l'origine du nom d'Aubeterre, superbe village dominant la vallée de la Dronne. Une place forte du Périgord médiéval, protégée par une falaise et de puissants remparts. Ayant compté trois couvents et deux églises, Aubeterre fut aussi un haut lieu spirituel, découvert aux primes

2. Interview de François Mitterrand, président de la République, *Sud-Ouest*, 9 octobre 1988.

3. Déplacement du président de la République en Charente, 9 octobre 1988.

heures de l'enfance, qui ne pouvait que devenir un incontournable de ses pèlerinages.

Troublante, en effet, que cette église Saint-Jean, creusée au XIIe siècle à même la roche dans une haute falaise de craie blanche. Elle fut ainsi excavée jusqu'à atteindre vingt-sept mètres de long – dont une nef de vingt mètres – et seize de large. Associant puissance céleste par son élévation et forces telluriques par la roche dans laquelle elle a été creusée à l'image du tombeau du Christ, l'église abrite une nécropole, où rites liturgiques et funéraires sont étroitement associés. Un sanctuaire entouré de mystères, qui aurait été bâti pour y abriter de précieuses reliques. Celles-ci auraient été rapportées de Terre sainte à l'issue de la première croisade, par le vicomte Pierre de Castillon, chevalier et seigneur du château dominant l'église dont il a ordonné la construction.

À l'image du chemin processionnel effectué par le croyant pour son salut, François Mitterrand, fasciné, aimait à venir et revenir se recueillir dans la quiétude de ses profondeurs. À l'été 1995, parti de Latche pour les Charentes, il retournait la contempler une dernière fois, plus empreint de mysticisme que jamais.

Une région chère aux souvenirs du Président qu'il aime à faire découvrir à ses plus proches, comme en mai 1986, où il se fait ainsi accompagner d'Élisabeth et Robert Badinter pour revenir sur les lieux de son enfance. Touvent, Aubeterre, les églises romanes de Saint-Privat et de Saint-Aulaye sont au programme. C'est sensiblement le même qui est réservé à Michel Charasse en 1992, en compagnie duquel il séjourne à Petit-Bersac, au château du Mas de Montet. « Pour son premier repas, je me suis inspirée des goûts d'Henri IV : je lui ai fait une poule au pot », se souvenait la propriétaire, Émilienne Roland, évoquant « un grand monsieur, très simple », revenu à plusieurs reprises dans son établissement. Lors de sa dernière visite, en septembre 1995, le docteur Taraud est présent à ses côtés. Un séjour durant lequel il ne manquait pas de rendre visite à Échourgnac, à l'abbaye cistercienne Notre-Dame de Bonne Espérance. Quelle ne fut pas la surprise des religieuses occupées par l'office, qui, dit-on, manquèrent d'en perdre leur latin…

Un latin que lui enseignait le curé Marcelin, à Nabinaud, dans les années 1920 dont date sa camaraderie avec Rémy Robin, alors que le jeune Charentais venait chez ses grands-parents, à Touvent. Plus d'un demi-siècle plus tard, Saint-Aulaye, Saint-Privat-des-Prés faisaient partie du pèlerinage de l'amoureux de la Dronne, souvent accompagné de cet ami d'enfance.

Car ses pas le ramenaient immanquablement à l'ancienne bastide de Saint-Aulaye où s'étalent les vignes à Cognac. Entre Périgord et Charente, là où la rivière Dronne se fait trait d'union, François Mitterrand a conservé des attaches restées vivaces. Dès 1959, Rémy Robin y a été élu conseiller municipal, devenant premier magistrat de la commune de 1971 à 1989. C'est dans un appartement au-dessus de la boucherie-charcuterie de ce dernier qu'il arrivait au leader socialiste de loger lors de ses visites, parfois inopinées, qui suscitaient l'étonnement des autochtones. Chef de l'opposition ou Président, il y viendra à plusieurs reprises, en 1978 pour soutenir son ami maire, candidat aux élections cantonales, en 1980 pour une fête de la Rose, ou encore, pour la dernière fois, en 1995. Dix ans plus tôt, accompagné de sa sœur Colette et de Roland Dumas, il était venu saluer ses amis socialistes de la commune. Mais avant que l'hélicoptère présidentiel ne regagne Paris, il avait tenu à passer par l'église d'Aubeterre pour revoir le domaine qu'occupaient jadis ses grands-parents maternels, à Nabinaud, village dont il conservait en évidence une photographie de l'église dans son bureau de l'Élysée.

« Touvent », c'est la direction indiquée par un panneau conservé par le chef de l'État dans son autre bureau, celui de la rue de Bièvre. « On ne conserve éternellement que ce que l'on a perdu », écrivait à raison Léon-Paul Fargue dans *Le Piéton de Paris.* François Mitterrand, tentera de racheter, sans succès, cette maison vendue en 1929, où il ne cessera de revenir et vers lequel chemineront également ses souvenirs.

La quête d'un lieu pour l'éternité

« La naissance et la mort sont les deux ailes du temps. [...] Je suis et reste de ma province. Mon écriture s'en ressent comme on a un accent », consignait-il en 1978 dans *L'Abeille et l'Architecte.* Le passage de vie à trépas s'invite au rang des questions d'actualité, alors que, dès la fin de l'année 1981, le diagnostic d'un cancer est posé. N'étant plus question d'une sépulture au mont Beuvray, c'est vers les terres familiales que le regard se tourne.

À jamais touché par l'isolement et la beauté brute du hameau de ses ancêtres, le « domaine enchanté » de Touvent, le chef de l'État avait envisagé de se faire inhumer non loin d'Aubeterre-sur-Dronne, dans le village de Nabinaud. Mais il aurait changé d'avis au milieu des années 1980, en raison, peut-être, de la présence d'une pierre tombale gênante, car gravée des noms des assassins d'une villageoise de Nabinaud.

Ce hameau n'est situé qu'à 70 km de Jarnac. Pourrait-il finir ses jours là où ils ont commencé ? Les spéculations vont bon train, mais rien n'est moins sûr. Sa vie s'est construite ailleurs. Si attaché à sa terre natale, le Président a longtemps laissé planer le doute sur son choix d'y reposer pour l'éternité. « Je ne veux pas être enterré là-dedans », avait-il même déclaré en 1995 à propos du caveau familial du cimetière des Grands-Maisons de Jarnac qu'il n'aimait guère. Il y fera pourtant cette année-là le choix d'y être inhumé, à quelques centaines de mètres de la maison où il vécut ses premières années. Demeure où il revint une dernière fois en octobre 1995, trois mois seulement avant sa mort.

Jarnac, une fidélité au passé, un musée en présent

Ce pays de l'enfance, c'est avant tout cette demeure familiale où se sont inscrites les traces indélébiles de sa prime jeunesse et où il viendra toujours se ressourcer. L'une de ses sœurs, Colette Landry, ayant gardé la maison, le Président continuera d'y venir. Lors de ses séjours, il y occupait « la chambre aux oiseaux », celle de son enfance, puis celle de Colette, de dimension réduite, dotée d'une salle de bains et présentant l'avantage, pour le service de sécurité, de donner sur la cour tout en n'ayant pas de vis-à-vis direct.

Dans la salle à manger, à l'emplacement où est décédée sa mère Yvonne, un crucifix de nacre qui lui appartenait est incrusté dans les boiseries. À chaque retour, le rituel est le même : François Mitterrand va caresser cette croix, témoignant de son éternel amour filial. Au décès de Joseph en 1946, c'est à lui qu'échoit la place centrale à table, dos à la cheminée, face au miroir.

Parquet qui craque, armoire ancienne, lit à barreaux en cuivre, une demeure restée dans son authenticité familiale que bien des années plus tard, le Président aime à faire découvrir à ses plus proches : Michel Charasse, Pierre Joxe ou encore Hubert Védrine, tous se sont vus décerner le privilège suprême d'un déjeuner dans la salle à manger, pièce peu éclairée où François Mitterrand s'asseyait à la place de son père. Grand repas et petit repas du roi…

« Jarnac, c'est une petite ville de maisons blanches sur le bord de la Charente. Je revois le quai de l'Orangerie, juste au débouché de chez moi, avec ses façades bien dessinées, les tilleuls que je respirais, l'été, avec passion. Et puis, il y a la Charente… », des mots écrits de sa main même, placardés dans le musée-Donation François Mitterrand.

À l'image des musées du Septennat, au nombre de deux, le chef de l'État ne semble pas vouloir choisir entre ses deux terres, celle de naissance et celle d'élection, créant un musée à Jarnac à l'égal de celui de Château-Chinon. Le 6 mars 1995, c'est en compagnie de Maurice Voiron, maire de la commune, qu'il inaugure le lieu portant son nom, évoquant ce jour-là devant l'assistance « un retour aux sources ». Il faut dire que c'est près de sa chère Charente que l'enfant du pays a décidé de son emplacement. Aménagé dans un ancien chai de Cognac ayant appartenu à la maison Bisquit Dubouché, voilà là une belle revanche pour le fils de vinaigrier.

Si la salle des architectures capitales permet de découvrir les maquettes des grands travaux réalisés durant deux septennats, comme celle de la Bibliothèque nationale de France, le cœur du musée est constitué par la salle des donations où sont exposés les cadeaux des chefs d'État du monde entier : tableaux, sculptures, poignards en métaux précieux et autres vases chinois dont il a lui-même veillé à l'agencement. Un objet se détache plus particulièrement : l'un des globes personnalisés que le Président offrait à ses hôtes où figurait le nom de Jarnac, aux côtés de ceux de Château-Chinon, Latche et Solutré.

Les globes du Président, ou les mondes de François Mitterrand

Comment mieux suggérer que l'on a inscrit sur la carte du monde des lieux qui vous sont chers ? Outil des navigateurs et témoin des découvertes des explorateurs, le globe a toujours témoigné des évolutions des représentations du monde. Emblème des hommes de savoir, il est l'attribut des hommes de pouvoir, présent dans la main des empereurs romains et surmonté d'une croix au temps de Charlemagne. À l'époque moderne, les princes s'entourent de pièces uniques. Coronelli dédie ainsi à Louis XIV des sphères géantes, reflets de son pouvoir. Ces globes, aux mensurations singulières de quatre mètres de diamètre et pesant deux tonnes, sont offerts au Roi-Soleil par le cardinal d'Estrées. Représentant le ciel et la terre, leur réalisation a été assurée en 1683 par le cosmographe vénitien Vincenzo Coronelli.

C'est à cette tradition que puiseront les reproductions commandées en 1986 par le Président à son ami architecte Fernand Pouillon, désireux de se doter de sa propre boule-monde, vectrice d'une image de puissance. Destinés à être offerts en présents aux chefs d'État, ces globes aux dimensions réduites mentionnent les lieux chers au Président, de Jarnac à Latche. Une persistante rumeur insinue que la Première ministre anglaise Margaret Thatcher précipita « son » globe dans les escaliers du 10 Downing Street quand elle se rendit compte que les Malouines avaient été attribuées à l'Argentine…

Ami quelque peu sulfureux, Fernand Pouillon a connu des démêlés avec la justice. Il fut un temps incarcéré et dut s'exiler en Algérie pour continuer à travailler dans le milieu de l'architecture. Il se voit en quelque sorte réhabilité quand, en 1985, François Mitterrand l'élève au rang d'officier de la Légion d'honneur. L'année suivante, il lui confie la réalisation de ces globes. Chargé d'indiquer les lieux chers au Président, tels Solutré et Château-Chinon, Pouillon ne manqua pas l'occasion de mentionner sur ses créations Belcastel, le nom de ce village de l'Aveyron où il s'éteint en 1986 et dont il s'était attaché à faire revivre les ruines du château qu'il avait acquis en 1974.

20

QUAND VIENT LE TEMPS DES ADIEUX

Englué dans une impression de décrépitude, le second septennat s'enlise jour après jour sous le fardeau des affaires. Une faillite morale qui semble toucher jusqu'au Premier ministre, Pierre Bérégovoy, avec le dossier du prêt accordé par Roger-Patrice Pelat qui mit à mal sa légendaire intégrité. Les élections législatives des 21 et 28 mars 1993 se soldent par une écrasante défaite des socialistes. Cette déroute historique révèle l'usure du pouvoir autant que celle du Président lui-même. Mais au lendemain d'une éprouvante soirée électorale aux allures de veillée funèbre, Bérégovoy doit quitter Matignon. « On n'est jamais seul que devant la mort », confie le chef de l'État aux participants de l'ultime Conseil des ministres du gouvernement. Chargée de l'Environnement, Ségolène Royal, très émue, laisse échapper un sanglot, alors qu'elle échange avec lui une longue poignée de mains.

En ce jour si symbolique du 1er mai de l'année 1993, Pierre Bérégovoy est retrouvé mort au bord du canal de la Jonction, le long d'un chemin de halage, près de Nevers, ville dont il était maire. L'ex-ouvrier devenu Premier ministre était profondément affecté par la défaite subie aux législatives par le PS dont il avait mené la campagne, voyant son groupe parlementaire historiquement réduit de 276 à 57 membres.

C'est autour de Nevers, dans la Nièvre, que Pierre Bérégovoy s'était taillé un fief, signe d'une proximité politique et géographique avec François Mitterrand. C'est dans cette même ville que, le 4 mai, le président de la République rend un vibrant hommage à son ancien Premier ministre, un « homme dont chacun savait ou percevait la qualité de désintéressement, de dévouement au bien public. » La voix tremblante, François Mitterrand, accusé d'avoir lâché son ami politique, fustige le fait qu'ait été « livré aux chiens l'honneur d'un homme, et finalement sa vie, au prix d'un double manquement de ses accusateurs aux lois fondamentales de notre République, celles qui protègent la dignité et la liberté de chacun d'entre nous[1]. »

Atmosphère de fin de règne à l'Élysée

Aucun geste, aucun mot n'est innocent de la part de celui qui laisse filmer son bureau en 1993, par le réalisateur Hugues Le Paige. Dans un désordre savamment organisé, s'y côtoient rapport sur les priorités budgétaires, courriers de chefs d'État ainsi qu'objets personnels et photographies de jeunesse. Un plan de sa chère vallée de la Dronne, dans le Périgord, voisine avec une carte de la Yougoslavie. Sur le même thème, l'ouvrage, *Atlas des peuples d'Europe centrale* est accompagné du vieux livre d'Hippolyte Taine, *Voyage en Italie, Florence et Venise.* Florentin, le Président a laissé en évidence des coupures de presse aux titres limpides, *L'homme qui courait derrière l'histoire* et *Solitudes du prince*...

La solitude élyséenne est plus pesante encore durant la cohabitation, alors que l'atmosphère est lestée par les scandales. Affaibli politiquement par la présence d'Édouard Balladur à Matignon, isolé par les affaires, François Mitterrand connaît une sorte de « Sainte-Hélène symbolique » selon Georges-Marc Benamou. Pour autant, il porte une certaine estime à Balladur, qui n'est pas un concurrent comme a pu l'être Jacques Chirac, alors même que le Président ne se représente pas. Et si dans cette « cohabitation de velours », les lieux communs avaient aussi leur importance ? Édouard Balladur est, en effet, un homme du « 104 », lui aussi passé chez les maristes de la rue de Vaugirard.

Mais le Premier ministre n'échappe pas au « syndrome de Matignon », qui fait de son hôte un prétendant au trône élyséen...

1. Allocution de François Mitterrand, président de la République, Nevers, 4 mai 1993.

Ce dernier racontera en 2009, dans *Le pouvoir ne se partage pas*, ses conversations avec François Mitterrand. Souvent dans la séduction et la manipulation, parfois rugueux, le Président sait aussi provoquer, ce qu'il fait ce 19 octobre 1994 : « Comme nous nous apprêtons à descendre au Conseil, il me confie : "Voyez, j'ai une croûte au-dessus de l'œil, c'est parce que je suis tombé et que j'ai rencontré un meuble. Hier, j'ai déjeuné en Bretagne près de Brest avec des parlementaires et des amis. L'un d'entre eux m'a demandé ce qui m'était arrivé, et pourquoi cette marque sur mon front. Je lui ai répondu : Parce que je suis allé me promener à Pigalle et que je me suis bagarré avec un black. Savez-vous ce qu'il a fait ? Après le déjeuner, il est allé trouver l'un de mes collaborateurs pour lui dire : Le Président a tort d'aller à Pigalle, compte tenu de son état de santé. En somme, il m'a cru. On croit rêver !" Il éclate de rire tandis que nous sortons de son bureau. Jamais auparavant il ne se serait comporté ainsi, c'est contraire à tout ce qu'il est, à l'image qu'il a toujours donnée[2] », relate un Balladur attribuant cette modification comportementale aux traitements médicaux.

L'épreuve de la maladie

« Nous allons entamer un nouveau parcours ensemble. C'est une bien vaste entreprise, à laquelle je me suis engagé avec vous. Mais j'y consacrerai le meilleur de mes forces, il m'en reste assez », déclare lors de la campagne 1988, à la tribune, visage souriant, le candidat à sa succession qui se sait durement atteint par la maladie.

S'étant convaincu qu'il ne mourrait pas tant qu'il serait au pouvoir, l'homme que l'on a connu en majesté est devenu un malade au visage jauni et fripé, comme portant un masque mortuaire. Mais, coûte que coûte, le Président veut achever son mandat, afin d'être le seul à avoir gouverné quatorze ans, soit trois ans de plus que de Gaulle. Craignant la mort et rêvant d'éternité, il ne songe plus qu'à sa postérité. François Mitterrand prépare sa sortie, chacun de ses gestes ayant vocation à sculpter sa statue

2. Extrait cité par *Le Figaro*, 1er septembre 2009.

du commandeur pour l'histoire, à rebours du court terme de la politique.

Dans une atmosphère crépusculaire, le Président, usé par le pouvoir, est chaque jour plus affaibli par la terrible épreuve physique que constitue le cancer. « Il est arrivé deux à trois fois qu'en Conseil des ministres, il se lève de sa chaise et parte, nous laissant tout seuls, les ministres, durant une demi-heure[3] », expliquera Édith Cresson, revenant sur la période 1991-1992. Un combat contre la maladie et pour la dignité qui change profondément son image et la nature de son lien aux Français, lui conférant une image patriarcale de sage.

Déjà, il n'est plus un malade, mais un condamné. Chaque jour davantage se raréfient les heures de lucidité, au point que le Président doit recevoir ses rares collaborateurs qui y sont admis dans une chambre installée au rez-de-chaussée de l'Élysée. Le fidèle Michel Charasse, qui occupe un bureau mansardé sous les combles et dort dans un appartement du palais, installe parfois un lit de camp pour rester à ses côtés. Un état de santé défaillant que confirmera le contesté docteur Gubler dans son ouvrage *Le grand secret* : « En novembre 1994, j'estimais que le président Mitterrand n'était plus capable d'exercer ses fonctions. Il ne remplissait plus le mandat pour lequel les Français l'avaient élu. À cette époque, son programme quotidien se déroulait dans son lit[4]. »

À la fin de l'été 1994, François Mitterrand s'est attaché les services d'un autre médecin en la personne de Jean-Pierre Tarot. Le 18 juillet, le Président a subi une intervention au service d'urologie de l'hôpital Cochin. En proie à de terribles douleurs, il vit un calvaire à l'Élysée et a demandé au médecin qui avait été au chevet de son ami Jean Riboud, décédé en 1985, de venir au sien. Élancé, les cheveux bruns, les sourcils épais et broussailleux, celui-ci devient rapidement indispensable, secondant à tous les instants le chef de l'État en étant aussi discret que son ombre.

Cette année 1994 a été particulièrement éprouvante. Le 7 avril, François de Grossouvre s'est donné la mort dans son bureau de

3. Documentaire *La Vᵉ République au cœur du pouvoir*.

4. Claude Gubler (avec Michel Gonod), *Le grand secret*, Paris, éditions du Rocher, 2005, p. 71.

l'Élysée. À la rentrée suivante, la sortie du livre *Une jeunesse française*, de Pierre Péan, lève un coin d'ombre sur le passé maréchaliste du locataire de l'Élysée. « Mitterrand et sa fille, le bouleversant récit d'une double vie », titre *Paris Match*, le 10 novembre 1994. Un à un, les mystères de François Mitterrand semblent destinés à être dévoilés avant son départ.

Une tournée d'adieux

Le 31 décembre 1994, il est 20 heures, l'heure des derniers vœux. Ce sont des mots en forme d'adieux qui viennent clore son deuxième septennat : « Je crois aux forces de l'esprit et je ne vous quitterai pas. » Lui, qui sait que sa fin est proche, souhaite même « bonne année et longue vie » aux Français. Empreints de mysticisme, les propos du vieil homme au visage parcheminé ont trait à la mort, à l'après, tel un improbable dialogue destiné à interroger les défunts sur leur silence éternel. Plus que jamais obsédé par sa trace dans l'histoire, l'homme d'État soigne sa sortie et sa postérité, énonçant un testament plus personnel encore que politique. Des paroles qui auront une résonance profonde dans le pays. La période demeurera définitivement comme « l'année des adieux », selon les mots de Laure Adler, pour un François Mitterrand que seuls quatre mois séparent de l'issue de son mandat. Une éternité pourtant pour un homme à ce point rongé par le mal. Le 30 mars 1995, la Bibliothèque nationale de France est inaugurée à l'occasion d'une brève cérémonie. « Au moins, j'aurai laissé des bâtiments », aurait-il lâché alors qu'il remontait dans sa voiture. Chaque apparition semble être la dernière. Le 20 avril 1995, François Mitterrand préside à l'entrée de Marie et Pierre Curie au Panthéon. Le Panthéon, là où tout a commencé.

Le Président accomplit ses dernières visites publiques dans la Nièvre. Le 28 janvier 1995, il participe à un banquet organisé à Château-Chinon pour célébrer le quatorzième anniversaire de sa déclaration de candidature de 1981, en présence de Lionel Jospin. Une fois l'homme du droit d'inventaire désigné candidat du PS à l'élection présidentielle de 1995, c'est à Château-Chinon que le chef de l'État vient voter pour lui. Ce 23 avril, c'est à la mi-journée qu'il entre dans le bureau de vote, prenant une enveloppe et un bulletin, un seul, celui du socialiste, qu'il dépose dans l'urne d'une main tremblante. Vêtue d'un tailleur bleu roi, rayonnante et toujours aussi ancrée à gauche, Danielle Mitterrand laisse planer le mystère en en choisissant deux : ceux de Lionel Jospin et du communiste Robert Hue. C'est ensuite l'heure de partir déjeuner chez Ginette Chevrier, l'ancienne patronne de l'hôtel du Vieux Morvan, et d'accomplir la promenade rituelle dans Château-Chinon, les habitants croisant leur ancien maire pensant alors qu'il s'agit d'un adieu. Qualifié au second tour, Lionel Jospin, sera battu deux semaines plus tard par Jacques Chirac. Ainsi, ce n'est pas un socialiste qui succédera à François Mitterrand, ce qui n'est probablement pas pour lui déplaire.

Le 4 mai 1995 sonne l'heure du dernier Conseil des ministres. Retraçant son itinéraire politique à l'attention des ministres présents, le chef de l'État rappelle que sa première réunion de ce type datait de l'époque du général de Gaulle, en 1945. Depuis ses maroquins d'après-guerre et malgré une longue période d'opposition aux débuts de la Vᵉ République, François Mitterrand a participé durant toute sa carrière à environ 1 300 conseils et en a présidé entre 700 et 800, de 1981 à 1995.

Désireux de ponctuer sa présidence par une dernière journée singulière, il convie l'écrivain Jean d'Ormesson pour son dernier petit-déjeuner de Président à l'Élysée. Par amitié pour l'homme de lettres, mais très certainement aussi pour que ce dernier rende compte de ces moments. À l'issue de ce rendez-vous, c'est son successeur Jacques Chirac qu'il attend sur le perron. Celui-ci raccompagnera à son tour le désormais ancien président jusqu'au bas des marches. Quittant l'Élysée, c'est aussi la vie qu'il délaisse…

21

LA VIE D'APRÈS

Le jour de la passation des pouvoirs, le 17 mai 1995, François Mitterrand est satisfait. Satisfait, comme il le confie alors à Jacques Chirac, d'avoir tenu jusqu'au bout de son mandat, malgré le cancer qui chaque jour l'anéantissait plus encore. Trente-quatre semaines seulement s'écoulent entre son départ de l'Élysée et son décès, en janvier 1996.

L'avenue Frédéric-Le-Play, sa dernière adresse

Au troisième étage, depuis la fenêtre de sa chambre s'ouvrant sur le champ de Mars, François Mitterrand perçoit encore la marche du monde, en cette fin de l'année 1995. Nous sommes au 9 avenue Frédéric-Le-Play, dans le 7e arrondissement de Paris, tout près de l'École militaire. Sur les 240 m^2 de locaux loués par l'État, 90 sont consacrés aux bureaux du Président et de ses collaborateurs, les 150 m^2 restant étant dévolus au logement.

L'appartement dispose de deux accès donnant sur des rues différentes. Comme un souvenir de la vie clandestine du temps de la Résistance, et plus prosaïquement, un moyen permettant à Anne Pingeot, qui y vit, et à Danielle Mitterrand, qui y vient, de ne jamais se croiser. Entouré des siens, il l'est aussi de marques d'amitié ou de respect plus inattendues : chaque samedi matin, Jacques Chirac, selon sa fille Claude, téléphone avenue Frédéric-Le-Play, « inventant chaque semaine un nouveau prétexte pour prendre des nouvelles de François Mitterrand sans paraître indélicat[1] ».

1. Raphaëlle Bacqué, « 1995, François Mitterrand, l'agonie », *Le Monde*, 31 juillet 2018.

Le plus clair du temps, François Mitterrand est alité dans la chambre contigüe à l'entrée. Les rares visiteurs admis sont accueillis par son portrait au crayon, aux imposantes dimensions de 2,50 × 2,50 mètres, commandé au peintre Frédéric Pardo. La salle à manger aux murs blancs s'égaye parfois de la présence de Mazarine. L'étudiante à Normale Sup gare sur l'avenue la twingo verte offerte par le PS, embarrassant cadeau pour un homme vieillissant et habitué à être conduit, qui la lui a rétrocédée. Mais c'est de la froideur qui émane surtout de ces lieux désincarnés. « Un couloir aveugle mène à un salon, à un bureau et à une petite chambre. C'est là qu'il vit ses derniers mois. Aux murs, il y a quelques photos de sa mère, de son père. C'est un de ces campements de hasard qu'on établit sans y penser. [...] Qu'il soit là ou ailleurs, pour lui cela n'a déjà plus d'importance[2] », écrit Jack Lang évoquant cet « appartement glacé ». Durant huit mois, il lit à son bureau ou le plus souvent, sur son lit, auquel il reste cloué, et qui sera son lit de mort.

Chargé de présider les obsèques en l'église de Jarnac, lieu fréquenté par les parents de François Mitterrand qui l'y avaient fait baptiser, l'évêque d'Angoulême Claude Dagens livrait un souvenir sur le lien entre le défunt et la religion : « Il se rendait assez souvent à l'abbaye voisine de Bassac. Il savait que s'y trouvaient les reliques de sainte Thérèse de l'Enfant-Jésus. Ce n'est sans doute pas par hasard qu'en décembre 1995, alors qu'il résidait avenue Frédéric-Le-Play, à Paris, il a demandé, un matin, à venir toucher les reliques de Thérèse qui passaient devant son appartement[3]. »

L'ancien président avait, en effet, été averti que les reliques quittaient l'église Saint-François-Xavier, près des Invalides, pour rejoindre la Normandie. Éreinté par la maladie, il avait demandé une faveur : un court détour du convoi jusqu'au pied de son immeuble de l'avenue Frédéric-Le-Play. Ce qui fut fait, le dimanche 3 décembre 1995, où, par la portière ouverte du véhicule, le vieil

2. Jack Lang, *Dictionnaire amoureux de François Mitterrand,* « Chambre mortuaire (avenue Frédéric-Le-Play) », Paris, Plon, 2015, 464 p.

3. « Une plaque sur l'église de Jarnac pour Mitterrand », *La Charente Libre,* 24 septembre 2013.

homme tend ses mains tremblantes vers la châsse et les pose longuement sur les reliques de la carmélite du XIXe siècle.

Ultimes échappées belles

Tel de Gaulle partant après sa démission au printemps 1969 pour une retraite sur la lande irlandaise, terre de ses grands-parents, c'est l'heure du bilan pour François Mitterrand, qui revient dans les lieux qu'il a aimés. « Un jour de plus est un jour de gagné[4] », déclarait-il à Claude Coulet quelques semaines avant sa mort, tout en prenant un médicament sur le bureau de sa librairie du Pont-Neuf où il entrait pour un ultime achat. Pas plus que celle des livres, il n'avait délaissé ses autres passions.

Une dernière fois, le président tient à visiter ses lieux de prédilection et les êtres chers qui les peuplent. François Mitterrand revient dans le Gard, se rendant à plusieurs reprises auprès de Marie de Hennezel, psychologue spécialiste des soins palliatifs, dont il préfaça en 1995 le livre, *La mort intime.* Près de cette bergerie, il posa les mains sur un menhir, en quête de forces telluriques. C'est là que la visiteuse de l'ancien chef de l'État, rue Frédéric-Le-Play, lui a promis de déposer une petite pierre du souvenir, lors de leur dernière rencontre, le 19 décembre 1995.

« Tout ici m'a séduit : l'air, les couleurs, le ciel. Il y a, ici, quelque chose d'inimitable, une sorte d'équilibre de forces… J'ai parcouru le monde mais ici, que c'est beau, que c'est beau ! », déclarait l'ancien président, venu en septembre 1995 à Belle-Île-en-Mer. Une visite aux airs d'adieux à cet endroit découvert en 1977 en compagnie du socialiste Jean Poperen. Belle-Île-en-Mer, la bien-nommée, fut un coup de cœur. Propice à la contemplation, l'île fut d'abord un lieu de convalescence. En septembre 1992, le Président, qui s'y remet doucement d'une opération de la prostate, dit ne nourrir qu'un regret : « J'ai découvert un peu tardivement Belle-Île, déclare-t-il. Sinon, je

4. « Il n'était pas un client comme les autres », *Le Parisien,* Île-de-France & Oise, 7 janvier 2006.

serais venu plus tôt[5] », reconnaît-il, accompagné de son épouse Danielle ainsi que de son médecin personnel. L'hôtel quatre étoiles Castel Clara qui surplombe la baie de Goulphar accueille les Mitterrand dans les chambres communicantes 107 et 108. Son ministre Georges Kiejman est également présent à ses côtés, lui qui y possède une maison et qui le reçoit lors de ses parenthèses insulaires. À la fin de sa vie, celui que l'on qualifie désormais d'ancien chef de l'État, aime se reposer dans ce havre de paix de Belle-Île. En tenue décontractée, il se promène seul, déambulant sur les quais du Palais, appréciant particulièrement Port-Coton. Il goûte aussi à ses plaisirs de toujours la lecture, mais aussi l'écriture, adressant depuis Belle-Île sa dernière lettre à Anne Pingeot.

Mais un homme comme lui ne peut raisonnablement quitter Paris, pas plus que le goût des responsabilités ne l'abandonne. Au mois d'octobre 1995, François Mitterrand s'envole pour les États-Unis, à Colorado Springs où l'invite George H. W. Bush. Il y retrouve d'autres « vétérans » de la guerre froide, Margaret Thatcher et Mikhaïl Gorbatchev. Un épuisant voyage destiné à parachever sa stature internationale.

Plus que jamais pourtant, la Grèce, l'Italie et plus encore l'Égypte constituent les bornes de son monde, exerçant sur lui une fascination quasi mythologique. Parmi les derniers lieux qu'il souhaite revoir, figure la Sérénissime. « J'ai cédé comme beaucoup de Français à l'amour de l'Italie », déclarait-il dans un discours dédié à la cité de Venise, son « rêve de pierres ». Une « tentation de Venise » à laquelle il céda souvent, promeneur le long des canaux, admirant les détails les plus infimes du patrimoine. Comment aurait-il pu résister à la ville aux 400 ponts, hérissée de palais Renaissance mâtinés d'influences orientales ? « Le président Mitterrand à Venise devenait encore plus Français que lorsqu'il était à Paris. Loin d'être le "Vénitien", il était et restait l'image, le condensé de la France[6] », dira Ida Bardarigo, femme du peintre Zoran Mušič, ses amis vénitiens. À Noël 1994, entouré d'êtres chers et de la plus grande discrétion, le Président revenait encore à Venise,

5. *Le Télégramme*, 8 janvier 2016.

6. « Vacances, la double vie de François Mitterrand », *France soir*, 13 août 2009.

cité à laquelle il ferait ses adieux une fois retiré de l'Élysée, en juin 1995, comme il donnerait un dernier rendez-vous à Assouan, à la fin de la même année.

Mort sur le Nil, un titre d'Agatha Christie dont Mitterrand eut pu donner une version tragiquement personnelle, lui à qui il n'aurait pas déplu de mourir dans la vallée des Rois. Pétri d'histoire, le « pharaon » se rend chaque année en Égypte, fréquentant le même palace, le *Old Cataract*, surplombant le Nil, pour y passer Noël en compagnie de sa deuxième famille et d'amis. Assouan, qu'il qualifie de « plus bel endroit du monde », est le théâtre de son dernier voyage, débuté le 24 décembre 1995. Cinq jours durant lesquels François Mitterrand est accompagné d'Anne Pingeot, de leur fille Mazarine, de son médecin personnel et de quelques proches dont André Rousselet, qui recueillera ses dernières volontés. Là, face à l'île Eléphantine, sur le balcon du palace, l'ancien président relit les pages de deux ouvrages à publier en contemplant l'incessant ballet des felouques sur le Nil, pour le plus grand profit des paparazzis. Ceux-ci connaissent l'habitude prise depuis 1988, exception faite de 1991, année de guerre du Golfe, de séjourner quelques jours d'hiver sous le soleil d'Assouan, soit dans la résidence personnelle du président Moubarak, soit dans le fastueux *Old Cataract*.

Trop affaibli après une ultime promenade en felouque, l'ancien chef de l'État doit garder le lit. Son voyage doit être abrégé. S'envolant pour la France, l'avion, mis à disposition par le président égyptien, fait une halte à Clermont-Ferrand pour y déposer Anne et Mazarine Pingeot, avant de gagner Biarritz, d'où François Mitterrand peut rejoindre Latche.

Le 31 décembre 1995, comme chaque année, il réveillonne à Latche. Lui-même est convaincu que c'est la dernière fois. Assis sur une chaise longue, il est entouré de Danielle, de ses fils, de Christine Gouze-Rénal et Roger Hanin, des amis résistants Ginette et Jean Munier, des couples Lang et Emmanuelli, de Pierre Bergé et bien entendu de l'indispensable docteur Tarot. Point d'ortolans à son menu, contrairement à la légende, alors que le président ne peut absorber presque aucun mets. « Avant de se retirer, il a posé le regard sur chacun d'entre nous. Quand la porte s'est refermée, nous avions compris que c'était le dernier réveillon[7] », témoignera son fils Gilbert.

À Paris, aux dernières heures

François Mitterrand regagne Paris le 2 janvier 1996. « Je sais ce qu'il me reste à faire », déclare-t-il, alors que Jean-Pierre Tarot vient de lui annoncer que le cancer atteignait le cerveau. Le 4 ou le 5 janvier, le vieil homme malade revoit son ami d'enfance Pierre de Bénouville. « Je t'en prie, ne pars pas sans dire pardon », lui glisse celui-ci, l'invitant à recevoir l'extrême-onction, ce qui fut chose faite. Car l'ancien président ne veut plus vivre ; il a décidé de ne plus s'alimenter et de ne plus prendre ses médicaments, en accord avec son médecin personnel, à demeure à son chevet pour l'assister dans son agonie.

C'est au point du jour, ce 8 janvier 1996, que François Mitterrand rend les armes. Peu avant six heures du matin, Anne Pingeot, qui vit sur place, en est avertie. Revenue de Latche, c'est au tour de son épouse Danielle d'être mise au courant par le docteur Tarot, puis sa sœur Christine Gouze-Rénal, son mari Roger Hanin, et enfin André Rousselet, son exécuteur testamentaire, qui joint Jacques Chirac.

Le roi est mort, vive le roi. Dans l'esprit du rite immémorial, le corps sacré du monarque défunt transmigre dans celui de son successeur. Première personnalité à se rendre devant la dépouille mortelle, le président de la République ouvre un incessant ballet de visites. Alors qu'une dépêche AFP officialise le décès de François Mitterrand à 10 h 55, un hommage spontané des Parisiens s'organise sur le trottoir de l'avenue Frédéric-Le-Play.

Parmi les visiteurs, triés sur le volet, admis à pénétrer dans l'appartement du défunt, un mystère demeure sur l'identité de celui qui osa prendre une photographie du corps de l'ancien chef de l'État. Volé mais acheté à prix d'or par *Paris Match*, le cliché

7. Muriel Frat, « Les derniers jours de François Mitterrand », *Le Figaro*, 14 octobre 2007.

fait couler beaucoup d'encre. Le choc de la photo, Roger Thérond, patron de l'hebdomadaire, l'a tant souhaité, qu'il est parvenu à en obtenir l'exclusivité. Interrogé deux jours plus tard, le 18 janvier, dans le cadre d'une enquête judiciaire, l'homme de presse refuse de livrer l'identité de son auteur aux enquêteurs. Alors que le photographe Claude Azoulay se trouve pris sous le feu des accusations, un nom revient bientôt avec insistance, celui du journaliste Patrick Amory. Les paparazzis de l'agence Sphinx, Pascal Rostaing et Bruno Mouron, affirment lui avoir confié un boîtier photographique qu'il avait dissimulé à l'intérieur d'un ample imperméable, avant qu'il ne décide de conserver la pellicule. Un scénario attesté en 2007 dans les colonnes du *Monde* par l'ex-compagne de Patrick Amory. Celui-ci eut l'occasion de se recueillir devant la dépouille de l'ancien président, le jour même, puis le lendemain, alors que proche de Danielle Mitterrand, il participait à la rédaction des mémoires de celle-ci, *En toutes libertés*.

Étendu sur le lit, une main, la gauche, posée sur l'autre, le défunt vêtu de noir repose tel un gisant, de ceux qui l'impressionnaient tant dans les cimetières. Une image qui peut rappeler celle de Victor Hugo sur son lit de mort, prise par Nadar, le 23 mai 1885. À l'angle de la chambre, des cannes témoignent du goût de la promenade qui ne l'a jamais quitté. Un tableau de Venise est placé au-dessus de la tête de lit, et sur chaque table de chevet, des livres reliés.

À 23 heures, la veille de son décès, François Mitterrand a demandé au docteur Tarot de recevoir l'extrême-onction. À l'ami fidèle André Rousselet qui est de ceux qui l'accompagnent jusqu'à son dernier souffle, il a dicté ses dernières volontés. « La veille de sa mort, je suis allé le voir… Comprenant que c'était sans doute la dernière fois, et n'ayant alors aucune indication sur les souhaits que contenait ou non son testament à propos d'inhumation, je lui ai demandé, aussi délicatement qu'il était possible, en quel endroit il souhaitait reposer. C'était Jarnac. Là où il était né. La terre de ses parents[8]. » Un exécuteur testamentaire qui se verra préciser en réponse à sa question qu'« une messe est possible ». De fait, il y

8. André Rousselet, *A mi-parcours*, Paris, Kéro, 2015, p. 703.

en aura deux, l'une, à Notre-Dame de Paris pour les grands de ce monde, l'autre à Jarnac, pour les intimes.

De Notre-Dame de Paris à Jarnac

En ce jeudi 11 janvier 1996, peu avant huit heures, avenue Frédéric-Le-Play, tous les proches du défunt sont réunis pour la mise en bière. Huit élèves officiers des écoles militaires sortent le cercueil recouvert du drapeau tricolore du domicile de l'ex-président. Le passage de celui-ci est salué par l'hommage spontané de curieux et de sympathisants, dont certains tiennent une rose à la main.

C'est un joyau de l'architecture gothique que Notre-Dame de Paris, avec sa façade resplendissante, ses tours et ses trois cents gargouilles dominant l'île de la Cité. Le long de la Seine qui s'étire, domine la haute silhouette de la cathédrale, « ce magnifique et sublime édifice » dépeint par Victor Hugo. Plus que jamais, le kilomètre zéro, sur le parvis de Notre-Dame, est au centre de la France, au centre du monde même. Une cathédrale dont les cloches sonnaient à toute volée, le 25 août 1944, avant que le lendemain, de Gaulle et Leclerc ne s'y rendent après avoir descendu les Champs-Élysées. Charles de Gaulle dont les obsèques nationales y seraient célébrées en 1970, comme celles de son successeur Pompidou, en 1974. Des honneurs qui furent également rendus, en 1955, aux écrivains Paul Claudel, qui s'y était converti, ainsi qu'à François Mauriac, la même année que le Général.

Au pied d'un monument vieux de huit siècles, défilent 61 chefs d'État et l'histoire du monde. À l'écoute de l'homélie du cardinal Lustiger, Helmut Kohl ne peut retenir ses larmes. Dans l'assistance, on compte Boris Eltsine, Yasser Arafat, Shimon Peres ou encore Fidel Castro, voisinant pour l'occasion avec Rainier de Monaco, sans oublier Al Gore, représentant Bill Clinton. Ce sont au total 1 200 personnalités que réunit la messe solennelle, derrière Jacques Chirac et son épouse Bernadette, agenouillée pour se recueillir. Sur le parvis, des milliers de Français n'ayant pu entrer dans la cathédrale suivent la cérémonie.

POSTFACE

État des lieux de mémoire

Sur les quais de la Charente qui s'écoule paisiblement, c'est une fois passés les derniers chais de Cognac que l'on pénètre en ce lieu où sont tracées des allées rectilignes garnies de cailloux crissant sous les pas. Ici, à Jarnac, au cimetière des Grands-Maisons, déambulent, silencieux, quelques vivants – proches endeuillés, touristes et nostalgiques – esseulés parmi la multitude des défunts. Certains viennent se recueillir devant la petite chapelle de pierre blanche qui protège le caveau de la famille Lorrain-Mitterrand. Un univers peuplé de signes religieux, mais aussi de si terrestres repères de classe, les grandes familles s'étant fait construire d'imposantes chapelles et de grands caveaux, quand le menu peuple est pétrifié dans son éternelle humilité, celle de l'humus dans lequel il est « inhumé »...

« Jarnac, austère petite ville sur les bords de la Charente, ce mot, dans la bouche de mon père, chargé de bonheur[1]. [...] Sa description de Jarnac parle des ormes et des abeilles. On y a chaud. Moi, je ne m'y rends que les 8 janvier. Un temps de cimetière, la bruine glaciale à la sortie du train », corrige à sa façon sa fille Mazarine. « Jarnac, je n'en connais que la pluie. Les 8 janvier, il ne fait pas beau en Charente. L'anniversaire de la mort de papa. Désormais les années commencent ainsi[2] », écrit-elle dans *Bouche cousue.* « Je ne suis pas la vestale du temple, d'une mémoire[3] », précise toutefois la jeune fille.

1. Mazarine Pingeot, *Bouche cousue*, Julliard, 2005, p. 144.
2. *Ibid*, p. 11.
3. « Mazarine Pingeot : "Je ne suis pas la vestale du temple" », *Le Nouvel observateur*, 5 mai 2000.

Le principal lieu mémoriel demeure la maison natale. Cédée à la fondation François Mitterrand, en 2011, pour un euro symbolique, elle accueillait 4 000 visiteurs en 2016. « On ne veut pas faire de cette maison un mausolée », expliquait alors Véronique Frantz de l'Institut François Mitterrand. « Ce ne sont plus des militants qui arrivent avec le mouchoir à la main, la larme à l'œil, c'est vraiment maintenant le président, le chef d'État, la grandeur d'une fonction. On se rend compte que l'homme entre dans l'histoire[4] », précisait-elle. Un dépassement des clivages partisans… Il en est jusqu'à l'église Saint-Pierre d'avoir sa plaque, posée en 2013 à l'instigation de Claude Dagens, évêque d'Angoulême : « Enfant de Jarnac, François Mitterrand, président de la République de 1981 à 1995 a été baptisé dans cette église le 6 mai 1917. Ses obsèques y furent célébrées le 11 janvier 1996. »

Si sa ville de naissance a tardé à l'honorer, elle s'est bien rattrapée, tant son souvenir y demeure aujourd'hui omniprésent. Que l'on en juge par ces panneaux indicateurs du centre-ville mentionnant « buste de François Mitterrand, place du Baloir », « maison natale de François Mitterrand » et « cimetière des Grands-Maisons ». Acquise par la mairie en 2005, la demeure constitue, avec le musée des donations et le caveau, les trois pôles de la mémoire mitterrandienne à Jarnac. « Sépulture de François Mitterrand » indique une signalisation fléchée à l'intérieur du cimetière à l'attention des curieux et des militants nostalgiques. Quant au musée, il s'ouvre sur une vitrine comportant un chapeau noir et une écharpe rouge, offerts par François Hollande, premier secrétaire du Parti socialiste.

En d'autres lieux de France, la mémoire socialiste demeure. Ainsi d'Épinay-sur-Seine, qui abrita le fameux congrès de 1971 et dont le maire, Bruno Le Roux, donnera le nom d'esplanade François Mitterrand à ce qui était jusqu'alors la place de l'Hôtel-de-Ville.

Croyant aux « forces de l'esprit », le président était de la même manière sensible à celle des lieux et de leur mémoire, comme la roche de Solutré. Support d'une ascension politique, le site est devenu lieu de souvenir. À la fin de l'année 2017, Solutré ainsi que la roche de Vergisson et le mont de Pouilly, deux autres sommets

4. RTL, Les trésors de la République, 3 août 2017.

calcaires emblématiques de Saône-et-Loire dominant les vignes du Mâconnais, étaient classés « site remarquable qui mérite la reconnaissance nationale », au titre des monuments naturels protégés dès le début du XXe siècle.

« La mitterrandie aux portes du Morvan[5] », c'est ainsi qu'en 2019 on décrit parfois encore la région, signe d'une empreinte jusqu'ici indélébile de ce fils adoptif. Château-Chinon lui a rendu hommage en créant un itinéraire pédestre qui la sillonne, pour parvenir sur ses hauteurs, avec une vue imprenable sur le Morvan, là où un buste de l'ancien président a été installé. Pour autant, à l'image de la Nièvre, Château-Chinon connaît un net recul démographique, la population ne s'élevant plus qu'à 2 001 habitants en 2016, un de plus que le seuil fatidique des 2 000 en dessous duquel les statisticiens suppriment l'appellation de ville… Terre d'ancrage politique, la ville a vu en 2014 le socialiste Guy Doussot, ancien premier adjoint de Mitterrand, être élu contre le maire sortant… PS. Mais ce même vote socialiste est en recul : aux 45 % de voix se portant au premier tour sur François Hollande en 2012, s'ensuivent cinq ans plus tard les 9,2 % de Benoit Hamon au premier tour de la présidentielle. Quant à Sermages, le village morvandiau de la « force tranquille », frappé comme tant d'autres par la désertification, il est bien loin de l'image de carte postale. En 2017, il s'agissait de la commune de la Nièvre votant le plus massivement pour Emmanuel Macron lors de l'élection présidentielle.

Nouvellement élu, le président Macron réactive la symbolique mitterrandienne en mai 2017 lorsque le nouveau Louvre et sa pyramide de verre, autre haut lieu du double septennat, sont choisis pour être le théâtre de sa majestueuse entrée en scène, « en marche » vers le pouvoir. Une pyramide de verre au sein de laquelle dix millions de visiteurs sont entrés en 2018, signe du succès connu par le plus emblématique des grands travaux du président Mitterrand. Le choix commun de *L'hymne à la joie* venait encore rappeler la déambulation hiératique du socialiste en mai 1981 au Panthéon.

C'est un autre haut lieu de la mitterrandie qu'entend honorer de sa visite, en janvier 2018, le Président mettant ses pas dans

5. France Inter, journal de 8 heures, 30 janvier 2019, journal de 8 heures.

ceux de son illustre prédécesseur, en déjeunant sur les bords du lac Chauvet (Puy-de-Dôme), là où François Mitterrand avait l'habitude de faire de longues promenades estivales et amicales. Un clin d'œil, alors même que la veille, le Président avait dîné à Chamalières, fief électoral de Valéry Giscard d'Estaing.

Après Charles de Gaulle, qui a sa place (l'Étoile) et Georges Pompidou la voie express rive droite longeant la Seine, François Mitterrand dispose, depuis 2003, d'un lieu à son nom dans la capitale… Une décision du maire Bertrand Delanoë qui baptise ce quai du 1er arrondissement de Paris longeant le fleuve et renomme ainsi les quais du Louvre et des Tuileries. En 2006, à l'occasion des dix ans de la mort de François Mitterrand, Bertrand Delanoë créait une balade à travers la capitale, s'appuyant sur cinquante sites, comme autant de jalons.

Rue Frédéric-Le-Play, une plaque commémorative est apposée sur sa dernière demeure : « François Mitterrand président de la République 1981-1995 a passé les derniers mois de sa vie dans cet immeuble. Il y est décédé le 8 janvier 1996 » y est-il mentionné.

Droit d'inventaire à Solférino

Ailleurs dans la capitale, le souvenir s'étiole. C'est le cas de la rue de Solférino, où son bureau était devenu un *open space* réservé aux assistants et aux chauffeurs. Alors premier secrétaire du parti, François Hollande avait cependant œuvré à redonner corps au souvenir de l'ancien président qui ne cessait de hanter les lieux. En quête de reliques politiques, il avait acquis auprès de Danielle du mobilier de la rue de Bièvre, en particulier une table en marbre blanc et plateau de verre du designer danois Poul Kjærholm, rapportée du Danemark par les époux Mitterrand en 1971.

Dans les murs de « Solfé », le PS est passé par tout le spectre des émotions que procure la politique et les franches empoignades des lendemains de congrès difficiles. Un lieu resté un symbole des années Mitterrand, qui connaît un inventaire avant liquidation. « Solférino, c'est le siège acheté dans la victoire et vendu dans la déroute[6] ! », résume Bernard Poignant, ancien maire de Quimper. Si les cartons se remplissent, c'est que les caisses sont vides. À l'issue des élections législatives de 2017, le nombre de députés PS est passé de 279 à seulement 28.

Solférino a perdu ses élus, son personnel, mais aussi son histoire, marquée par l'ascension vers le pouvoir de Mitterrand, sa figure tutélaire. Au célèbre numéro 10, des panneaux de chantier obstruent l'entrée. À la fin de l'année 2018 déjà, alors qu'un grand ménage d'automne précédait la vente du futur ex-siège du Parti socialiste, le contenu des armoires vidées finissait dans des sacs noirs jetés dans une benne. Des militants qui y fouillaient opportunément découvraient alors quelques menus trésors, tels ce livre dédicacé de François Mitterrand ou encore des affiches « Gaullistes avec Mitterrand ». Vestiges de l'ancien monde…

Traversé par une profonde crise électorale et idéologique, le Parti socialiste quitte son siège emblématique de la rue de Solférino, conférant au lieu une ambiance de fin crépusculaire. Un parti devenu périphérique dans le débat, qui le devient aussi géographiquement, par une décentration l'éloignant du cœur du pouvoir, dans le but de renouer en proche banlieue le contact avec le peuple, autant qu'avec un budget en équilibre. Le PS s'implante dans une ancienne manufacture d'Ivry-sur-Seine, bastion communiste, à deux pas du parc Maurice Thorez et de la rue Lénine.

La fin d'un monde, alors qu'est mise en vente sa collection d'ouvrages, fruit d'une vie de patiente constitution. « Lieu de mémoire », au sens de Pierre Nora, la bibliothèque de François Mitterrand est dispersée aux enchères… Celle-ci raconte le paysage culturel, sentimental, et à bien des égards politiques, de ce lecteur classé à droite, vendue à la fin de l'année 2018 pour un peu plus d'1,5 million d'euros.

L'année suivante, en 2019, un lieu emblématique s'il en est, d'être mis en vente, le logement de la rue de Bièvre, occupé entre 1971 et 1995. Un appartement de 79 m^2 cédé pour 1,4 million d'euros, soit un prix excédant celui du marché.

6. Documentaire *L'Adieu à Solférino*, de Grégoire Biseau et Cyril Leuthy, 2019, 90 mn.

Quant à Latche, la résidence secondaire de François Mitterrand, entourée de 70 hectares de terrain, mourrait à petit feu. En septembre 2019, tout de piété filiale, Gilbert Mitterrand, fils de l'ancien président y organise les « rencontres de Latche ». Trois jours de débats sur le thème du progrès portés par une association présidée par Louis Schweitzer au profit d'un public payant trié sur le volet. Quelques semaines plus tôt, c'est à Gordes, durant l'été, que les *Lettres à Anne* sont lues par une comédienne, Nathalie Savalli, avant qu'elle ne se produise devant le public d'Avignon. Comme si les lieux, connus et secrets, de François Mitterrand n'avaient de cesse d'entrer en résonance…

BIBLIOGRAPHIE

Biographies et analyses

Michel Schifres, Michel Sarazin, *L'Élysée de Mitterrand secrets de la maison du prince*, Paris, Alain Moreau, 1985, 350 p.

Robert Schneider, *Les Mitterrand*, Paris, Perrin, 2013, 416 p.

Christophe Barbier, *Les derniers jours de François Mitterrand*, Paris, Grasset, 2015, 448 p.

Franz-Olivier Giesbert, *Le président*, Paris, Seuil, 1990, 400 p.

Éric Roussel, *François Mitterrand : De l'intime au politique*, Paris, Robert Laffont, 2015, 660 p.

Michel Winock, *François Mitterrand*, Paris, Gallimard, 2015, 432 p.

Jean Vigreux, *François Mitterrand, la Nièvre et le Morvan*, éditions Universitaires de Dijon, 2017,130 p.

Entretiens et témoignages

Mémoire à deux voix, François Mitterrand entretiens avec Élie Wiesel, Paris, Odile Jacob, 1995, 220 p.

Jean Lacouture, Patrick Rotman, *Mitterrand, le roman du pouvoir*, Paris, Seuil, 2000, 281 p.

Danielle Mitterrand. Yorgos Archimandritis, *Mot à mot, Paris*, Le Cherche Midi, 2010, 180 p.

Mazarine Pingeot, *Bouche cousue*, Paris, Julliard, 2005, 234 p.

Frédéric Mitterrand, *Le pays de l'innocence, enfance et adolescence de François Mitterrand*, Paris, Robert Laffont, 2017,144 p.

André Rousselet (avec la contribution de Marie-Eve Chamard et Philippe Kieffer), *À mi-parcours*, Kéro, Paris, 2015, 730 p.

Écrits de François Mitterrand

François Mitterrand, Georges-Marc Benamou, *Mémoires interrompus*, Paris, Odile Jacob, 1996, 246 p.

François Mitterrand, *Lettres à Anne*, Paris, Gallimard, 2016, 1280 p.

François Mitterrand, *Journal pour Anne 1964-1970*, Paris, Gallimard, 2016, 496 p.

François Mitterrand, *La Paille et le Grain, chronique*, Paris, Flammarion, 1975, 285 p.

François Mitterrand, *L'Abeille et l'Architecte*, Paris, Flammarion, 1978, 402 p.

Composition et mise en pages
Nord Compo à Villeneuve-d'Ascq

Imprimé en France par CPI
en avril 2021
Dépôt légal : avril 2021
N° d'impression : 163225